地理学涯

我的旅法学习及喀麦隆地理考察手记

蔡宗夏 ★ 著

广东旅游出版社
中国·广州

图书在版编目（CIP）数据

地理学涯：我的旅法学习及喀麦隆地理考察手记/蔡宗夏著. 一广州：广东旅游出版社，2023.5
ISBN 978-7-5570-2940-1

Ⅰ.①地… Ⅱ.①蔡… Ⅲ.①地理学－文集 Ⅳ.①K90-53

中国国家版本馆 CIP 数据核字(2023)第 024728 号

出 版 人：刘志松
策划编辑：刘绍文
责任编辑：何 阳 张 琪
封面设计：邓传志
责任校对：李瑞苑
责任技编：冼志良

地理学涯：我的旅法学习及喀麦隆地理考察手记
DILI XUEYA: WODE LÜFA XUEXI JI KAMAILONG DILI KAOCHA SHOUJI

广东旅游出版社出版发行
（广东省广州市荔湾区沙面北街 71 号首、二层）
邮　　编：510130
电　　话：020-87347732（总编室）　020-87348887（销售热线）
投稿邮箱：2026542779@qq.com
印　　刷：广州市岭美文化科技有限公司
地　　址：广州市荔湾区花地大道南海南工商贸易区A栋
开　　本：889 毫米×1194 毫米 32 开
字　　数：200 千字
印　　张：10
插　　页：5
版　　次：2023 年 5 月第 1 版
印　　次：2023 年 5 月第 1 次
定　　价：78.00 元

[版权所有　侵权必究]

本书如有错页倒装等质量问题，请直接与印刷厂联系换书。

1. 作者兄弟姐妹六人，在中山大学南校区康乐园度过了幸福快乐的青少年时代。
2. 作者夫妇摄于北京。
3. 2006年作者大儿子顺利通过了巴黎十二大的博士论文答辩。
4. 匈牙利布达佩斯风光：蓝色多瑙河。
5. 2006年作者二弟宗周夫妇，与作者夫妇在巴黎郊区公园。

①	
②	③
④	⑤

家庭篇

1. 2011年国际地理大会在智利首都圣地亚哥举行，背景是安第斯山脉。

2. 2012年作者接待中国地理学会代表团访法。

3. 作者夫妇寻访革命先辈赴法勤工俭学足迹，背景是陈毅元帅当年租住过的房子。

4. 作者在法国阿尔图瓦大学孔子学院讲课。

5. 2008年国际地理大会在突尼斯举行，作者考察古城迦太基遗址。

②	①
④	③
	⑤

业务篇

难忘异国求学的日子

——序蔡宗夏随笔《地理学涯：我的旅法学习及喀麦隆地理考察手记》

蔡宗周

自 2019 年新冠疫情暴发，随之袭击全球以来，客居法国巴黎的大哥宗夏和大嫂连弟，就长期滞留于巴黎，不方便每年定期往返北京家中小住，与亲人相聚，也不方便疫情期间过多迈出家门，远足旅游，真正成了海外"宅人"。

无聊无奈之际，宗夏兄突然萌发了将书架上一排尘封已久的旅法日记，重温重读，整理出版的愿望，既可回眸青春芳华、朝气蓬勃，只身闯荡海外、艰苦求学的岁月；也可让读者和今日的留学生们，了解当年中国推开久久封闭的国门之后那段日子，学人们在海外勤工俭学、奋力打拼、求学报国的人生经历；还可聊慰受困于疫情所带来的郁闷，做一些可做该做的事。大哥挂来电话，想听一听我的意见，对于这极有意义的想法，我表示全力支持，并承诺在国内给予配合，帮忙解决打字、排版和联系出版社等事宜。经我这一番支持和鼓动，大哥无聊无奈的宅居生活添了生机和活力，竟成了繁忙的工作室。

从此，巴黎与广州两地，微信互通、电邮往来、切磋文字、商讨编排，书稿也在两地的努力下逐渐地推进。宗夏兄不顾年迈，在朋友小叶的打字、编排协助下，经半年多的努力，终以 82 岁高龄，克服重重困难，将一部精美的书籍《地理学涯：我的旅法学习及喀麦隆地理考察手记》（以下简称《地理学涯》）整理、编辑完毕。当这部书稿庄重地摆在我的案头，作为亲弟弟，我有许多心里话想说。我认为，这是一部地理学家当年在异国他乡艰辛求学经历的原始记录，是一位毕生从事科研和教学的学者为事业努力打拼的心路历程的真实写照，更是一位普通的中国学人，在中国推开久久封闭的国门之后，走向世界、追求知识、报效祖国心愿一个小小的缩影。

宗夏兄，1963 年毕业于中山大学地理系，被分配在北京中国科学院地理研究所世界地理室工作，重点研究世界热带地理。他曾在国内海南岛、云南西双版纳和腾冲等地区考察过，出国后更是在欧洲、非洲多地进行热带地理的研究和考察。在法攻读了博士学位，后又在法国巴黎和外省多所高校任客座教授 20 余年。几十年来，他在国内外发表过许多有关地理学的论文和译著（含合著和合译），先后出版学术专著《喀麦隆的植被和人》《世界地理学史》《非洲农业地理》《世界经济地理》《非洲经济社会发展战略研究》等；出版译著《法国地理学思想史》《古代希腊人的地理学》《非洲》《几内亚共和国》《刚果（布）地理》《尼日尔》《达尔文环球旅行记》《哥伦布美洲发现记》等；还发表了许多学术论文，在热带地理研究方面取得了一定的成就。他受聘为中国科学院海外评审专家、法国地理学会名誉会员、国际地理学会文化地理委员会委员、中国地理学会人文地理和世界地理两个专业委员会副主任、南京大学的兼职教授、贵州大学的客座教授，并被授予卢森堡大公国科学院名誉院士。在法国大学任教期间，宗夏兄牵线搭桥，积极促进中法地理学的交流。他受权代表中国地理学会与法国地理学会于1995年签署了学术交流和合作协议，恢复了中断了四十多年的两国地理学的科研教学和人员交流、研究生培养的合作，为此，2019年他荣获中国地理学会授予"国际合作突出贡献奖"。

宗夏兄在热带地理专业方面研究的起步和日后所取得的成就，在这部《地理学涯》中，可初见端倪，初呈脉络，初窥一斑，尤其这部日记，翔实地记录了他赴法求学伊始三年的方方面面、点点滴滴。

宗夏兄是在十年动乱后期，才有机会到北京语言学院进修法语的，年届不惑，才有机会于1981年初春走出国门赴法求学的。他是中国"文化大革命"后最早几批出国攻读博士学位的学者。宗夏十分珍视这来之不易的机会，远离故土，告别亲人，勤奋进取，刻苦求学。日记以平实的书写，记录了他在法兰西求学伊始的迷茫和寻找，从食宿到入校，从语言到交流，从课程到选题；记录了他融入海外教学的探求和执着，从新鲜到熟悉，从听课到拜师，从广交朋友到走进海外师生的家庭；记录了他的学术攻关和考察历险，从法国巴黎、波尔多、里昂、马赛各地奔忙的足迹，到非洲多国多地考察的脚印，从喀麦隆日日夜夜的探访，到火山口冒险登顶获得的珍贵数据，从论文撰写到论文答辩。由于是日记体裁，只能简单地记录当日有关的人与事、所处的环境，以及所思所想所感，免不了围绕人们日常生活的衣食住行、读书听课、待人接物、访问交友、购物投宿等方面落笔，甚至食品的价格、市场的供应、宴聚的菜式、乘车的线路、沿途的风景等也随之记下。然而，就在这貌似流水账的书写中，却透露了当年中国与外国在政治上、思想上的差异，在生活上、物质上的差距，在教学上、学术上的差别，在气候上、环境上的不同。然而，中国学子不负韶光、克勤克俭、奋发努力、顽强拼搏，以期学成归国、报效祖国的心境与愿望，都悄悄地浓缩在日记的文字背后，默默地掩映在日记的字里行间。比如，交友中就包含了对口语的学习，法国总统竞选电视辩论权作法语听力练习；做客时就增加了对社会各阶层的了解，打工时就收获了对社会的调查，听课讲学中就融入了对知识的渴求，如此这般地阅读这部平凡普通的《地理学涯》，也许会读出文字背后别样的体悟和体会，读出篇章之外新颖的感受与感慨。

20世纪80年代之初，宗夏兄与其他出国的学人一样，刚迈出国门，一下子放开了眼界，敞亮了心胸，一切都感到新鲜和新奇：法国每小时近百公里的高铁让人羡慕，巴黎四通八达的地铁让人眼睛发亮，超级商场让人感到新鲜，市场物资的丰盈让人赞叹，城市高楼大厦让人仰望……然而，仅仅三四十年，通过中国人民的努力奋斗、拼搏追赶，这一切都时过境迁了，中国以不可阻挡的飞速发展，将昨日的梦想变成了现实。今日中国的高铁、高速公路、立体的交通、崛起的都市、民众的生活、丰富的物资，反而让法国人以羡慕的眼光来看待中国了。阅读旧时日记，观照今天现实，抚今追昔，慎终追远，让读者从今昔对比中、中外参照里，看到时代在进步,祖国在前进,华夏的复兴在东方古国掀开了光辉灿烂的新篇章,迈入了新时代,从而充满骄傲和自信,这岂不是这本《地理学涯》的另一种价值?

这部《地理学涯》中,有一辑收入了宗夏旅居法国和前往非洲考察时,所写的一些考察散记和散文随笔之类的文章。如《喀麦隆地理考察手记》《博茨瓦纳考察散记》和《非洲十大最美自然景观》等。这些文章,有的是当年考察时写下的,有的是后来,应工作单位中国科学院地理研究所的《国家地理》杂志编辑部或报刊邀请所撰写的。他以一位地理界学人的认知,向广大读者普及式地介绍了美丽的非洲:有迷人的赤道雪峰乞力马扎罗山、广袤的撒哈拉大沙漠、鬼斧神工塑造的东非大裂谷、奔腾的维多利亚瀑布;也有人迹罕至的刚果盆地热带雨林、神奇的马达加斯加岛、壮观的肯尼亚马赛马拉国家动物公园等等。这十篇文章被收入《全球最美的自然景观》一书中,由精美的《国家地理》杂志推出,颇受广大读者好评。

宗夏兄,是一位科技人员,然而他的文笔文采很好。当年,上大学他报考的是中山大学中文系,父亲热爱登山旅游,在高考志愿表上给他多填了一个地理系,竟将他送进了中山大学地理系。从此,这一生只能在文理科间穿梭,文学也只能是一种业余爱好了。读中学时,他的文章就写得好,常在学校的宣传栏上刊登,获得过许多笔记本、钢笔之类的纪念品。记得他投过一篇稿《天空为什么是蔚蓝的?》,寄给《羊城晚报》,晚报《晚会》专栏回复说准备留用,可惜后来不了了之,未能扶持一个有希望的文学爱好青年。那时，他常与几位爱好文学的同学聚在一起，探讨文学，各自起了笔名。他取的笔名是"鲁飞"和"冰浪"，透露出对鲁迅、冰心的崇拜，他也曾做过青年时代的"文学梦"。旅法留学时，他寄回的家信都写得动人动情，感情充沛、文采斐然，弟妹们都爱争相阅读，其风情风景娓娓道来，其所见所闻令人向往。在旅法期间，他写的一些旅法随笔、散文，常见于《人民日报》（海外版）或法国的《欧洲时报》，可惜他仅仅是偶尔为之，并没有在文学上有更多的追求。不然，一位科学家的文学作品定会别出心裁，神采飞扬。

　　作为一位长期从事科研和教学的学者，宗夏兄的文风严谨朴实，文笔流畅，善于叙事传情，以情感人。这次重新整理40多年前的日记，他只作了一些错别字、外国人名、地名中译名的修改和规范化，拒绝用华丽的辞藻和现今的观点来改动日记的原文，力求日记记述的真实性，坚持当时看见什么，怎么想，就怎么写。他非常注重在平实的叙述中把科学性、知识性和趣味性三者相结合。通读这本《地理学涯》我深深感受到，出自科技工作学者之手的散文随笔，文风确实别具一格，富有感染力。

　　2006年，我们夫妇应哥嫂的盛情邀请，曾赴法探亲旅游近50天。那是一次愉快的旅行，我们周游了西欧诸国。回来后我写出一部诗集《踏歌欧洲》，作为这次海外之行的纪念，并请宗夏兄写了一篇美文作序。一些诗人朋友和读者读了这部诗集后，反映诗写得不错，称："诗人以生花妙笔，为我们描绘了一幅欧陆风情画卷，如一尊尊塑像矗立在我们面前……"而诗人何好雁则直接道："一点都不逊色的序言，居然是他兄长'操刀'的,恕我孤陋寡闻,这还是我第一次见过,哥哥为弟弟的著作写序,真是一件新鲜事……"如今,兄长的著作《地理学涯》将要出版,嘱我写一篇序,我理所当然地应允了。我想,这是我对兄长的一次回应和回报吧。只是我的笔力不济,写不出他那种令人读后怦然心动的文采和情感来。

此序,权当作兄弟之间文字方面的友情,留存在书页间,作为文坛的佳话!

2022年4月10日于广州东山榕荫斋

自　序

　　"人生天地之间，如白驹之过隙，忽然而已"。光阴荏苒，不知不觉已届耄耋之年。退休赋闲，乐享居家，往往闭目养神，看似昏昏欲睡，实则脑海波涛翻腾，多少往事人物，多少人生社会百态，如浪花拍岸，一波接着一波，像电影蒙太奇般闪过。刻骨铭心的温馨亲情和人生坎坷是难以忘怀的；童年的纯真、青年的激情、壮年的奋争到老年的忧伤，仍然历历在目。人们常说"往事如烟"，的确时过境迁，许多人与事，悲欢离合，酸甜苦辣都随着时间的流逝，渐渐淡忘了。所幸我有记日记的习惯，虽然由于众所周知的原因，有些时间段有所中断，但数十年来还是有不少文字留下。由此，我觉得"往事未必都如烟"，应该趁身体脑力尚健，好好整理一下多年的日记，回眸芳华，朝花夕拾，这一辈子没有虚度光阴，聊以自慰。

20世纪80年代初，欣逢改革开放，太平盛世，我很幸运地先后通过了本单位地理与资源研究所、中国科学院和教育部的外语与专业的考试，获得了公派赴法留学的机会，此时我已经40岁了。出国留学本是青少年时代的梦想，我出生在书香之家，父亲是江西金溪人，中山大学和广州外语外贸大学外语系教授，教授英语和英国文学史；母亲是江西临川（现为抚州）人，初中毕业文化，在家相夫教子。自古以来江西就有"临川才子金溪书"的名谚。父亲的书房就像一个家庭图书馆，古今中外的文学书籍摆满了三面墙壁，只剩下南面一排窗户。这是我青少年时代课余的乐园，我如饥似渴地阅读中外文学名著，但仅限于中文著作，由此我早早就萌生了努力学好外语的愿望，希望将来可以直接阅读大文豪莎士比亚、狄更斯、萧伯纳、高尔基、肖洛霍夫等的外文原著。在这种家庭氛围下，中小学时代父母就耳提面命，要我发奋努力，好好学习，将来考取赴苏联留学。好好学习是努力做到了，俄语也学得不错，可惜好景不长，等到我1958年高中毕业时，中苏关系恶化了，少年留苏梦成了泡影，早就不抱幻想了！可是没想到时过20年，却时来运转，"少年之梦老大圆"，人到中年终于圆了出国留学梦。诚然，这不完全是靠运气，好运总是伴随勤奋努力的付出。事实上即使在十年浩劫的动荡年代，我始终没有放弃对外语学习的热爱和痴迷。1963年从中山大学地质地理系毕业，我被分配到北京中国科学院地理研究所从事外国地理研究，重点为世界热带地区。由于工作的需要我不得不中断学习了多年的俄语，努力自学法语，翻译出版了多部法文地理著作，后来又获得了到北京语言学院进修两年法语的好机会。这样我参加中国科学院选拔公派出国留学人员的外语考试中,笔试和口试就显示出了优势。尽管如此,我仍然为十年浩劫耽误的宝贵光阴而惋惜,我下定决心,赴法留学期间,要勤奋刻苦,努力将失去的时光追回来。为此,赴法前我特意买了几本日记本,我要恢复记日记的习惯,将旅法的见闻记录下来,这就是本书整理出版的初衷。

本书采取日记的形式是力求真实,如实记载自己在法国留学期间的所见所闻,所接触到的各种人和事,深入了解和认识法国和西方社会百态。以日记形式书写散文随笔并不多见,我想别开生面试一试。为了求真,在整理日记的过程中,我基本上没有作什么修改,只是润色了一下文字,核对了一些人与事的情节,尤其避免以40年后今天的认识和眼光来修改日记的纪实,所以我希望读者也能同样看待我所描述的40多年前法国和非洲的社会现实。如有不妥之处,只是反映当时我的认知和觉悟水平不高。

本书在编排上以旅法攻读博士学位为中心,分为三辑。第一辑《旅法攻博纪事》,以一篇怀念我敬爱的已故导师拉塞尔教授的纪念文章,作为本辑的引言,记录了旅法攻博期间的学习和生活。第二辑《旅法日记》以日记的形式记述了我初到法国第一年(1981年)的学习经历和所见所闻,那时对国外的一切事物都感到无比新鲜好奇。第三辑《喀麦隆地理考察手记》记录了第二年(1982年)为了撰写博士论文,只身赴喀麦隆实地考察的经历,实际上也是旅法日记的续篇。这一辑重点介绍40年前热带非洲国家的自然和人文景观。日记中主要以喀麦隆为背景,记录了非洲人民的友好纯朴和社会经济的发展,自然也难免涉及非洲社会的贫穷落后的现实，这是历史上长期殖民主义侵略和统治造成的。不过那是40年前的情况，并不代表非洲国家的现状。请读者以历史唯物主义的眼光，对当年的纪实给予理解和认可。喀麦隆地理考察结束后，40多年来我没有机会再旧地重游。喀麦隆一直政局稳定，社会经济取得可喜的发展，可惜我没能亲眼看到这个国家在新世纪时代的进步。不过这期间我曾数次赴非洲国家博茨瓦纳、埃塞俄比亚、津巴布韦和毛里求斯等国访问和考察，见证了非洲国家和人民与时俱进，取得了惊人的进步。中非关系也得到迅猛的发展，中国企业承建的工程项目遍地开花，已不限于40年前我描述过的喀麦隆拉格多水电站和议会大厦几个项目了，而是涉及全方位、全领域的合作，中非人民的友谊更加深入人心。

我一生从事热带地理研究，非洲是典型的热带大陆，是我终生关注和研究的对象，我对其有着深厚的感情。为此，我在本书附录了一辑《走进非洲》，重点向读者推介非洲十大最美自然景观。这辑的内容源于中国国家地理2016年出版的《全球最美的自然景观》一书，其中欧洲和非洲最美自然景观部分是由本人撰写的。这次转载我做了一些增删和修改，特此说明。

蔡宗夏

2021年9月29日

于巴黎观亭轩寓所

目 录

第一辑
旅法攻博纪事……………………………………………3

第二辑
旅法日记（1981 年 2—10 月）…………………………17

第三辑
喀麦隆地理考察手记（1982 年 4—7 月）……………161
博茨瓦纳考察散记（1990 年）…………………………249

附 录
走进非洲…………………………………………………259
非洲十大最美自然景观…………………………………260

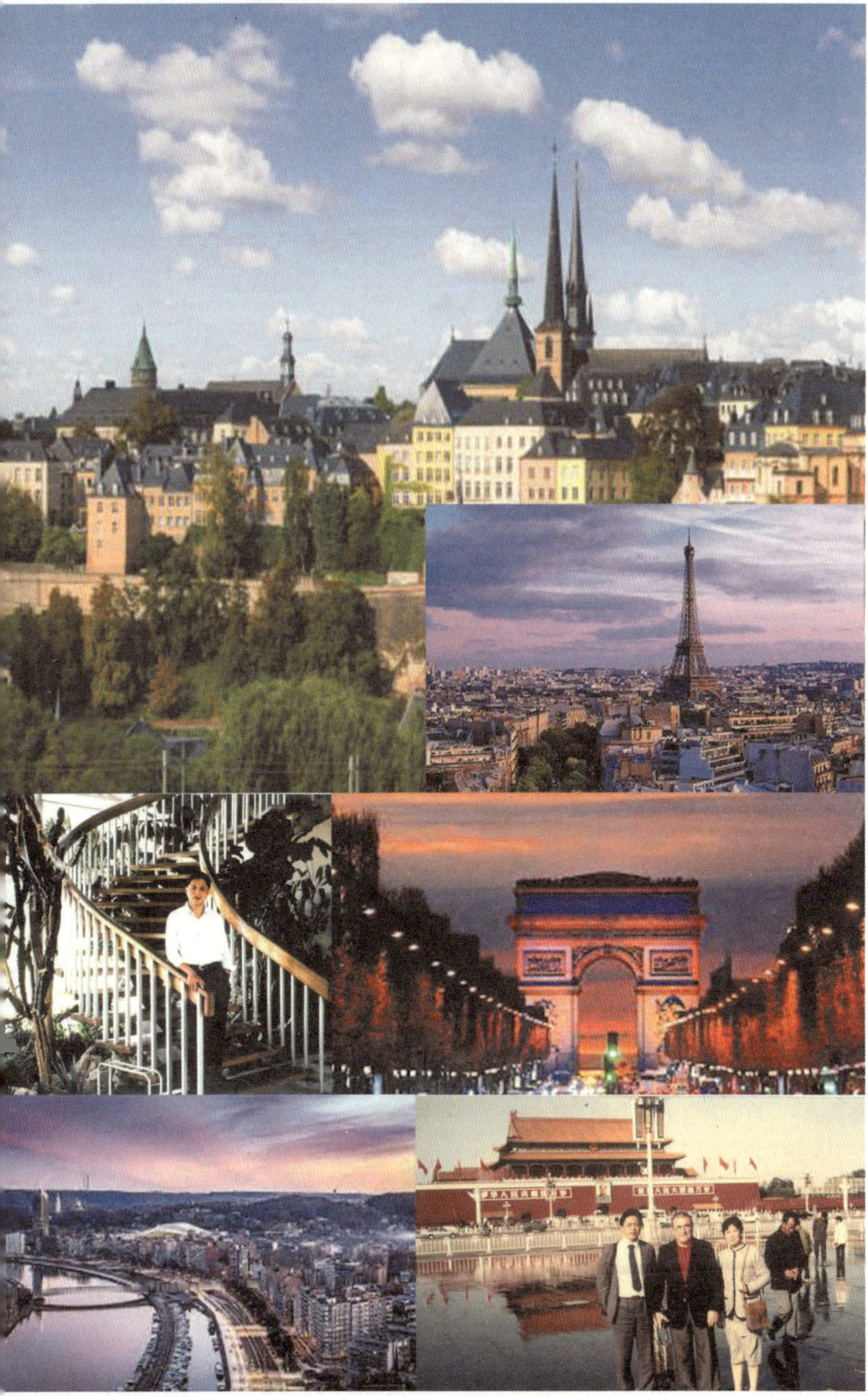

第一辑　旅法攻博纪事

光阴荏苒，我旅法攻博已经是近40年前的事了，我的博士论文导师居伊·拉塞尔（Guy Lasserre）与世长辞也有10多年了，我深深地怀念着他。他那慈祥的音容笑貌，幽默风趣的言谈话语，时时浮现在我的眼前，回响在我的耳际。他对我的悉心指导、谆谆教诲，永远铭记在我的心中。

往事难忘，怀念将我的记忆带回到近40年以前。1981年早春二月，我有幸考取了中国科学院公派留学生，踏上了法兰西国土。我出生在书香世家，父亲是中山大学外语系英语教授。从小受家庭潜移默化的影响，读小学时写作文《我的理想》，那时一般不称"梦"，很多同学的理想是长大了当科学家、工程师、作家。我的理想是努力学习，特别是学好俄语，将来留学苏联，学习苏联老大哥的先进科学技术，长大参加祖国的社会主义建设。世事难料，等到我要考大学时，中苏关系开始恶化，"留苏梦"彻底破碎了。没想到20多年后，我都41岁了，却"少年之梦老大圆"！留学法国，专业是热带地理环境和国土整治，慕名选报世界著名的热带问题研究机构——波尔多热带地理研究中心。导师拉塞尔教授是该中心的创建人和首任所长，同时任波尔多第三大学地理系教授。

你好，中国"间谍"

我和导师初次见面的情景至今仍记忆犹新。当秘书引领我走进他的办公室时，只见一位矮胖健硕的年长学者，笑容可掬地向我迎来。然而，他的第一句问候却使我大吃一惊：

"你好，欢迎你，中国'间谍'！"

接着，他向我解释："给你开个善意的玩笑。原来当时热带地理中心有少数人反对拉塞尔接收中国学者，怀疑他们是中共派来的"科技间谍"。这种怪论现在看来十分可笑，可是在 30 多年以前，世界政治格局仍然以冷战思维为主导。中国改革开放伊始，我们是"文革"结束后，最早几批公派留学生，发生这种情况就不足为奇了。拉塞尔先生见我有些紧张无措，安慰我说："少数几个人神经过敏，你大可不必介意。科学是没有国界的，我们研究的热带范围也不以国界划分。中国地处亚洲热带北缘，是热带世界的一员，欢迎你加入热带世界研究大家庭。我看过了你的材料和论文，你放心，这里的图书馆、资料室和实验室都向你开放，你可以自由进出，没有任何限制。"

这个见面小插曲，使我深深地感受到拉塞尔先生幽默诙谐中表达的真诚友好，我庆幸自己遇到了一位好导师。诚然此事也从某种角度警示自己，中国那时刚刚改革开放，和西方世界有个互相认识的过程。我应该广交学术界朋友，严律自己的言行，树立来自中国的严肃学者和科技友好使者的形象。

一场激烈的争论

不久，我同导师讨论博士论文的选题，为此引发了师生之间的一场激烈的争论。拉塞尔教授要求我以中国热带，如海南岛或云南西双版纳的资源和环境为题做博士论文。他的理由是，中国的热带地域面积虽然很有限，但因受东亚季风影响，有着自己的鲜明特色。过去由于政治和语言文字等原因，中国热带的情况外界知之甚少，我的博士论文可以起到填补空白的作用。从我本人而言，我曾长期从事海南岛和云南热带地理考察和研究，有一定的实践经验和资料基础。如果选中国热带问题为题做博士论文可以驾轻就熟，主要工作只是整理汇编资料，将其译成法文，无须花费大量时间和经费去实地考察，可说是一条捷径，何乐不为呢？然而转念一想，我不远万里来到波尔多热带地理研究中心，难道仅仅是为了汇编翻译资料，换取一纸文凭吗？我应该充分利用波尔多热带地理中心的良好条件，选择一个典型的热带国家作为研究对象，并与中国热带对比研究，这样才能真正学有所获。我的想法得到国内导师和我父亲的支持，他们建议我找拉塞尔导师好好谈谈。

双方意见不一，一旦交锋就引起激烈的争论，大家各执己见，互不相让。我在陈述自己的观点时，看出拉塞尔教授平常慈祥的笑容消失了，脸色变得很严峻。显然他感到自己的权威受到了挑战，心中一定十分不悦。最后他对我说："你的想法我知道了，我的意见你再好好想想，想通之后再来找我。"以此结束了这次不愉快的争论。此后一个多月他不再理我了，我几次通过秘书约见也没有成功。这使我面临十分为难的境地。一些朋友和同事也劝我："拉塞尔教授向来说一不二，学生都不敢违抗他。你不听他的，搞不好在热带中心待不下去的。"我开始也有些动摇了，考虑是否不再坚持己见了。

"山重水复疑无路，柳暗花明又一村。"一天，导师拉塞尔先生约见我，我十分紧张地去见他，像等待"宣判"那样。不料他笑容可掬地拍拍我的肩膀说："我设身处地替你想想，你的想法有道理，我理解你。你放弃熟悉的选题，迎难而上，很有志气。我应该支持你和帮助你。"随后他向我建议，非洲是典型的热带大陆，我可以选择一个非洲国家作为论文选题。去非洲国家实地考察比较艰苦，会有不少困难，但对地理学家而言很有意义，需要有献身精神。

过了一个来星期，拉塞尔先生再次约见我，提出具体建议——选择喀麦隆作为博士论文选题。他解释为什么替我选择喀麦隆，因为喀麦隆南北狭长，国土虽然不大，但地跨热带雨林、热带稀树草原和热带草原几大自然带，并一直向北延伸到撒哈拉大沙漠南缘。从南到北跑一个剖面，就可以清楚地观察到自然环境的地带性变化。其次，喀麦隆火山是西非最高峰，山麓地处赤道附近，为茂密的山地雨林所覆盖；山顶高耸，海拔4070米，经常雪花飘飘。从山麓登顶，就可以观察到自然景观的垂直变化。因而人们常称喀麦隆是"非洲的缩影"或"小非洲"。这正是我的博士论文《喀麦隆的植被景观及人为活动的影响》的来由。

一波未平一波又起

正当我高高兴兴地开始收集阅读有关喀麦隆的文献资料，并利用周末假日去葡萄园打工筹集赴喀麦隆考察经费的时候，平地起风波，拉塞尔先生因患直肠癌住院动大手术，这对我犹如晴天霹雳。几天前，我们还在一起讨论过赴喀麦隆考察的路线和经费问题，他答应替我向波尔多第三大学申请博士生野外考察经费，其余部分我得自己筹集。他得癌症动手术，我为他的健康祈祷，同时，也担心我的论文能否顺利进行下去。

幸好手术非常成功。拉塞尔先生术后养病期间，我多次去看望他，每次他都关心我的论文进展情况。他替我物色了另一位导师，植物地理教授让·柯克林（Jean Keochlin）协助他具体指导我。他说以防不测，癌症复发，不幸被上帝召见，我的论文不至于落空。这正是为什么我的博士论文导师是两个人，而不是通常的一个人。术后化疗给他带来很大的痛苦，但只要身体好一些，他就打电话约见我。这期间，他替我争取到了赴喀考察的国际旅费资助；认真审阅了我的野外考察计划，提出了具体意见，要求我无论什么困难都得克服，必须完成两个剖面考察：一是南北纵穿国境，考察自然景观水平地带性变化；二是登顶喀麦隆火山，考察自然植被的垂直带谱。赴喀出发前，他给我开了许多私人介绍信，介绍我到喀麦隆后，争取在喀麦隆大学任教的法籍教师以及当时在大学或政府部门任职的、他指导过的喀麦隆学生的帮助。我只身前往非洲考察，没有这些同行友人的热情相助，难以想象能够完成为期四个月，足迹几乎踏遍喀麦隆全境的野外考察。同时，我也忘不了我国驻喀麦隆大使馆给我的指导和帮助，我荣幸地受到苗玖锐大使接见并聆听指示。在喀考察期间，我曾进入热带雨林深处迷失方向，天黑之前走不出森林，几乎陷入险境。登顶海拔 4070 米的喀麦隆火山，只雇请当地一个黑人中学生当向导，因为一天无法完成登山考察和采集标本，我们两人在海拔 3800 米荒山露营。向导点燃一堆篝火，熬了一个不眠之夜，深夜听着野兽吼叫，令人毛骨悚然。下山时又在山麓密林带遭遇热带雷暴雨，顷刻间林中天昏地暗，极为可怖（喀麦隆火山年雨量高达 10 000 毫米，为世界之最）。喀麦隆火山是国家管制的名山，外国人登山要在位于山麓的登山管理处登记。管理官员问我是不是日本人，我说我是中国人，他表现出惊喜，祝贺我是第一位登顶喀麦隆火山的中国人，还特意拿出纪念册请我题词留念。在热带稀树草原考察，尽管天气炎热，也得裹得严严实实，以防毒蛇、毒蜂和萃萃蝇的袭击。最可怕的是萃萃蝇，防不胜防，一旦被叮咬，就有可能传染上致命的昏睡病。

在喀麦隆考察的日日夜夜，的确是很辛苦和艰险的。遇到困难和险境时，我不由会想起拉塞尔教授病中对我的关怀和嘱咐，记起他常说的"地理学家应当具备献身精神"，我就会受到极大的激励。自然我也会想起国内导师、同事、父母、妻子和亲友的期望，毕竟当时公派出国留学的机会很少，能到非洲进行实地考察，机会就更难得了。我一定要克服困难，取得考察的第一手资料，将博士论文写好。

昔日的艰辛历程，如今已成了终生难忘的美好回忆。我感谢拉塞尔教授的宽容大度和热诚关怀。喀麦隆考察之行，不但使我得以顺利地完成博士论文的撰写，学术上有所创见，以第一手资料修正了文献中喀麦隆火山森林分布上线，从2300—2500米，提高到2800—3000米。这项修正得到了法国和喀麦隆地理学界的认可。实地考察培养了自己独立工作的能力，领悟了许多人生哲理。正是"行万里路，读万卷书"。这是我人生中的重要一页，终生难以忘怀。

一件有趣的小事

我从喀麦隆考察归来后，拉塞尔先生的身体令人可喜地康复了。他十分关注我的论文撰写，亲自审定编写提纲，替我修改初稿，甚至批改法语语法错误。有一件小事令我难忘。一天，他嘱咐我将写好的论文初稿放在办公桌上，千万别堆放在地板上（20世纪80年代初期，还没有普及使用计算机写作，撰写文稿都是手写或打字机打）。原来在我之前他曾指导过一位日本博士生菊池，此公日本习惯，喜欢席地而坐写作，写好的文稿顺手叠放在地板上。不料有一天换了一位清洁工，不了解他的习惯，竟将他一大沓论文手稿统统当废纸倒掉了。这可是菊池一年多的心血啊！他急得大哭一场。多亏拉塞尔教授马上动员人力，带上铁锹，及时赶到郊外垃圾场，硬是一锹锹地挖回了大部分手稿，使菊池先生破涕为笑。此后，菊池的博士论文不是写出来的，而是挖出来的这事成了笑谈。拉塞尔先生叮嘱我千万要吸取菊池的教训。殊不知亚洲人习俗并不相同，中国人罕见席地写作的习惯。不过从中我感受到拉塞尔先生无微不至的关怀。我的论文顺利通过答辩不久，适逢这位久仰大名的挖论文的菊池先生来访，此时他已是日本早稻田大学的教授了。当时拉塞尔先生身体康复，心情愉快，亲自开车带我们两人到法国西南部巴斯克地区游览，师生共度了一周美好时光。

  1983年3月28日，我的博士论文《喀麦隆的植被景观及人为活动的影响》在波尔多第三大学顺利地通过了答辩。导师拉塞尔教授和柯克林教授作为论文的引荐人，介绍了我的论文的主要论点，做了详细点评；答辩委员会主席巴雷尔教授和委员梅勒教授、莫林教授是我在喀麦隆地理考察的见证人，他们亲眼见证了我在喀麦隆实地考察中的严谨敬业的科学态度，赞扬了我作为地理学家的献身精神，只身登顶喀麦隆火山，千里跋涉南北纵穿喀麦隆全境，取得了宝贵的第一手资料，从而提高了论文的科学价值。答辩顺利通过，获得了当时法国博士论文答辩最高一级评语："最佳论文+答辩评委会祝贺"。

答辩会有50多人参加,热带地理研究中心的同事和朋友、在波尔多的部分中国进修生和留学生,以及波尔多地理系高年级师生济济一堂。法国大学博士论文答辩有一习俗,论文答辩顺利通过后,答辩人要准备一场小型酒会庆贺。热带地理研究中心图书馆的桑塔娜夫人热情地替我操办,准备了香槟酒、葡萄酒、各种饮料和茶点。酒会上我向导师、教授、来宾致以真诚的感谢,大家也热情地向我祝贺。此时我十分激动,热泪盈眶,为这三年的勤奋努力终获硕果,想到即将学成回国与亲人团聚,兴奋不已;然而,这也意味着我将告别三年友好相处的热带地理研究中心的同事、波尔多的中国和法国朋友,告别美丽的酒都波尔多,感到依依不舍,令人伤感。人生就是如此,喜悦与忧伤交织,成功与失意轮回,才显得精彩纷呈。

1983年秋,我学成回国,回到原单位中国科学院地理研究所工作。1986年,应中国科学院地理所和云南师范大学的邀请,拉塞尔教授来华讲学。我全程陪同他访问了北京、昆明和西双版纳等地。他对中国悠久的历史文化十分景仰,当然最让他感兴趣的是,他亲自考察了中国云南热带。那次没有安排去海南岛,他感到遗憾,说希望以后有机会能去海南岛考察。可惜这个愿望是无法实现了。不然的话,如果他能亲身登上热带宝岛海南岛,参观那里的华侨农场,看看万亩胶茶间作试验田,领略当时作为中国最大的经济特区的开发,一定会由衷地高兴,并积极宣传介绍到非洲和拉美等热带国家去。正像他从云南热带考察后,回到法国和别国讲学,广泛宣讲云南热带开发和环境保护的经验那样,从中我深深感受到,这位可敬的法国热带地理学家对中国的友好情谊。

拉塞尔教授性格开朗乐观，这也许是他能战胜癌症，奇迹般幸存了20多年的一个重要因素吧！"癌症并不可怕，可怕的是精神上不战自垮。"——这是他常说的一句话。他是虔诚的基督教徒，也常从教义中引经据典，解释他之所以能战胜癌魔的精神力量。此后我曾多次去波尔多看望导师，见他日渐衰老，健康每况愈下。不过并非癌症复发，而是阿尔茨海默病使他日渐丧失记忆，生活也渐渐不能自理，晚年景况不胜凄凉。拉塞尔先生终年79岁，应算是好人高寿了。

导师拉塞尔访华，作者夫妇与导师在天安门前合影

从赴法攻博到旅法任教

1991年，我应法国地理学全国委员会的聘请，重返法兰西，先后在巴黎一大、四大、阿尔图瓦大学和奥尔良大学等

多所大学任客座教授，直至2005年退休。旅法任教期间，我曾受中国地理学会授权，同法国地理学会洽谈，正式签署了学术交流、人员互访和共同培养研究生的协议。此后，我组织并全程陪同了1995年法国地理学会代表团访华和1996年中国地理学会代表团访法，重新开启了中断了几十年的中法地理学的学术交流。另外，我还组织和主持了多项中法合作对比研究，如中国科学院地理科学与资源研究所与里昂第二大学合作的"长江与罗纳河流域整治对比研究"，研究成果在法国以专刊形式发表。1999年，我响应中国驻法大使馆教育处组织的"为国服务——西部大开发"号召，参加了"旅法学者支援贵州考察团"。访问贵州期间，我从贵州师范大学和贵州环境科学院选拔了3名年轻学者，帮助他们赴法进修或攻读博士学位。我考察了贵州梵净山国家自然保护区，促成了该自然保护区同法国阿尔卑斯山吕贝隆国家公园合作开展"自然保护区的建设和管理"对比研究，全程陪同贵州省自然保护区访法代表团，实地考察法国自然保护区建设与管理以及与周边居民和谐相处、互利互助的先进理念。大学任教之外，我还应邀在法国多所"孔子学院"做国土整治与环境保护的专题讲座。20多年旅法任教期间经历了许多事情，做了许多合作交流工作，需要专文来总结。我先后翻译或与同事合译了8部地理学专著，在法国地理学刊物上发表10余篇论文。为此我也得到了一些荣誉：1986年，卢森堡大公国科学院授予我"名誉院士"；1996年，法国地理学会授予我"名誉会员"；1999年，我应聘为"中国科学院首批海外评审专家"；2012年，南京大学聘任我为"兼职教授"；2019年，中国地理学会授予我"国际合作奖"；等等。这些都是对我从事中法地理学合作交流的鼓励。我深知，中国地理学界通晓法语的学者非常少，我责无旁贷，应尽力而为，这也是中国地理学界老前辈黄秉维院士和吴传钧院士对我的谆谆教诲和殷切期望。吴传钧院士非常高兴我能致力于中法地理学的学术交流，他曾开玩笑戏称我为"驻法地理大使"。我深感这是他对我的热情鼓励，我将继续努力，为中法地理学术交流起桥梁作用。

——（本文原载《求索心路　赤子情怀——1979—1998中国留法学人20年回顾》[1]一书）

---

[1] 由中国驻法大使馆教育处颜永平主编，开明出版社于2004年12月出版。

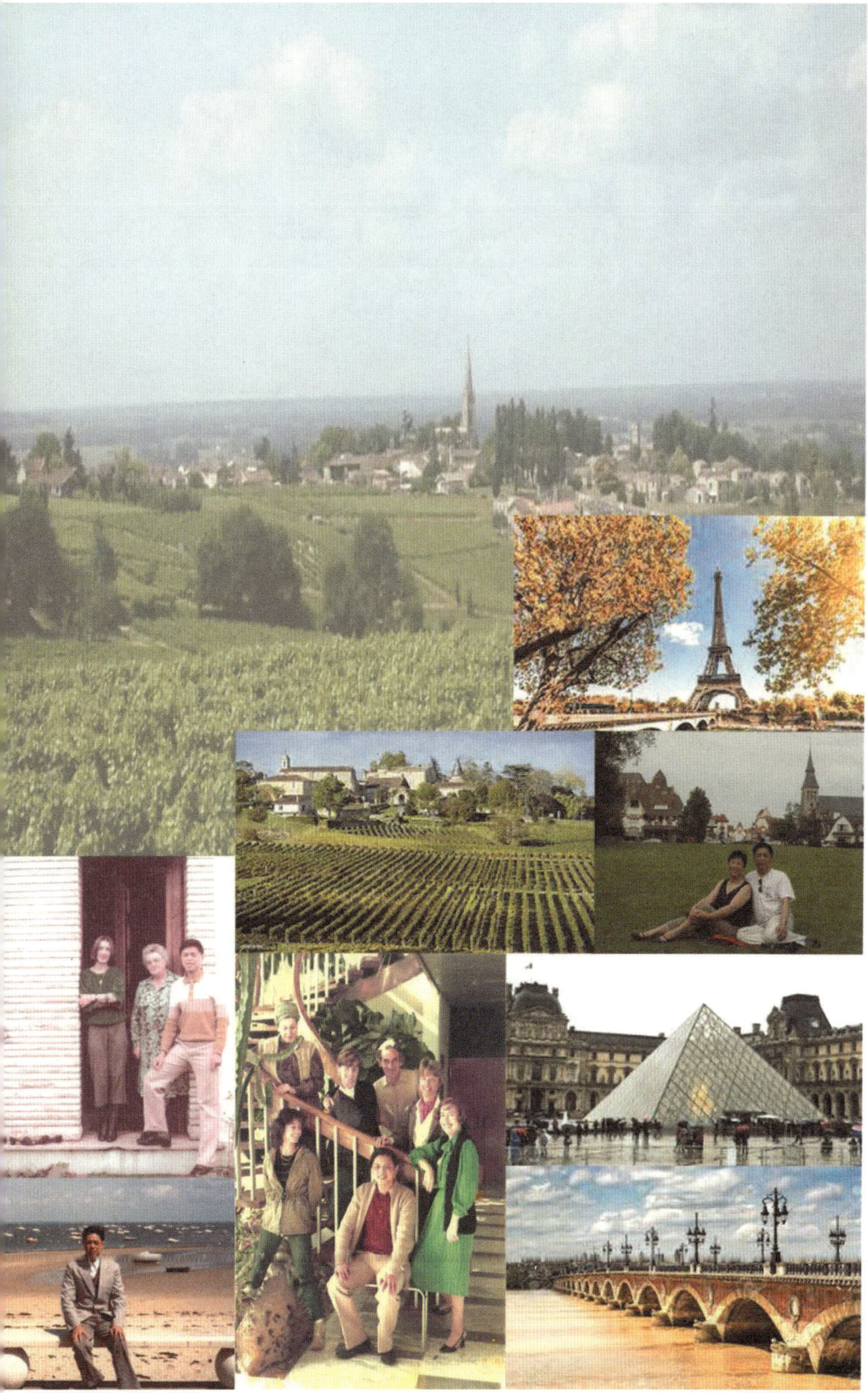

第二辑　旅法日记（1981年2-10月）

巴黎最初印象

1981年2月17日　星期二　阴　北京

　　旅法日记从今天开始第一页。在掀开第一页的时候，我希望两年后回国时能带回丰硕的成果，将自己旅法见闻和感受如实记录下来，留下一生中美好的回忆和继续前进的脚印。

　　经过整整一年漫长的期盼和等待，旅法留学的愿望终于实现了。北京时间晚上9时45分，我登上CAAC933国航航班，离开首都北京飞向法兰西巴黎。妻子连弟携小儿子二霖、妹妹小虹和地理研究所室组代表文云朝、申维丞、梁仁彩、梁华山等同志到机场送行。中国科学院这批同行赴法留学或进修人员只有我和上海细胞研究所左嘉客两人。

　　飞机在茫茫夜空中飞行，我的思绪也随之飞腾起来，久久难以入睡。我出生在书香世家，父亲是广州中山大学教授，在家庭的氛围熏陶下，我曾做过好好学习，将来留学苏联的"少年梦"。好好学习我努力做了，小学中学的学业成绩在班级都是名列前茅。可是时运不济，等我高中毕业时，中苏关系破裂了，留苏少年梦破灭了。如今我已经40岁了，乘飞机赴法国留学，真像做梦一般。我用劲掐了自己的手臂，感到了疼痛，明白了真的是"少年之梦老大圆"啊！

　　我想到去年春节后报名参加地理所组织的选派出国留学人员的外语和专业考试，考试前的紧张、入选的兴奋；随后又是更加严格的教育部与中国科学院联合组织的法语考试，我也以优秀的成绩顺利通过了；我想到此后漫长的一年的等待，有进展消息时十分振奋，遇到挫折时的丧气；我想到夏天一家带孩子在917生活区附近"希望的田野"漫步畅想，其乐无穷；我还想到广州的双亲和弟妹，想到与妻儿的依依惜别；然而我更想到祖国和人民的期望和自己的责任，心潮起伏，使我在漫长17个小时的夜航中难以平静入眠……

我乘坐的航班是波音747宽体客机，有290多个座位，但是乘客只有1/3，座位很空，基本上每个人都能躺下来休息。飞行路线为北京—乌鲁木齐—卡拉奇—沙加—伊斯坦布尔—贝尔格莱德—苏黎世—巴黎，途径十多个国家上空。因为是夜航，又是自东向西飞行，逆着地球自转的方向，所以长夜漫漫达17个小时，机窗外漆黑一片，基本上什么都看不见。只在飞越高耸云端的喜马拉雅山脉时，俯视见到雄伟的雪山竟像一群白白的绵羊，匍匐在云彩之下……

半夜时分飞机在阿联酋的沙加机场着陆，休息一个小时。我的双脚第一次踏上异国土地，阿拉伯土地。沙加机场阿拉伯民族风格建筑很有特色，圆形拱顶，清真寺式的装饰，却配上现代化的奢侈商品陈设和悠扬的轻音乐，使人感到小小的沙加机场颇有魅力。机场维护治安的军人蓄着八字胡须，腰间别着老式毛瑟手枪，更增添了几分风趣。我们休息的候机室中间是一圈商亭，各种现代商品琳琅满目，应有尽有，使我们这些头一次走出国门的"土包子"大开眼界，不过价格真令人咂舌！在沙加机场时钟显示3时30分，而我的手表北京时间是早晨7时30分，连弟该起床煮牛奶了，我不在家这两年，连弟一个人又要上班，又要带小孩，很辛苦呀！

飞机从沙加继续飞行，仍然是追逐着黑夜，这是我平生经历过的最长的一个不眠之夜！好在飞机上设施很好，饮食不错，两顿正餐、两顿点心、各种饮料，使旅途不至于太辛苦。飞行很平稳，只是在穿越云层时有些颠簸。飞经欧洲喀尔巴阡山和阿尔卑斯山上空时天已亮了，飞机舷窗下呈现一幅美景图像：一望无际的茫茫云海之中，可见一座座积雪山峰，犹如波涛滚滚的大海中屹立的一座座岛屿。那云海时而像汹涌的海浪，时而像棉花团团或鱼鳞片片，时而像缥缈的轻纱，真是变幻无穷。终于飞机穿过云层，于早上8时15分在巴黎戴高乐机场安全着陆。飞机降落前在巴黎上空盘旋，鸟瞰下方，好大一座城市高楼林立，我想找铁塔但未见到，飞机已着陆了。

2月18日　星期三　鹅毛大雪　巴黎

飞机在戴高乐机场徐徐降落，我第一次踏上了法兰西大地。下了飞机顺着长长的过道走到头，已有中国大使馆迎送组人员前来迎接，我们便随着他们去取行李，过海关，一位头戴戴高乐式圆筒帽的警察检查护照和签证。戴高乐机场并不见得多么现代化，建筑呈正圆形，很新颖，中心顶部露天有玻璃天窗，采光好，整个机场很明亮。条条传送带密如蛛网，但路标指示清晰，旅客疏散还是比较快的。取行李很方便，行李沿转盘传来，旅客取了就走，出口处也不检验票据，我有点纳闷，怎么不怕错拿行李呢？

出机场后，乘使馆的大巴直接驶往南郊招待所下榻。汽车沿外环线行驶，道路宽阔，没有红绿灯，行驶通畅。沿途广告很多，有一种玻璃大球状广告很新奇，里面装灯，五颜六色，甚为有趣。到达使馆招待所大约一小时行程：独立的一个大院，两栋四层楼房，院内有大草坪。现在正是深冬季节，树木已落叶，光秃秃的，可是，我惊奇地发现草坪仍然绿茵茵的。办理登记后，入住121号房间，安静舒适，热水淋浴后，消除了旅途疲劳。中午正躺在床上休息，忽然听见有人喊下大雪了，推窗一看，果然外面鹅毛雪花纷纷扬扬，飘落地上随即化成水，滋润着土地草坪。我感到很有趣，下着大雪，草地仍然绿油油的，说明这里海洋性气候温和湿润，在北京的冬天，草地早就枯黄了。下雪天空气很湿润，使人有清新爽快之感。

大使馆一秘蔡方柏先生来招待所与我们见了面，他夫人安征扎我给他捎了一大包中草药。（蔡方柏后来担任驻法人使多年，他夫人的姐姐安群是我父亲在广东外语外贸大学同事桂诗春的夫人。）下午北京语言学院法语进修班同学，使馆科技处三秘郑永光和文化处二秘刘士钊来看望我们，给我们每人预支2000法郎。据刘二秘说他们还没有收到我和左嘉客的任何材料，他很和蔼，向我们介绍了留学生和进修生管理的一般情况，允许我同波尔多热带地理研究中心联系，联系好就可以前往波尔多报到。

  全天都在使馆招待所休息，伙食全是中国口味，以致我一直还没有已来到外国的感觉。食物丰盛自取，饭后每人还给一个大苹果，感觉真好。晚餐后同左嘉客在附近街上散步，雪后地面湿润，空气清新，沁人肺腑。招待所周围都是小街道，道路不宽但很洁净，路旁一座座欧式小别墅，大平房或两层小楼，房前屋后有小花园。花园面积不大，但精心布置，种植花草或摆设艺术品。花园有铁栏杆或红砖围墙，沿围墙栽种冬青灌木，冬天仍然青翠不落叶。我们正隔着围墙出神地欣赏一户人家精巧的庭院，突然一只大狼狗蹿出，两只前爪趴上围墙，冲我们狂吠，把我们吓一大跳。左嘉客指着院墙门边一块牌子，上面写着"chien méchant"，意为"小心有狗"，想必这是警告小偷的吧！我们沿着人行道转了几条小街，见到好几家较大的花园里，有小型儿童乐园的滑梯、秋千、转马等。我感到有点纳闷，法国人口不多，出生率很低，怎么这么多幼儿园？日后我才知道，那是家庭的儿童乐园，我真是少见多怪了。

2月19日 星期四 阴

  在巴黎的第一夜，我睡得很香，也许是旅途和时差使我太疲劳了吧。招待所服务员问我休息得好吗？我说睡得挺好，就是夜里感到有点冷，被子太薄了，褥子倒挺厚的。服务员大笑起来，告诉我你把被子当褥子，睡在被子上，盖的是被罩。原来法国人叠被子习惯不同，要掀开被子钻进去，"土老冒"又出洋相了！

早餐后，就打电话联系几位法国地理学教授，我国内单位中国科学院地理研究所所长黄秉维院士和我的导师吴传钧院士给我写了一些推荐信给他们认识的法国教授，让我有机会去拜访他们，日后请他们多多关照。打了几个电话，只打通了德莱希（Dresch）教授，他是法国地理学权威学者之一，曾任国际地理联盟副主席。德莱希教授很热情，约我下午去他家。

午后，我先步行到街道尽头，在公共汽车站买了两沓车票，共20张，每沓10张共17.50法郎，这样买比单张车票便宜。车票为硬纸质，像我们的火车票，中间有一条磁带，公共汽车和地铁通用。汽车和地铁检票都自动化，车上只有司机，没有售票员。先乘155路汽车到意大利门，然后转地铁，换了几条线路到达教授的住所。德莱希教授正在家里等我，他住在巴黎市中心一幢古色古香的楼房里，客厅宽敞明亮，陈设着他收集的世界各地的文物和艺术品。客厅、过道和书房满目都是书籍，真是大学者之家。教授已经70多岁了，给我倒威士忌酒时手有点发抖。有个女儿给他当私人秘书。德莱希教授对我来法国深造表示热烈欢迎，当即就打电话联系波尔多热带地理研究中心。所长拉塞尔（Guy Lasserre）出差去了非洲，将由副所长韦内提埃（Pierre Vennetier）负责接待我，并安排我的住宿问题。我同韦内提埃先生约定下星期二赴波尔多，告诉了我乘坐火车的车次和到达的时间。德莱希教授很和蔼，平易近人，我们谈笑甚欢。我向他递交了黄秉维所长的信函和一本《中国农业地理总论》专著。我本人送教授几件中国工艺品，其中有一个陶瓷人物——老人打太极拳，他很喜欢，还用手比画太极拳动作，问我像不像。临告辞时德莱希教授热情邀请我星期六到他家午餐。

从德莱希教授家出来，看看时间还不太晚，不急于回招待所，便漫步巴黎市中心区，穿过街巷，走到了卢森堡公园，环境幽雅宁静，树木很多，有一个很大的喷泉池，时令冬季，游人很少，显得有点萧索冷清。出园后穿经拉丁区一条商业大街，走进一家大书店，书籍相当贵，一本罗贝尔（Robert）法语词典售价170法郎，以后到波尔多再买吧。沿路从橱窗看手表、相机之类价格也不菲。走着走着就到了塞纳河畔，塞纳河风光早就闻名遐迩，河水清清，滚滚流过，这里秋冬季正值汛期。塞纳河穿经巴黎市中心，河上有20多座桥梁，河心有两座小岛，名曰"市岛"（Cité），著名的巴黎圣母院就耸立在市岛上，我没有近前参观，远望就感到庄严壮观。沿河西行经过著名的卢浮宫，以后有机会进去仔细参观这座世界文物宝库。向西远眺，已经见到了埃菲尔铁塔的倩影，看看快天黑了，不再向前走了，乘地铁转公共汽车返回招待所。地铁站的站名、路线图和换乘路标都很清楚，只要乘几次就学会了。初次走出国门，来到花都巴黎，一切都感到非常新鲜新奇，穿过大街小巷，沿塞纳河漫步，走了很长的路一点也不觉得累，只感到脚后跟有点隐隐作痛。回到招待所才发现，我穿了一双在北京王府井出国人员服务部买的新皮鞋，将脚后跟磨破出血了却浑然不知，血干了同袜子粘在一起，袜子脱不下来，用劲一扯竟带下一片皮肉，好痛啊！

今天适逢元宵佳节，晚上，招待所会餐十分丰盛，有海参鹌鹑蛋冷盘、红烧鱼、麻婆豆腐，地道四川风味。晚餐后看电视，法国故事片。未能全懂，权作练练听力吧。

2月20日　星期五　雪转阴

晨起，天空飘着雪花，纷纷扬扬。气温显示零下1℃，很奇怪，我一点不觉得冷，不像北京冬天经常刮刺骨的寒风。

早上，我终于打通了电话，同地图学家多朗德（d'Hollander）联系上了，他约我中午去他家共进午餐，然后领我去参观法国地理院。时间还早，我就顺路先去看望北京地理所同事傅肃性的老房东雷诺（Reynaud）夫妇。傅肃性前年来法国地理院进修一年，就租住在老两口家里，离法国地理院很近，很方便。老两口住在一所公寓楼里，法国人家庭观念比较淡薄，孩子成年就离家独立生活。老两口相依为命，晚年挺孤单的。雷诺夫妇非常热情，挺怀念老傅在他家居住那一段快乐时光。我将傅的礼物送给了老两口，他们非常高兴，一再感谢。老两口要留我吃中饭，我说有约在先谢绝了，他们招待我品咖啡吃点心。我完成了傅肃性委托的任务，告辞时老人非要塞给我两包糕点，让我乘火车去波尔多时在路上吃。雷诺先生同我一起下楼，带我抄近路穿过一片林地，送我到法国地理院门口。这片森林树木高大，树下绿草茵茵，许多儿童在草地上踢足球，足球运动在法国很普及。

　　法国地理院从名称上看像是一所地理研究机构，实际上相当于我们的测绘研究院，以测量制图和地图、地图集编绘为主。多朗德教授在他的大办公室热情接待我，我们前几年曾在北京地理所见过面，重逢格外亲切。他带领我参观了地理院主要研究室和制图车间。地理院规模很大，办公楼很气派，上班时人们都紧张地工作，据说法国的各种地图和地图集均由该地理院出版的，所以名气很大。时近正午，多朗德教授带我步行到他家去，见到了他夫人，也是老两口之家。我向他们转交了老傅的礼物，我也送了一幅杭州长城织锦和一把香木扇。在教授家我第一次吃西餐，先把餐巾放在腿上，左手执叉，右手拿刀。第一道菜是面包圈浇蘑菇土豆汁，美味可口，主菜是烤鱼，主食有米饭和面包。我以为该吃完了，却又上了一大盘奶酪，三四种任选。我头一次品尝奶酪，感觉味道奇特，不太习惯。接着又上了水果和甜点，好多道程序，不断换碟子。饭前饮开胃酒、席间饮红葡萄酒或白葡萄酒，餐后饮白酒（烧酒）。我心里在想，主菜只有一种，不像我们至少四菜一汤，可是一顿饭四五道程序，都

23

吃不下了，幸亏人家有洗碗机，否则一顿饭下来洗碗得洗半天啊！教授很热情，要打电话替我同波尔多热带地理中心联系。我说昨天德莱希教授已经联系好了。饭后休息了一会，教授要去上班，顺路送我到地铁站告别，看来他们的工作很忙。

  下午还有时间，我便乘地铁去游览神往已久的埃菲尔铁塔。下地铁穿过人权广场，远望铁塔高耸入云，像一尊顶天立地的巨人，巍巍壮观。下台阶，过塞纳河，来到铁塔脚下，仰望铁塔，钢铁巨人令人赞叹不已。铁塔的跨度很大，四个花岗岩基座。登塔可乘电梯，到第二层 4 法郎，到第三层，即顶层 7 法郎。西北角没有电梯，可沿楼梯步行登塔免费。今天我没有急于登塔，以后有的是机会。在铁塔东南基座旁，有一座金色的埃菲尔半身塑像。铁塔南面宽广的三月广场绿草茵茵，树木成行。铁塔位于塞纳河南侧，过河有很大的水炮喷泉，喷泉池两侧有精美的艺术雕像，可惜一座裸体女神塑像被人涂画亵渎，可见法国也有坏小子！地铁里也是到处可见到涂鸦，不堪入目。在地铁里多次见到弹吉他，拉手风琴卖艺者，不少是年轻人，见有人投钱。巴黎地铁四通八达，在大城市交通中发挥了重要的作用。记得法语老师曾说过，巴黎人的生活可用一句话概括："métro—boulot—dodo"，即"地铁—上班—睡觉"。可见地铁在巴黎人心目中地位多么重要。看来大城市公共交通问题的出路在于大力发展地铁，希望有一天北京的地铁也能交织成网，地面交通拥挤的现象便可得以大大缓和。

2月21日　星期六　阴

  中午，我应约去德莱希教授家午餐。他的两个女儿作陪，她们都去过中国，小外孙女到中国学过中文。教授还请了一对老年夫妇，是他的朋友。主菜是烤羊腿，主人一刀切下去，只见肉色粉红，还有带血丝的汤汁流下，我差一点喊

"没烤熟"。岂不料法国人就爱享受这种鲜嫩的烤肉。我有点害怕，但入口觉得的确鲜嫩美味，这是我头一次品尝半生不熟的烤羊肉。甜点油煎苹果很好吃，有点像我们的拔丝苹果。开胃酒、红酒、奶酪也是餐中必不可少的。老教授介绍法国总共有300多种奶酪，与荷兰同为世界之最。

德莱希教授家藏书很多，像个图书馆，客厅、书房，连过道都到处是书。餐后他给我介绍了一些有关热带地理和非洲地理的新书。教授是地貌学和热带地理学家，在非洲摩洛哥、尼日尔和喀麦隆都做过许多实地考察。

告别教授后，乘地铁去大使馆文化处，位于巴黎西南部，领了4000法郎奖学金。科技处与文化处同在一座楼，北京语言学院法语进修班同学郑永光目前在科技处任三秘，同他在巴黎欢聚十分高兴，谈笑风生，聊到傍晚6时才告别回招待所。

2月22日　星期六　阴

晨起，推窗一看，漫天鹅毛雪花纷纷扬扬，地上和屋顶一片雪白。想出门踏雪漫步，呼吸清新空气，可是人行道积雪很厚，渐渐化成水，迎面雪花飘飞，行走困难，便折回宿舍，展开纸笔，给爸妈、连弟和所室同事写信，这是我到法国后寄出的第一批信件，下周三便有人返京捎去北京投邮。

午餐后，到招待所电视室看电视，刚看一会，郑永光同学来看望我。他向我详细介绍了进修生的管理规定和各项经费标准。目前仍实行实报实销，以后将改为奖学金包干，正在研究中，很快会正式实施。然后我搭乘郑永光的便车进城，前往著名景点凯旋门观光。凯旋门位于市中心中轴路上，一座雄伟壮观的石质建筑，屹立在大道中央，由此辐射出12条大道，通向巴黎市的四面八方。

从地道进入广场中心就近观赏凯旋门上精美的浮雕，栩栩如生。凯旋门中心地上是无名英雄火盆,纪念法国历史上为国捐躯的先烈。火苗日夜不息,象征先烈永生,周围簇拥着许多花环。凯旋门有警察守卫,戴着法国特有的戴高乐式高帽子,有许多外国姑娘要求同他们合影。然后我信步香榭丽舍大街,这是世界著名的大道,两旁有许多豪华商店、航空公司和影院歌舞厅,入夜更是灯火辉煌。从橱窗看了一下,商品价格昂贵惊人。同我们的商场很不一样,商品非常丰富,顾客却很稀少。见到几处有人排队,走近一看,不是购物而是买电影或歌舞门票。这是我第一次见到巴黎人排队现象。香榭丽舍大街很长,一直延伸到协和广场。我只走了2/3,见后一段只是漫步大道,没有什么商店,脚后跟还有点隐隐作痛,便没有继续走下去。下地铁去奥斯特里茨火车站,购买了下星期二赴波尔多的火车票。

巴黎凯旋门

2月23日 星期一 阴

上午,去联合国教科文组织访问综考会的同事张有实同志,从意大利门乘地铁到塞古(Ségur)站下车。联合国教科文组织分总部和分部两部分,都是高层建筑,里面设备挺现代化,办公家具都是铁架与胶合板组装的,美观大方,价廉物美。有一座很大的会议大厅,主席台作舞台文艺演出。张有实来此任职已有一年多了,对巴黎相当熟悉。他给我介绍了许多旅法见闻体会、法国人习俗礼仪，我颇有收益。相谈很投机，从上午10时左右聊到下午3时多才分别。中午他就在办公室招待我一顿冷餐：罐头沙丁鱼、煮鸡蛋夹面包。他说他住在常驻团公寓，有中国厨师，伙食很好，天天吃肉都吃不出胃口了，所以中午就不去教科文组织食堂吃西餐了。我想他也许是省钱回国买大件吧。

晚上，我洗了个热水澡，收拾行李准备明天赴波尔多。在巴黎小住了一个星期，得以好好休整、访友和游览，养精蓄锐，到波尔多该努力投入学习和工作了。同机前来的左嘉客晚上正好从南方乡下回巴黎，他到巴黎后第二天便迫不及待地去了普瓦捷（Poitiers）乡村同他弟弟团聚去了。他是中法混血儿，母亲是法国人，父亲是中国人，早期留法学生，娶了法国姑娘带回中国。他弟弟也娶了个法国姑娘，随妻子定居法国。他弟弟的岳父有一大片土地，用作牧场，养兔养羊。他帮助岳父养兔，收入很不错，就是被捆在土地上没空闲自由时间，所以他弟弟无法来巴黎迎接哥哥，只能他下乡去看弟弟。他在乡下住了一个星期，颇为感慨，说他弟弟每月收入10000法郎，妻子在市镇教书，另有工资。左兄建议我有机会到法国乡村生活一段时间体会一下法式田园生活。这是一个好主意，我当利用留法两年宝贵时光，全面深入地了解法国社会的方方面面，当然，也包括乡村这个广阔的天地。

2月24日　星期二　阴

上午9时30分离开招待所，打了一辆出租车，装上行李前往奥斯特里茨火车站。瑞士进修生倪道明送我去车站，出租车费55法郎，另付小费5法郎。这里乘坐出租车一般要付小费，我们还不太习惯。郑永光同学已在车站等我，车站备有手推车，可推着行李直上月台，很方便。自动检票无人管理，车上查票。不了解情况的人，不自动检票就上车，查票时会被罚款的。

11时25分准点开车，列车徐徐开动，我同郑永光、倪道明招手告别，谢谢他们热情送行。此时，我仔细看看法国的火车同我们的有什么差别，我乘坐的是二等车厢，软席座位，单向座位，不是面对面，座位比较宽，很舒适。车厢有空调设备，玻璃窗是固定的，不能开启。虽然不能开窗，车厢内并无闷气之感。车厢两端备有行李架，置放大件行李。座位上方也有行李架，可放手提包和小件随身用品。车厢整齐清洁，座位可事先预定，写上了旅客的名字。没有预订座位的旅客自选空位就座。旅客不多座位很空，我选择了一个靠窗的座位，邻座后来上来了一个老太太。电气化列车开得飞快，起初有点令人晕眩，不敢久看窗外飞闪而过的景物，渐渐就适应了。巴黎至波尔多589公里，行车仅4小时45分钟，大大节约了时间。法国国土面积不大，从南到北和从东到西也就1000多公里，因而国境内的列车基本上免挂卧铺车厢，不必在车上过夜，对旅客方便多了。巴黎到波尔多这段路程相当于北京到郑州，但我们的火车速度较慢，不得不在车上度过难熬之夜，弄得筋疲力尽。

列车飞快奔驰，窗外景物一一从眼前闪过。一望无际坦荡的原野，碧绿的牧草地，一栋栋红瓦白墙的村舍，房前屋后有花园和菜地，真是好舒适的庄户人家，出入有小汽车，住所有暖气、电视，难怪现在法国有新趋势，城里人愿意往乡下搬。沿途所见农田整治得非常平整，主要种植小麦、大麦、油菜和甜菜等。牧场草地茵茵，放牧着奶牛和绵羊。列车驶近波尔多地区，大片葡萄园映入眼帘，时令冬末，葡萄还没有抽叶着绿。波尔多因盛产葡萄酒而闻名于世，我知道波尔多这个名字就是从葡萄酒开始的。然而我慕名前来求学却是因为这里有世界著名的"热带地理研究中心"。下午4时05分列车准点到达波尔多火车站，进入城区前列车从铁桥上穿过宽阔的加龙河，河水滚滚，有水鸟飞翔。啊，波尔多，我梦中已见到您无数回，今天终于投入了您的怀抱！

热带地理研究中心副所长韦内提埃教授亲自开车来车站迎接，另有一位中国进修生卢亚雄也前来欢迎，他来自四川成都电讯工程学院，目前在波尔多第一大学进修，学激光物理学。出站后驱车前往波尔多大学所在的塔朗斯大学城，一大、二大、三大都集中在这里，只有四大医学院在城里。大学城分成6处，其间是大片林地和草坪，环境优雅宁静。热带地理研究中心设在三村，同三大文学院在一起，韦副所长就近安排我入住三村A楼。我们先在热带地理研究中心小憩喝点茶水，然后韦副所长领我去三村办理手续，入住209室。安排妥当后韦副所长同我握手告别，有点意味深长地说，你来得比较晚，男生宿舍楼都满员了，只有这A楼女生宿舍楼还有几间空房间。接着他诡谲地笑道："你很幸运啊，整座宿舍楼全是女生，你是唯一的男生，机会难得，别错过啊！"法国人浪

波尔多大学三村学生宿舍

漫闻名遐迩，真没想到堂堂研究中心副所长竟然同一位刚来的外国进修生开这样的玩笑，令我惊讶不已，法国人的浪漫名不虚传！

卢亚雄告诉我，目前波尔多大学只有他和来自内蒙古大学的王俊玉两名公派进修生，在二大学葡萄酿酒工艺，我是第三位，另外还有十位公派本科生，集中住在一村。傍晚卢亚雄带我先去认识王俊玉，他也住在三村，男生楼，但也有女生的房间。由此可见，法国大学生宿舍男女生混住习以为常，我是否有点大惊小怪了？尔后，我们3人一块去一村学

29

生食堂吃晚饭，见到了十个本科生，都是十八九岁可爱的小青年，全是男生。卢亚雄说，在波尔多总共有14个中国留学人员，还差一个攻读法国文学的自费生丁一凡没见到，他住在城里法国人家里。我感到十分欣慰，有这么多同伴我并不孤单啊！

2月25日　星期三　晴

上午，韦内提埃副所长在他的办公室接见了我，给了我一本《热带地理研究中心指南》，并向我详细介绍了研究中心的情况。然后，亲自领我到各科室和图书馆参观。热带地理研究中心是一座建筑风格很别致的两层小楼，进门迎面一座弧形木质旋梯上楼，大厅种植着许多热带绿色植物和花卉，热带特色鲜明。图书馆在二楼，书刊共10万多本，藏书虽然不如我们北京地理研究所多，但更专业，是世界上收藏关于热带世界的书籍最丰富的图书馆。阅览室宽敞明亮，加上摆放着各种期刊和新书。书籍资料检索很简便，正在引进计算机检索目录。一楼大厅西侧的学术报告厅有300个软席座位，全自动控制采光、通风和空调，备有放映电影和同声传译设备，可以召开国际学术研讨会。我突发奇想，希望有一天我能在这个报告厅做学术报告或论文答辩，从而给两年进修画个

波尔多热带地理研究中心正门

句号。最后参观地下室，有复照室、地图制图室和制印车间。一个只有百十人的研究单位，设备如此先进齐全令人赞叹。参观结束韦副所长领我到一楼报告厅旁边的一间办公室，说这是给你安排的办公室，同吉阿科迪诺（Giagotino）研究员在一起，他是研究南美热带的学者，目前出差了。办公室宽敞明亮，一人一张大办公桌和一个大书橱。结束时我借此机会，向韦副所长赠送了我参与并主持翻译的一本《刚果布地理》中译本，商务印书馆出版的，该书作者正是韦内提埃教授。他见到他的著作中文版，惊喜万分，同我热烈拥抱，说太高兴了，我的书译成中文了，可是除了地图和照片，我一个字也看不懂啊！

下午，我在办公室阅读《热带地理研究中心指南》，研究中心秘书来通知我，拉塞尔所长刚出差回来，约我下午4时到他办公室见面。同韦副所长短小精悍，行动敏捷成鲜明对照，拉塞尔教授是个大胖子，慈眉善目，笑容可掬。他热情伸出肥厚的大手掌同我握手，说"你好，中国间谍"。他见我大为惊吓，急忙解释道："同你开玩笑呢。"因为前些日子，他在研究中心一次工作会议上，宣布不久将有一位来自中国北京地理研究所的学者来中心进修两年，这是中心接待的第一位中国学者，希望大家多多关照和帮助。由于历史的原因，中法地理学界自1949年后几乎没有交往，本人的来到不免引起一些波澜，大多数法国同行表示热烈欢迎，难免也有极个别人仍然带着冷战思维，议论会不会是中国的间谍。拉塞尔所长说："什么议论都会有，你不必介意。我们中心又不是敏感保密单位，全面向你开放。"

我向拉塞尔所长递交了北京地理所所长黄秉维院士和吴传钧院士、陈述彭院士、曹廷藩教授（母校中山大学地理系主任）的推荐信。拉塞尔所长对我说："你先安置好住宿生活，熟悉中心情况，到图书阅览室看看书，准备好你的进修计划，最近我很忙，明天要同韦副所长去巴黎和第戎开会，然后赴非洲加蓬等几个国家讲学三个星期，等讲学回来我们再详谈吧。"

  晚上，我久久不能入睡，两位所长都很平易近人，没有架子，爱说说笑笑。韦副所长的浪漫说笑，可以一笑而过；然而拉塞尔所长善意的玩笑，却带有政治性，给我一个警示，今后言谈行动应处处注意，小心谨慎，避免被人误会，造成不良影响。

2月26日 星期四 晴

  早晨，阳光灿烂，是个好晴天，波尔多显然比巴黎暖和。前两天因为是初到，又要见所长，所以衣冠楚楚，还打了领带，以示尊重，但到了学生饭堂，完全没有人打领带，连穿西服的人都很少，多数穿毛衣便服，如登山服、夹克衫之类。看来我也要慢慢合群，于是除去领带，只穿一件高领黑毛衣，但仍着西服。以后要再买几件便服，学生服装十分随便，五花八门什么衣服式样都有，所以很难说谁的好，谁的不好。这学校也是个国际大家庭，一到食堂什么人都能见到，其中，法国本国人最多，其次是黑人。见到有些东方人，但没有怎么同他们打招呼，据说华侨和香港学生不少。

  没有去吃早饭，吃了些点心、饼干，也就差不多了，最不习惯是没有开水喝，宿舍没有，办公室也没有，口渴得要命，真想沏杯好茶痛饮一番。

  来了两天，一切都十分新鲜，应接不暇。今天我要好好看看我今后两年所生活的环境，我现在所在是波尔多西南部塔朗

波尔多大学正门

斯。这是座大学城,波尔多一大、二大、三大连成一片,绵延约有五公里,占地面积也不知多少。反正大得一眼望不到边,成群的高楼大厦,一簇簇地散布在茵茵草地之间。马路宽阔平直,都是柏油或胶结石子路,汽车多得很,许多学生都有汽车,有人骑摩托,少数人骑自行车,骑自行车要注意安全,因为汽车多,开得飞快。卢亚雄有辆自行车,他说有一次骑车从宿舍到食堂,从后面超前的汽车就有50多辆。大学城不像中国的大学,有围墙和确定的范围,这里没有,而是相对集中,如一大集中在一村,三大集中在三村,总共有6村,在三村有一个很大的图书馆,各村都有教学楼和学生宿舍。

热带地理研究中心直属法国科研中心(CNRS),并不属波尔多第三大学,只是设在大学城范围之内,然而它同三大有密切的联系,拉塞尔所长兼任三大教授,有不少三大教授在所内任职。这是一座两层楼的建筑,比我们北京地理所的实验楼稍大一些,一走进玻璃大

波尔多热带地理研究中心大厅

门迎面是印度榕、仙人掌之类的热带植物,给人以热带风光印象。一座木质旋转式的楼梯,把人们引上二楼,楼厅是个会客、休息室,一侧是图书馆,另一侧是办公室和实验室,一楼有传达室、报告厅,楼下有复照制印车间。全所正式职工只有41人,加上兼职人员共100人,现有五个进修生,泰

33

国、巴西各二人，加上我，还有 30 多位大学生在这里做论文，利用中心的资料。专职研究员 10 人、工程师 4 人、技术员 18 人、行政人员 7 人，行政人员占比例很少很少，秘书起很大作用，一切行政事务都由秘书管理。

  因为热带中心还未收到我的材料，所以今天我整天用于填写"进修生调查表"，准备提供给所长，以便了解我的基本情况，便于确定研究专题，我想一方面搞热带地理，人与自然相互关系的研究，另一方面搞遥感应用，看来分去生物地理室可能性比较大，但我有点担心的是我不懂拉丁文，植物学基础不足。搞人文地理、区域地理比较有基础，但深入下去发展前景不大，我想初来一周，要尽量多了解情况，然后再有所选择。

  下午，韦副所长两个孩子代替传达室值班，他们领我找了马克·布瓦耶（Marc Boyé）教授，是个大胡子，地貌室主任，他很热情询问我的情况，并作了记录。他向我详细介绍了波尔多热带地理研究中心的研究项目，地貌室主要开展三方面的课题：一是热带铁壳土地形，包括化学成分分析；二是海岸地形，包括红树林及珊瑚礁，以红树林为主；三是山地研究，山地与景观垂直变化相互关系研究。谈话直到 6 时他下班时结束。

  中午，在第三食堂吃中饭，饭后，同王俊玉一块去四村旁边的一家超级市场，离宿舍很近，步行 15 分钟，市场里一应物品应有尽有，我买了一些炊具和几个玻璃杯。晚上烧锅开水沏茶，才真正美美地喝了一顿。

2月27日　星期五　雨

  今天下了一整天的雨，由于没有带雨具，只好冒雨去上班。我用皮包顶在头上，好在距离不算远，看来要尽快买伞。

  上午，到图书馆浏览了一番，外间是一个大阅览室，里间是书库，没有我们北京地理所的藏书多。图书馆的管理员很热情地领我参观各处，当他了解到我对遥感很有兴趣时，主动领我去找米歇尔·布雷诺（Michel Bruneau）先生。布雷诺先生很热情，向我详细地介绍了他的工作，他在泰国居留5年，从事泰国研究达10年之久，并以10年之积累，撰写有关泰国北部的研究，通过了国家博士论文，现在结合搞遥感技术应用研究，还送了我许多书籍资料。他和我同年，40岁，有3个孩子，年龄与我的儿子大霖、二霖相仿。由于"文化大革命"，我失去了10年时间，同人家已有明显的差距。谈话直到中午，布雷诺和他的朋友一块约我去法国科研中心食堂吃饭，我这才知道这里还有个供科研机关人员吃午饭的食堂，也是自助餐，但质量比学生食堂好得多，也是四道菜：前餐冷盘、正餐、奶酪酸奶点心水果任选两种，正餐我选了一条鱼，食堂人不多，不用怎么排队等。该食堂饭费按工资收入标准付款，我作为进修生只需交7法郎，为最低标准，看来以后可以在此吃中饭，不过科研中心食堂不开晚餐，还要去学生食堂换换口味。这里比学生食堂多花了1法郎，但条件更好。缺点是这里不如学生食堂自由随意，就餐者都是文质彬彬的学者、教授。饭后，布雷诺领我去参观了波尔多大学（三大）地理研究所的办公室和学生教室。布

科研中心食堂

35

雷诺的朋友，三大地理系教师杜博克（Duboscq）先生送我一本刚出版的关于遥感的新书。

下午，图书馆管理员桑塔娜（Anahite Santana）女士来找我要证件照片，说替我办理科研中心食堂的就餐证。这是布雷诺先生告诉她的，使我很感动。桑塔娜女士非常热情，她见我在这里人生地不熟，领我到邻近的"人文科学研究院"去见一位来自香港的博士生，姓张。他在波尔多住了8年，法语说得很流利，正在做博士论文。张先生答应替我物色住房，他的妻子不久前因车祸还在住院。听中国同学说，他对国内来的留学生很友好，波尔多的中国人都认识他。

2月28日 星期六 雨

原来约好同王俊玉一块进城找卢亚雄去玩，照相，可惜天不作美，哗哗的下雨不停。老王来找我，陪我去买雨具。我们先乘车到塔朗斯教堂站，我到邮局买了些邮票，给连弟寄出来波尔多后的第一封信，同时给郑永光、刘二秘写了一汇报信。然后，到一家银行（大众银行 Banque populaire）去存款，因为对银行行话不熟悉，有些困难，但总算勉强对付存了钱，这方面的词汇很缺乏，原来我认为法语口语还能应付自如，一到了法国就发现是处处不足，到处是学校，处处是课堂，例如存款、开户头、利息等都是新词汇，职员说一词 compte，我猜大概是开户的意思。

雨越下越大，一把小折伞，两个大男子汉，实在困难，衣服都淋湿了，于是继续乘车进城。不料，在进城的公共汽车上碰上查票，我使用的是王俊玉给我的学生车票，但我还没有领到学生乘车证，十分紧张，怕挨罚，还好这位查票员见我是外国学生，比较客气放我一马，到了胜利广场下车才松了一口气。胜利广场有一纪念碑式建筑，以此为中心，呈放射状许多街道，其中有一条叫圣卡特琳娜大街，被称为波尔多的"王府井",十分热闹。今日因雨,人不算多,平常人不少,街道很狭窄,步行街不让通汽车,商店一家连一家,以衣服、钟表商店居多,很想买一个小旅行式闹钟,70—120法郎。折伞较贵,起码40法郎,自动伞,最后选购了一把29法郎的男式自动伞,比较大,波尔多临海多雨,买把好伞很有必要。这条街有一个很大的超市,我们各买了一些食品、油盐糖之类,在这条热闹大街有一条小胡同里,有一家中国商店,门面不大,横额上写着福禄寿囍四个大字,一看就知道是华侨商店,老板是潮州人,会说普通话、广州话,不算好,儿子也出来了,说的中国话不如法语。店内许多中国商品,有我爱吃的生抽王、粉丝、米粉、挂面、广东面饼,以及瓷器、竹帘画、中国罐头、工艺品,应有尽有。我们同他交谈了一会,他是从柬埔寨移民来法的,生意还可以,这里华侨、东方人都在此买东西。为了表示礼貌,我们各买了几包速食面条和米粉之类,店内台湾、香港产品也不少,店里播放着广东音乐,使人一走进屋子就有乡音之感,墙上贴有邓丽君等港台歌星的张贴画。回来时,不敢再使用学生车票,买了一套十张的公交票,花了16.7法郎,比学生票将近贵一倍。

回到三村,肚子已很饿了,早上吃了两个鸡蛋,中午也没吃饭,于是在老王处煮饭吃,两菜一汤,红烧猪舌、炒猪肝和猪肝蘑菇汤,味道鲜美,大米饭喷喷香,还是吃家乡风味合口味。自己做饭,省钱合口味,但当时我的条件不允许,学生宿舍每两层才有一个小厨房,又是女生宿舍,女生爱自己做饭,厨房用电炉常要排队,还要楼上楼下来回跑。

晚上,同老王一块去四村找盖老师聊天,盖是北大外语系教师,在波尔多第三大学法文系学文学。他离京已近一年,很想了解国内情况,我们又很想了解法国情况,因此谈得比较投机,直到深夜。

3月1日 星期日 晴

　　法国每周五个工作日，休息两天。一到休息日，反而想家了。天气晴朗，无处可去，一个人徒步来到邻近的超市，不料家家商店都关门，原来，此地星期天商店都关门，要买东西都要在周六休息日解决，星期天大家都在家中或在游玩中度过，不去商店，只有面包店开门。在超市高层建筑前空地上，见有许多房车，横七竖八的停放在草坪上，里面住有人家，在车厢旁晾衣服，小孩在跟前玩耍，周围有许多垃圾，我起初琢磨，这是不是贫民住宅区？于是，我同两个在地上"过家家"的小女孩聊起来，问她我能否被邀请当客人。不久一大群男孩围上来同我交谈，再后两个孩子打架，于是一车厢里窜出一个妇女，衣服不整，手拿树枝追打孩子。孩子被驱散了，我也起身，我对这妇女道了声"你好"，但此妇女似乎不懂礼貌。我走了十几步，后面追来两孩子，叫道"先生，1法郎"，向我讨钱，我便证实这些确是穷人。后来从老盖处得知，这是吉卜赛人，过流浪生活，过去赶马车流浪，如今现代化时代，乘汽车到处流浪。可惜没有条件了解他们是怎样生活的，他们对外人很排斥，过着自我封闭式生活。中午回到宿舍，已饿得很，煮了两袋速食米粉、两个鸡蛋，不到十分钟就吃好了。有电炉真是方便，这里一切都靠电，暖气、空调都用电，但人们也注意节约用电，例如宿舍楼道的电灯声控开关，绝没有我们那里的那种长明灯。

　　下午，到老王宿舍，有一华侨女学生周淑冰在他那。她是香港人，加拿大籍，现在在这里学法文，会讲广州话，是个虔诚的基督教徒。这里从香港或海外来的华侨也不少，广州话很通行，但同他们交往，时刻要注意，千万要把好政治关。当然，在异国他乡，遇到同乡，乡音交谈的确是分外亲切。

　　晚上，老盖、老王来我宿舍，又聊到11时。有几个中国人就不感到寂寞，但天天在一起扎堆，就不能同法国同学交流，于学习法语、了解法国社会、法国人怎样生活也是不利的。从中国来已经十多天，我还感到只是从表面上有了点感性认识，还在法国人的外围打转转。离认识法国还差得远呢！

3月2日　星期一　雨

昨天天晴，今天又下雨。

韦内提埃副所长尚未返所，还不能汇报我的进修计划。上午，在二楼图书馆浏览卡片，图书情报室主任贝兰（Pérrin）女士热情地给我介绍了资料卡片和索引的用法。这里图书资料整理得比较好，热带地理研究中心正式在编工作人员不多，只有41人，但图书资料室人员相对比较多，有8个人，说明该单位是热带地理研究的一个重要的资料宝库。这里的图书资料自1976年之后，都作了检索整理工作，分类别，而且有简明提要。同时，还通过计算机处理，供专业人员查阅，相当方便，只是目前我还没有入门，找起来不太容易，贝兰女士虽详细一一介绍，但一时记不住，来日方长，以后慢慢来吧。

利用午间休息，同传达室负责收发、电话的瑞凯老太太（Jiquel）聊天，她一个人负责门房、传达收发、电话接线，以及其他杂务，可谓一人兼多职，这要在我们那里，就得许多人来干。瑞凯先生是热带地理研究中心的安保和物业总管，瑞凯夫妇老两口就住在楼内后院，以所为家。人家工作效率就是高，也搞得好，办公室、楼道干净明亮，像一个办公的地方。

下班后，步行到超市采购了一些炊具和食品，路过吉卜赛人居住的房车，见他们冒雨在野地燃火烧饭，这与现代的法国生活又成了鲜明的对照。

3月3日　星期二　时雨时晴

　　晨起上班，太阳穿过云层，温暖的阳光洒在身上暖洋洋的，可是晌午时分却下起哗哗大雨，打得屋顶乒乓作响，时而又刮起很大的风。波尔多邻近大西洋，受海洋性气候之惠，雨水相当充沛。难怪在火车上沿途看不见中国农田那样的水利灌溉系统，因为总是风调雨顺，不太需要这些设施，西欧气候真是得天所厚。我们可爱的祖国却总是多灾多难，不是干旱就是水患，还有天灾人祸，使中华民族科技文化和生活水平落在世界的后头。我们一定要赶上去，国家兴亡匹夫有责，我有责任努力学习，为祖国"四化"贡献力量。祖国母亲啊，你虽然贫穷多灾，但你的儿女永远热爱你。出国已半个月，见到不少新东西，这里的许多方面确实比我们先进，但是我却越来越怀念祖国和亲人，觉得两年时间确实难熬！也许以后工作开始了会好一些。

　　中午在科研中心食堂用餐，图书馆的桑塔娜太太很热情，替我办好了就餐证。这里用餐付款是按工资差别来定的，我属于最低级别，每顿饭只需7法郎，最高的要付12法郎，但大家吃的标准是一样的。我觉得这种"平均主义"是有可取之处。午餐也是四道，一碟冷盘、一个主菜、一盘点心和一种水果或酸奶、乳酪。中餐吃到一种海味，像蚬壳，法国人叫姆勒（moule），查字典是贻贝，干品叫淡菜。至今尚未吃到著名的法国蜗牛。

　　每星期二下午，热带地理研究中心都组织一次学术报告会，成为一项制度，已一直安排到六月底，计划表打印出来。这是一个很好的制度，因为平时大家多是各干各的，基本上都是单干，每周一次报告会，使同事之间得到交流。这次做报告的是生物地理室主任勒格里（Legris）教授，题目是《植被遥感基础理论》。因为基础理论我以前已了解，所以讲课大都能听懂，但讲快了，或一连串不停讲述，就跟不上。参加报告会的全是波大的学生，没有本所人员，卡博塞勒（Cabaussel）工程师协助放幻灯片。后来我从同事那里得知，卡博塞勒是图书情报室主任贝兰女士的男友，两人同居十多年了，上班进来一对，下班开车回家一双。两个人年龄不小了，可能有50来岁了，但是没有结婚。这种情况据说在法国不足为奇，也不违法，我们却感到有点不可思议。

3月4日 星期三 阴雨

好不容易才等到副所长韦内提埃教授从第戎出差回所，上午向他约见汇报。首先递交了我的简历、学习工作经历和成果出版物，然后介绍了我的进修打算。韦副所长表示在这里进修，可有充分的自由选择，这里有许多资料和各种条件，可供写论文和开展科研。他考虑我偏重于植物地理学，建议我更多地找勒格里和柯克林（Jean Koechlin）两位教授。看来，来热带地理研究中心的进修大多是来做大学博士论文的，这里的研究人员都是一个人搞一个专题，单干，互不联系，而同国家或国际有关机构人员联系密切。因而，很难深入到他们所工作的题目中去。而他们的选题，趋向于地域越来越细，很少为一个洲或一个国家，多是一个小地区，但工作却越来越细。这样自然容易出较高水平的成果，也来得快，强调个人奋斗；这点同目前我们北京地理所的工作有较大的差别，我们的研究地域广，综合性强，强调团队合作精神。

晚上，我应邀参加了法中友协组织的访华幻灯晚会，在城里一家饭店举行，由友协的一位夫人放映访问北京、西安、广州等地的照片，有上百张幻灯片，一边放映一边解释。会后，互相交谈，喝点饮料和吃些点心。在晚会上，我巧遇北京语言学院法国同学罗歇（Roger），大胡子小矮个，同我的室友意大利学生很要好，经常来我宿舍，我们一见面就愣住了，他也一愣，都说："我们在哪里见过？"随即他先说出来，在语言学院见过，记忆比我好。晚会12时结束，罗歇送我回家里，他说他去年结了婚，现在在中学教中文，欢迎我上他家做客，并留了电话。我肯定是要去的，真是无巧不成书。

3月5日　星期四　阴

今天是科研中心人员罢工日，基本上没有人来上班，图书馆也关了门。我看过了他们的罢工宣传品，大致是反对科研中心领导人的某些政策。据说全体人员汇集到城里省政府大楼，举行示威，省长不在，由秘书接见，同代表举行了谈判。他们问我中国有没有这类罢工，并说这类事情在法国比较常见。一罢工，看门老太太也不给接电话了，她说所有的信号灯都亮了，也没给接。

虽然罢工，勒格里和柯克林两位教授都来上班，他们似乎对罢工不感兴趣，我正好利用这个机会找了他们，介绍了自己的情况和表示向他们学习的愿望。他们先给我指定了一些书籍，让我自己阅读，大都是植物地理学理论书籍。

下午，同王俊玉一块进城，去外国留学生管理机构"克鲁斯"（CROUS），想办理关系，但因我们中国留学生的生活费目前仍由使馆直接发给，所以还未能同克鲁斯建立上联系。后来又到市交通局办了学生乘车证，很顺利。波尔多市公共汽车票，一般票价1套10张票，近17法郎，而办了学生乘车证，只要4.6法郎，将近省了一大半。这以后可放心，不怕碰上查票员了。今天在城里到处见到一些中学生，年轻人，一个个脸上身上撒满白粉（面粉），互相乱撒。还有成群结队的，有的化了妆，古怪得很，男的化装成女人，女的化装成男的，有的装成鬼怪，有的戴面具。不知干什么，先问一老年妇女，回答说他们发疯，到后来才弄清楚，是庆祝一个日子，离高中毕业会考（Bac）的日子还有100天。等到真正拿到毕业证书，不知狂欢到什么样子，西方的年轻人，思想行动确实是无拘无束，十分放纵的。

3月6日 星期五 阴雨

上午，在图书馆翻阅书籍，浏览了书库的图书，比我们北京地理所的藏书少多了，但更专业，非洲、热带地理书籍相对集中，自然地理书籍比较少。昨天两位教授开的几本书，只借到一本，是桑塔娜女士帮找的，这位夫人是我来热带中心后最热情的，主动为我办了科研中心食堂就餐，我想有机会送她点礼物，头巾是不错，可惜带的不多。

布雷诺来办公室，同我聊到中午，下午又继续，谈得很投机。他与我同年，职称副研，但发表了许多文章和专著，并通过了国家博士论文，以研究泰国为主，同时也搞遥感技术应用，发表过不少这方面的文章。

今天，收到了连弟的来信，这是出国半个多月后收到的第一封国内来信。家书值万金，高兴万分，反复阅读，以致误了下班时间，忘了吃午餐，被关在大楼里。直到1时过了，看门的人回来开门，我才得以出去。跑步到较近的学生第三餐厅，还好，我是最后一个，再晚一点，就关门了。连弟信中说北京下大雪、刮大风，是最冷的天气，而波尔多已春暖花开了，楼前已满树桃花，泛红一片了。多么好的气候啊，波尔多的春天来临了。

愿明天不要下雨，好进城照几张彩色相片，寄回家去。

晚上看了一部电视影片，不太懂，有脱衣舞，这就算黄到顶了吧。于法国人来说，习以为常，也就没什么大惊小怪的。

3月7日 星期六 晴

天从人愿，周六假日好一个大晴天，阳光和煦，空气清新，是游玩摄影的好天气。上午10时同王俊玉一起乘G路车到胜利广场，与卢亚雄会合，沿波尔多市的"王府井"——圣卡特琳娜大街（Sainte Catherine）走，一边走，一边逛商店。这是波市最热闹的商业街，马路狭窄，不允许通行汽车。两边商店一家接一家，延续数里路，以服装、鞋、装饰品和钟表居多，其他也应有尽有，也有几家大超级市场，更是百货俱全，唯价格昂贵，可望而不可即。我们对电器和照相机颇有兴趣，但目前不愿早买，还有大量时间可供选择。

走到尽头，来到一个广场，有自由女神塑像，从远处先拍了一张照，连街道也拍进去了，这算是第一次出国的照片。出国后已遇到了许多"第一次"，很值得今后回忆。然后又走近塑像，在裸体女神像下摄影，这是古代艺术品，在此摄影是欣赏艺术，而不是亵渎，想不致被人误解吧！再后，穿过广场到了码头，好一派河畔风光，宽阔的加龙河穿过石桥向东北方向流去，远处还有一座铁吊桥，横跨河流，依稀在望。码头边停靠着轮船，河水滚滚，泛起淡黄波光。加龙河是法国西南部一条大河，它哺育了沿岸的土地，盛产葡萄美酒，使波尔多市在世界久负盛名。我从儿时知道波尔多就是自葡萄酒开始的，那是在中学地理书中读到的。后来工作后常看波尔多大学出版的《海外手册》（*Cahier d'Outre-Mer*）杂志，渐渐更了解了波尔多，这是一个世界知名的大港口，热带研究中心，于是早就向往这里，没想到终如我愿成为波尔多市的客人，要在这里度过美好的两年时光。

河畔留影后，又回到大广场，这个广场现在布置成游乐园，陈设着各种儿童游乐器材：电动车、转椅、飞机、过山车，规模比北京中山公园和广州文化公园都大，更有趣。但这些设施者不是固定的，而是安装在卡车上可移动的。老板一家就住在汽车里，到处流动设摊。有过山车腾空飞架，绕来绕去，十分惊险；有旋转车自动行驶，颇为有趣。资本主义国家，人们为了赚钱，什么把戏都想得出来。还有一些放映惊险影片的小影剧场，从布景看都是鬼怪，小孩去看怪害怕的，这里就是追求惊险刺激。

再后，又转到全市最大的超级市场欧尚（Auchan），早就听人们说起，的确是大，超市建筑外观奇特，像一个石质螺丝帽似的；内部陈设相当豪华，电动梯旁，五光十色的霓虹灯喷泉，室内有花草陈设。超市外圈是一个个小商号专卖店。在市场内用闪光灯摄了一张影。最后剩下几张照片，到一个市中心花园，照了几张，背景或是大教堂，或是现代建筑。有一座高大建筑，外墙全是玻璃，有机玻璃在阳光下熠熠发光。这一群现代建筑，如鹤立鸡群似的耸立在波尔多这个18世纪古城之上。城区大多数街道建筑都是老式的，街道窄，楼房为三四层。这是一座古老的城市，有幸在第二次世界大战中未受到破坏。几次路过一个很大的教堂，有成群的钟楼挺立，今天未得暇前往，改日再会。

兴尽归来，已很疲劳，睡了一会。晚上应同事米歇尔·布雷诺之约，去他家做客。米歇尔家住在三村以南的一个小居民点，是一所平房，有个小花园，三间房间，全家五口人，妻子在城里工作，三个孩子，二男一女。大孩子八岁，读小学三年级，跟大霖一般大，小的两个，二岁和三岁，很淘气，晚上他们很忙，先要让孩子吃饭，哄他们睡觉。家里陈设简朴，比在巴黎两个教授之家差远了，这算是中年知识分子之家了吧！因为有孩子，所以家里乱糟糟的。9时才开晚餐，也比较简单，主餐是牛肉，血淋淋的，还有咸点心和甜点心之类，席间另请了他同办公室的同事和夫人，也带了个小孩来。深入法国人的家庭是极有意思的，我开始了解法国人是怎样生活的。例如：小孩从小自己一个房间独自睡觉，为了怕尿床，穿着吸水的尿不湿，以前没见过，很有意思，这些都是很有趣的新鲜事。子夜方归，由布雷诺的同事驾车顺道送归。

3月8日　星期天　晴

一夜安睡，昨天整日活动的疲劳也就消失了。上午老王找我到白沙克去逛星期天市场。此地一般商店星期天都休息不开门，而这里的星期天集市却十分热闹。一大圈都是摊贩，卖什么的都有。如同我们的农贸市场，但人家是用汽车运货来的，有的货就摆在汽车上，展示给顾客。正午时分，纷纷收摊，开汽车即可拉走，的确方便。

白沙克是一郊区小镇，多是平房，有一纪念碑，立有白沙克的塑像。从碑文上看出白沙克是第二次世界大战中抵抗纳粹的英雄先烈，小镇便以他的名字命名。市镇小而宁静，一栋栋居民院落修整得很舒适，是个美丽清洁的小市镇。讨厌的还是院墙上的那种"小心凶狗"之类的警告，常常吓人得很。

3月9日　星期一　晴

上午，一直在图书馆读书，阅读两位地植物学教授指定的地植物学概论一书。

下午，由副所长陪同前往波尔多第三大学文学院，联系跟班学法语的问题。不料一去人家便让我考试，笔试做习题，毫无准备考了两个小时，共有四页纸，各类题目都有，前一半较易，后一半较难，有许多虚拟式、条件式、过去时题目，比国内的试题要难得多。明天去听消息。外国留学生来到法国，一般安排去专门的语言学院学习法语三个月到半年，以提高法语听说能力，然后才去大学跟班上课或去科研单位工作。拉塞尔和委内提埃两位所长认为我法语听说不错，没必要花太多时间去语言学院上课，只建议我就近到三大文学院有选择性地跟班听听课。

晚上，同老王、周淑冰一块去看房子，在卡吉诺（Casino）

超级市场后面不远，遗憾的是房子已租出，我们去晚了。后来，大家顺道前往香港人张先生的家，张在波市已住了8年，在热带中心工作了3年，对这里非常熟悉。张待人很好，人们说波尔市所有中国人都认识他，帮过许多国内同学的忙。他爱人车祸受伤，折断颈骨，现头戴钢架，固定头部，身体能走动，但头部被钢架固定不能转动，不能躺睡，只能坐睡，真是够难受的。张有个小男孩，五六岁，一口法国话，会说一点广州话。饮茶、聊天，至夜由张送归。这里居民几乎人人有私家车，来往是相当地方便，可苦了我们这些外国籍学生，动不动靠两条腿，骑自行车并不方便，汽车太多太危险，也有人骑车上下班，但为数不多。

3月10日　星期二　晴

上午继续读书。休息时看《世界报》，是法国有名的一份报纸，大体相当于我们的《人民日报》。每天有十多个版面，按地区或按新闻主题排版，很好查。能看到中国的消息，但不算多。此外，图书馆还订了一份《西南日报》，是波尔多地区的地方报纸，从报上可查阅到租房的广告。

图书馆管理人员都很热情，尤其是桑塔娜夫人，非常关心我，帮我找房子，办就餐证，等等。今天，我给图书馆的人都送了一些中国国画，他们都很高兴，还有看门的老人人，

同热带中心图书馆同事合影

瑞凯夫人，经常麻烦她传电话、书信之类，也送她一张壁画片，她非常高兴。

　　下午，去波尔多大学文学院办理注册手续，这里专门有一个为留学生办的语言中心，今后我就在这里听法语课了，交了学费280法郎，据说原要交500法郎，我只选听部分课程，交一半多些。我拿到一张课程表，从星期一到星期五，每天上午、下午基本都有课。

　　好，明天开始听课，希望能在听说方面有所突破。

3月11日　星期三　晴

　　上午开始听法语课。我被分在第一级（premier degré），起初我认为是程度低的班级，实际上，这已是比较高的了，在这班级之下还有入门班等好几种程度呢。我们这一级有A与B两个班，各有20多个学生，来自世界各国。

　　8时30分至11时，先听了一节作文课。老师讲课和语速比较快，基本能听懂。以后适应了估计跟班没问题。这里上课很自由，迟到早退都可以，不来也没人管。老师上课也不拘小节，时而站立，时而坐在讲台上，讲课也没什么备课讲稿，信口开河。今天作文的中心内容是"妇女参加工作"，老师先要大家提出论点，然后加以解释，就让大家自由写作，再改作业。后一节语言课，讲法语联诵问题，有讲稿，大家跟着念，一个小时也讲不了多少内容。

　　下午没有课，每两周有一次课外参观活动，据说有机会参观酒厂，那是很有趣的，非常期待。

3月12日　星期四　阴

　　十分幸运，波尔多第三大学文学院法语系和语言中心就在热带地理中心对面，一条马路之隔，这使我听课极为方便，可以听课、工作两不误。上课前5分钟从办公室出发，课毕可返回办公室继续读书，时间不会浪费。

无巧不成书，罗歇的夫人，日本学生麻生友子和我同在A班，再次成为同学。她现叫毕戎友子，法文名叫托莫柯（Tomoko）。

今天又听了几种课。有一节语法课，练习各种动词变位，有所收效；一节阅读课，讲小说，是古典小说，名叫《田园牧歌》(Symphonie Pastorale)，完全照书念，这种课还是很有意思的。老师让大家星期六进城去买书，对照原文练习朗读。最后，还有一节课是去电化教室听录音，录听练口语，程度并不深，但也有两句没听懂。电化教室同北京语言学院的结构差不多，但设备比语言学院的好，隔音相当好，操作也灵便多了，是盒式磁带录音机，比大磁盘录音机更为方便好用。

收到连弟的第二封来信，单程六天信可到。

3月13日　星期五　时晴时雨

上午是compte rendu课，从中文译名看，是朗读报告课。由一位女教师讲授。这位女教师一边嚼着口香糖，一边念念有词，只听懂她说一会要念一段故事。接着她打开讲义夹，拿了两张纸片，便念了起来，一边念，一边还不时地停顿一会，嚼两口她嘴中的口香糖。两遍念完了，我以为她该接着讲解下去，这是一个家庭的故事，似乎挺有趣的，不料她让大家将纸笔拿出来，在黑板上先写了résumé，即简述和评议。原来是训练听力和复述小作文，这时我才恍然大悟，原来报告课就是这样一回事，可是此时已后悔莫及。前面两遍我没怎么注意听清，只听懂这是关于一个家庭的故事，这个家庭原有四人，后来发展到十多人，最后又都死光了，等

49

等，于是只好坐冷板凳。看着别的同学刷刷刷地写了一整张纸，真是着急。我暗自思忖，这种上课的方法，老师倒省心了，既不用动手，也省得动嘴。可不是？瞧，那位女教师跷着二郎腿坐在教室后面，还在嚼口香糖呢。啊，原来法国的大学就是这样教学的，老师吊儿郎当，学生也吊儿郎当！

下午，布雷诺陪我去看房子，在塔朗斯校园东面，是我自己从报纸上广告栏内找到的。房子是不错，有15平方米，电炉、冰箱、浴室厕所一应俱全。问题是价格太贵，报上写560法郎，实际上加上水电要720法郎，而且比较远，还须穿过一个小树林，夜间可能不安全。

后到隔壁的人文科学院找老张，老张介绍认识了一个女科技人员，原在热带中心搞地貌，现离开，在搞城市地理。法国科技人员专业常常变动，原因是找工作困难，为了挣钱吃饭，就不能考虑太多。老张是香港大学毕业的，现在也在搞波尔多市城市地理。他说他自己兴趣并不在此，不过也是为了混饭吃，爱人无正式职业又车祸受伤在家，挣钱是首位的。他说他曾在热带中心参加编绘地图集，也是打工挣钱。我对他说，他的英文和法文都相当好，要能回国搞地理研究，一定很受重视。他回答说，回国工作要有为祖国献身精神，目前他缺乏这种精神；在资本主义世界，人家所受教育，都是为自己奋斗，没有什么国家、人民的概念，这点是同我们有天壤之别。

3月14日　星期六　阴转阵雨

又到了周末假日，日子过得真快，来法国快一个月了。

上午，同老王一块进城。先到卡吉诺（Casino）超级市场站下车，去邮局发信，这次是寄去广州家中，再转连弟。尔后去大众银行取款，这里还闹了一个小误会。我们都看不懂银行的账单，有一处写了20B100F，不知道 B 是什么意思，老王猜是利息，我想不可能有这么高的利息。后来才问出来，B是billet，即纸币的张数，20张100法郎，共2000法郎。随后进城在闹市圣卡特琳娜大街转了一圈。想去书店买课本《田园牧歌》一书，已售完。城里有一家书店，专门对学生优待，学生买书可减价20%，以后买书要上这家商店。

晚上，罗歇同学约我去吃晚饭，老王也同往。晚8时到，他家住一所公寓，房子不错，有一厅两房，厨房、浴室齐全，算是小康之家，但每月房租要1800法郎，这算是不小的开支。罗歇夫人是日本人，也是北京语言学院同学，长得细眉细眼，很白净、秀气。我们都心里想，罗歇这个小矮个，满脸大胡子，能找个漂亮日本姑娘，也算他有运气，他们是在中国沈阳恋爱的。中国是他们的媒人，因而他们对中国有特殊的感情，因此，对我们接待也特别热情，还特意邀请了波尔多第三大学中文系教授列维（Levi）夫妇作陪。教授是法国汉学家，正在翻译《金瓶梅》，专门研究古汉语。教授看起来50多岁，但精神很好，戴副金丝眼镜，能说中文，但不流利，比较慢。他说他出生于中国，直到十岁，一直生活在天津。夫人是大块头，是挪威人。晚宴在充满友好的气氛中开始了，一张长方形桌子，罗歇与教授各坐两端，里面是老王与教授夫人，这边是我和罗歇夫人。法国宴席习惯，男宾女宾要错开来就座，不像中国先生与夫人总是挨着就座。桌上摆着筷子，完全是中式餐。罗歇夫人大显身手，对照日文版的中国菜谱做菜。第一道菜是中式冷盘，胡萝卜丝粉条加火腿肠，然后是炸春卷，是华侨商店买的半成品，春卷很不错，只是皮稍厚了点。接着是咕噜肉，用柿椒配，酸甜味，有打芡，家乡风味；还有牛肉末豆腐和西红柿炒鸡蛋，全是中国菜，只不过饮的是波尔多有名的葡萄酒圣特米利昂牌（Saint-Emillion），据说是上等名酒。主食是米饭，但放在盘子里，用筷子吃，倒有点使不上劲，最后饭后果是每人一大片菠萝，非常甜，饭后还饮白兰地。大家都说今晚是中国餐，法国酒。法国人请客非常讲究喝酒，饭前开胃酒，里面往往还放一块冰,开胃酒有红酒或威士忌,席间喝红葡萄酒,饭后还喝少量白兰地之类的白酒;去人家家里做客,也常常带一瓶酒送主人,或送一束花。这次我带的礼物是一幅国画,老王带了一瓶酒。晚宴近10时才开始,至夜半才算吃完,教授夫妇先行告辞。我们又坐了一会,至1时多才由罗歇夫妇驱车送回,教授又相约改日去他家吃法国饭。

今天参加罗歇家晚宴,非常高兴,大家时而说中文,时而说法文,显得格外亲切。这使我得以了解法国社会和法国生活。罗歇是中学教师,似乎属中下层生活水平,但这种生活水平,我们的教授之家都比不上了。

3月15日　星期天　时晴时雨

整天时晴时雨,一会儿太阳穿出云层,和煦的阳光晒在身上,暖洋洋的,一会儿乌云从西边大西洋飘来,顷刻天色暗淡,哗哗雨下。法国人告诉我,这是这个季节的典型特点,人们称其为 giboulée de mars,译成中文为:三月阵雨。

午餐后,同老王一块去一村找中国大学生聊天,在波尔多市共有十名中国大学生,学物理和数学。他们是从1978年高考优秀者中选拔出来的,都是北大、清华、科大等九所重点学校选拔的,其中有三位家在北京,没有从广州来的。他们已来了两年,能跟班上课,法语说得很流利,听力也比我强。

来去的路上都淋了雨,今天的雨是最大的一次了。

3月16日　星期一　晴

晚上,在波尔多大学圆厅剧场听音乐会。

这是一种名叫羽管键琴的乐器，法文名为 clavecin，国内不曾见过，形状像钢琴，要小很多。琴键高低两排，琴音比较尖，有点像扬琴的声音。没有钢琴的伴奏和声，不如钢琴雄壮。

演奏者是加拿大著名琴师，剧场外还出售他灌制的唱片，演奏技巧娴熟，可惜我不懂欣赏，听了半场便出来了。

这里，晚会开始得很晚，9时才开场，恐怕要11时才结束。听众以老年人和中年人居多，与我国音乐会情况恰恰相反。

3月17日　星期三　晴

下午，布雷诺做学术报告，题目是《遥感图像判读应用，以泰国为例》。副所长韦内提埃出席主持，听课的都是波尔多大学的高年级学生。布雷诺的报告准备了丰富的幻灯片，边放幻灯边解释，还比较容易听懂。他在遥感应用方面花了不少工夫钻研，而且又有当地实地考察的工作经验，以后我要好好向他学习。

3月18日　星期三　晴

波尔多大学人类学专业有个女同学做硕士论文，题目为《中国的茶叶》。她经本所图书馆工作人员介绍，前来访问我。昨天下午就来了一次，不巧我正要去参加布雷诺的学术报告会，于是改约今天下午。我正好带来了《中国农业地理》一书，内有茶叶一章，资料丰富。我同这个女学生谈了一个下午，详细给她介绍了茶叶的栽培发展历史、茶叶的分布和种类，以及中国人的饮茶习俗。她非常感兴趣，因为她掌握的资料都是第二手的，外国人写的，所拍的茶具照片也多是老式茶具，现只见于农村。通过介绍，我也练习了口语。看来，表达还是有较大的困难，句子不连贯，有时还要比画，这种状况要做学术报告是困难的。由此我下决心抓住一切机会勤学苦练，尽快提高法语听说能力。

3月19日　星期四　晴

到法国来已整整一个月了，前一段时间各方面都还适应，最近几天身体不太舒服。晨起牙痛，对镜一看，牙龈肿得很大，内有黄点，楼下医务室建议我去城里牙科医院医治。上午10时下课后，进城去看病。医院就在胜利广场附近，也不敢去排号，怕收费太贵，直接上三楼，找了一个护士。她挺客气，请了个医生给看了半天，然后领我去拍片子，牙龈没事，给开了药。看病因我有学生证，免费，但取药不在医院，要到外面药房取，花了35法郎，一种漱口药，起收敛作用，一种含片。药费相当贵，听说挂号也很贵。

中餐在外面买了一条夹肉面包，边走边吃。下午赶回去上课，迟到了几分钟。

3月20日　星期五　晴

上午，"听说复述"课，又像上周一样，先念一篇课文然后复述，写出摘要。上次没有搞懂这门课的程序，腾云驾雾，结果没做好。这次基本上听懂了，是一篇记者叙述，参观太平洋的一个岛屿上的小渔村。写了一篇文章，可见上周上的法语课，还是有收获的。

下午没有课，我照例抽空给家里写了一封信，另附一信给梁华山等同志，明天外出参观时即可寄出。

本周未收到家中来信，颇为挂念。

3月21日　星期六　晴

今天学校组织参观小学，这是一次很愉快的参观访问。

早上9时，从大学教学楼出发，有专车，由一位女教师领队，前往参观城区一间普通的小学，参观者有两种程度班级的外国留学生。学校不大，在一条小胡同里，只见一排排教室，操场空地不大。到了学校后，分成小组，去各班听课，我和一位日本女同学去听四年级的课。该班学生年龄在10—12岁之间，个别14岁。一位女教师教语法，分析句子，孩子们争相发言，回答问题。课堂师生互动很活跃，教室座位也随便摆，并不是一排排的。教师座位在侧面，不在正面，教师讲课时随时在教室里走动，比较活跃，师生打成一片。教室墙上贴着图画，边上有书架，放着许多儿童读物。

课间休息，教师请我们饮咖啡。后一节课，教师让我们同学生们随便交谈，他们向我们提出各种各样的问题，如"中国孩子喜欢吃什么？"我回答"吃鱼"。还有"中国字好学吗？"班上有位年龄较大的同学拿出一本北京出版的汉语入门，说他在自学汉语。我想，太不简单了。然后由我们提问，我问他们关于中国位置、首都、邻国、气候等问题，大部分同学能答出，可见孩子们知识面比较广。日本同学教他们唱了一首日本歌，我教他们说"你好""再见""小朋友"等几个词语，大家学得很起劲，随后互送礼物，使气氛达到高潮。有人送我一套各色圆珠笔五支。有一个送尺，还有一个孩子送了一块塑料片法国地图，一个送小字典。遗憾的是我带的礼物不多，中法友好旗的纪念章很受欢迎，这是最好的礼物。我还送了几个钥匙链，上有北海图案，学生们都抢，后来一致说先给老师，老师也不谦让收下了。11时30分下课了，孩子们用中文说"再见"，我们　　握手，亲吻。然后老师与参观者又一起聚在办公室，喝苹果酒吃点心，酒是我们老师带来的。聊了半天才告别，会前会后聊天是法国人的习惯。

回学校时在车上感到不适，可能空腹饮酒过多所致，直想呕吐。回到家中，午休两小时，随后又有约会，进城去看卢亚雄，在他那里吃了晚饭，直到9时才归。一天活动相当疲劳，赶快熄灯就寝，明天还要去蒙托邦远行。

"蒙托邦之游"　3月22日　星期日　晴

今天一天过得十分愉快，蒙托邦之游令人难忘。

蒙托邦是法国南方一座小城，在波尔多西南二三十公里，离大城市图卢兹很近。那里是《古代希腊人的地理学》一书作者保罗·佩迪什（Paul Pedech）教授的故乡。我是该书中译本译者，来法国之前同教授已有通信往来，上周接他来信，约我去蒙托邦相见。作者、译者相会，大家都是十分高兴的。

早晨8时15分，张鸿宁先生驾车来送我去车站，因为星期天公共汽车头班车是8时30分，赶不上8时55分的火车，到车站买了来回票，单程是56法郎，车票两个月内都有效。上车时遇到本所同事，图书馆的萨科芒（Sacomant）先生，他回乡下老家，每月一次。早车非常空，偌大一个可坐一百多人的车厢，只有四五个乘客。我们一边闲聊，一边观看窗外景色。沿途的树林、农田、菜地一一闪过，一座座小房舍散布在田野之中，一直伸向远处。田地多种玉米，玉米主要用于饲养牲畜。在玻璃温室和塑料大棚里种着各种蔬菜，种沙拉菜最多。这里人们喜食沙拉菜，生吃，学生食堂餐餐都有，任取，但拌酸醋调料，不甚可口。也见到成片的葡萄园。经过不到两小时的旅行就到达了蒙托邦车站，佩迪什教授已在月台上迎接。因为乘客甚少，我是东方人，又西服革履，所以很易识别。教授是个小个子，只有1.60米左右，穿大衣，戴鸭舌帽，脱帽时见他已秃顶，胡子刮得很干净，据他自己介绍已69岁，现已退休，不再任教。每年在蒙托邦住几个月，到圣布里厄住几个月，以后说不定还有可能到旅游胜地圣布里厄去玩玩，坐法国电气火车，十分方便，旅行很是愉快。

出了车站，教授驱车先带我游览景点。这是个只有5万来人的小城，很古老，有许多15世纪、17世纪的建筑物，城市坐落在加龙河支流塔尔河（Tarn）的右岸阶地上，所以有上下坡。驱车驶过一座石桥，这就是"古桥"，系名胜之一，长205米，建于1303—1316年，桥下流过的就是塔尔河。教授说50年前曾有一次大洪水，将谷地中的房屋全淹没了。过了石桥就进入市中心，到了一个广场，名叫国民广场，广场的特点是四周房屋接成一体，构成一个封闭式的广场。街道从骑楼底下穿过。四周是商店，有双拱式骑楼，这些特点，教授说在法国是独一无二的。房屋都是红砖楼，也是该城的一个特色。环绕广场商店转了一圈，便前往圣母院（Notre-Dame Cathédrale），这是一座17世纪的大教堂，前面有个广场，中心是一座十字架和被绑的耶稣。步入教堂，里面正在做礼拜，人还不少。一个穿白袍的牧师坐在左侧念圣经，右侧是一红袍牧师，旁边两白袍儿童，还有一个白袍牧师弹琴，念一段之后起立合唱，乐声随起，回响耳际，十分庄严动听，然后又接着念下一段。我是头一次见人们做礼拜，教授说来得不巧，正在做礼拜，无法参观两侧的神像。我倒认为很幸运，有机会见到做礼拜，饶有兴趣。有大人带着小孩一块来做礼拜的。然后，教授领我到一个高地小平台，远眺城市全景。这里处于阶地上，看谷地中的房屋街道，十分清楚，只是现在季节未到，树木还未全绿，色彩尚不十分丰富。

大约11时30分，教授夫人来了，60来岁的高个妇女，精神很好，不显老态，一块上车，开车向郊外驶去。起初我以为是去他的家中，后来车子越开越远，原来教授很客气，请我去乡下一家著名的饭店去品尝当地地方风味。这家饭馆在附近一带比较有名，星期天吃饭还要事先订座。这又是第一次在法国的饭馆吃饭：一个冷盘（火腿肠、小黄瓜、胡萝卜丝）、一盘小羊羔肉、一碗蚕豆羹、一碗西红柿、羊肉鲜嫩，略带红血丝，主食面包干，吃得很少，还有多种当地产的奶酪。席间饮葡萄酒，饭后吃冰激凌与咖啡，一顿饭大约130法郎。法国人吃饭要聊很长时间，吃完饭已2时多了。吃饭时下了一场阵雨，饭后开车去游览时又云开雾散，艳阳明媚。

教授开车领我在蒙托邦东南丘陵地区转了一大圈，全程百余公里。这里已是法国南部比利牛斯山山前丘陵地带，丘陵起伏，山坡上有树林，牧地和坡地，村庄坐落在丘陵坡上、坡下，甚至丘顶上。最为明显的特点是每个村庄都耸立有一座尖顶的教堂，就像中国的宝塔，到处都能见到一样。主要游览点是一座建在岩石陡壁上的古城堡，砖砌的，耸立在陡崖之上，居高临下，俯瞰山谷，颇为壮观。开车可一直上到城堡脚下，游人不少，这是一个古老的山村，在法国电影中曾见到过这类山村。房屋显然比较破旧，有砖的、有石砌的、有木板的，也有供游人居住的旅店和设备比较好的别墅，很不协调地夹杂其间。城堡今天未开放，只登上一座小平台，瞰视山谷，地形险要，可扼守山间通道。然后穿过山村街道，见有风车提水，颇有特色。尔后在途中又见山顶上又有另一处城堡和山村，时间不够，只从车上远望，未能近前观看。乘车转行在丘陵山谷之中，饱览郊外树林、田野、山林景色，虽然树林当未全绿，但遍野桃红柳绿，令人心旷神怡。在房舍花园中，还有金合欢花，满树金黄，这里人们叫"米莫扎"（mimosa）花，现正是盛开季节，还有黄色的迎春花也正在怒放。最后，回到近郊，教授领我到他家休息。这是位于路边的一栋老式两层楼，木质结构，很粗的木梁，楼下是客厅、餐厅和厨房，楼上是卧室和书房。房子外观一般，比较古旧，但房内陈设很现代化，有不少摆设。在客厅休息，边喝咖啡边聊天。此时我从书包里拿出两本《古代希腊人的地理学》中译本，双手献给此书原作者。教授见到他的专著的中译本，非常激动地拥抱我，他喜形于色，自豪地说："我拥有亿万中国读者了！谢谢你的翻译！"我还送教授一个石湾陶瓷胖和尚，可为他客厅增添一件摆设新品种了。休息够了，教授便送我去火车站。我乘17时17分火车返回波尔多，晚上20时15分左右到家，正好12小时，一天愉快的旅行便结束了。

3月23日　星期一　雨

近几天来身体不适，胃口很差，颇感疲乏。舌苔很厚，味觉减退，精神也有点不爽。用我们的说法是上火，这要在国内，吃两剂中药便好了，无奈身居异乡，别无良药，自己吃了点牛黄解毒片，以清清火。

晚上我下班后，桑塔娜夫人告诉我城里有场报告会，她带我去听。报告会是波尔多地理学会组织的，每周一做一次报告，叫"星期一报告会"，在波尔多大学出版的《海外手册》杂志上见到过介绍。报告会是向公众开放的，在城里原波尔多大学老文学院报告厅举行。今天报告会的题目是《非洲国家卢旺达和布隆迪》。

报告本身是一般的科普介绍，边放幻灯边讲解。使我为之感动的却是参加报告会的人，出乎意料地多，有百余人，而且不少是老人，有很大年岁，老态龙钟的老太太也来听会，而且今天外面还下着大雨，精神实在可嘉。这反映了法国社会文化水平普及，几乎人人都有汽车，交通也便利，这种情况在我们国家就不容易做到，老年人只好待在家里逗逗小孙子了。

3月24日　星期二　晴

　　下午，周二学术报告会，由一位加拿大地理学家介绍他对马来西亚的研究，题目是《马来西亚稻米种植业的现代化》。内容比较细，有关于农作技术的改革、土地信贷制度等，报告者没有提供幻灯片和图片。他讲加拿大法语，口音很重，影响了报告的效果，连法国人都说不好懂，对我就更不必说了。

3月25日　星期三　晴

　　下午，拉塞尔所长来我办公室看我。我利用这个机会，向他详细地介绍了我的学历、科研经历和著译成果，概要地介绍了我的进修方向，并试探了做博士论文的可能性，问了能否争取去非

办公室工作照

洲实地考察等问题。答复是有可能，这使我为之振奋！看来我该好好地准备一下，提出一个详细计划，然后提交给热带中心审批。目前在这个问题上，还有些矛盾心理，是否需要将选题搞得更小一些，还是更宽一些。选题范围小易于深

入；范围大回国更适用些。拉塞尔所长很热情，他是个大胖子，说话很快，嘟嘟嘟地使你插不上嘴。

3月26日　星期四　晴

晚上，同事杜芒日（Doumange）请客。事情似有点突然，前一段时间同他接触并不多，昨天忽然提出请我去他家吃饭，自然我也是欣然前往。杜芒日是热带中心最年轻的研究人员，才33岁，但已经通过了国家博士论文，已是副研究员了，可谓青年才俊。杜的父亲老杜芒日是著名的地理学家，老前辈，青出于蓝而胜于蓝？杜芒日原先是搞大洋洲岛屿的，博士学位拿到了，也就将此放在一边。目前，搞疾病地理，重点搞血吸虫。由此我猜想，他也许很需要中国有关这方面的资料，有求于我？

出席晚宴的人不少。主宾是一个苏联人，50来岁，医生，是驻日内瓦世界卫生组织的代表，他同杜合作研究，也曾去非洲考察过；另外，还有桑塔娜女士和另一情报资料员。杜的夫人是家庭护士，有两个孩子，一男一女，念小学，很活泼，懂礼貌。杜住房不错，前后都有小花园，花园还有供小孩游戏的秋千，楼下是客厅、厨房，楼上是卧房。客厅有多种陈列，多来自大洋洲和太平洋热带地区，如贝壳、木雕等。我送他们一幅织锦，并送了一个面具给小孩。

晚宴十分丰富，主菜是烤猪肉，还有各种糕点，喝许多酒。法国人请客我已摸到规律了，一般让客人晚上8时左右到家，先聊天，喝开胃酒，吃点开心果、腰果仁等干果；到10时左右才入席，喝葡萄酒，吃正餐、点心；最后，喝香槟酒。席间天南海北穷聊，直到深夜1时30分才散席，对我们中国人来说真是疲劳战。

3月27日　星期五　阴

又到了周末，人们都纷纷准备回家度假。法国人每周两天假日，他们假日的活动是很丰富的。

我呢，旅居异国，举目无亲，思念亲人，只好写信消愁，寄托相思。多么想念年迈的双亲、娇妻爱子，他们都健康快乐吗？他们是否也在思念我？

信寄北京，再转广州。

3月28日　星期六　雨

天不作美，又下起哗哗大雨。

上午，撑伞进城，到华侨商店和卡吉诺超市买了些日用品、蔬菜和半成品食品，回家自己做点简单的午饭吃。

下午，到一村学生宿舍，请学生小甘理发，这又是第一次。距上次理发已经快40天，还是出国前一天在北京

波尔多大学校园一村学生宿舍

四道口理的发，头发已长得盖了耳朵，对爱留长头发的法国年轻人来说并不算长，但我已感到难受了。

3月29日　星期天　晴

一天闭门未出，集中力量改写《斯特拉波》一稿。这是

世界历史所梅伟强约的稿子，出国前赶完，编辑提了些意见，要求作一些补充修改，时间来不及只好带到法国来做。努力了一天，基本上修改出来，明天可定稿，也就完成了一件事（梁华山同志协助译了部分英文资料）。

晚上，王俊玉、卢亚雄来宿舍，后又一块去老盖处，波尔多市几位进修生周末经常相会聚聚。最近又从北京来了个丁一凡，但未曾得以见面。

今天是法国全国时间变更日，大家将手表拨前一小时，三月最后一个星期日，开始夏令时，到十月底又变更回为冬令时，将手表向后拨一小时。据说是夏天日落晚，白昼长了，夏令时可以节约能源。我们对此感到挺新鲜的。

3月30日　星期一　雨

上午，《斯特拉波》文稿最后修改定稿并抄写完毕，待有便人即可捎往巴黎寄出了。

下午，继续听法语课，明天开始期中考试，对我来说考与不考关系不大，我也不需要文凭，但我还是愿意参加，也是一次学习机会。

昨天是时间改变日，将时间向前拨了一小时，12时就寝，实际是11时，有点嫌早。可是今早就有点起不来，按时间已是7时30分，但天还蒙蒙亮，困得很。实际上是平常的6时30分，人为的时差似乎比飞机时差还不好受。

3月31日　星期二　阴

晨起大雾，至10时左右方散。我见天气阴沉，怕又像昨天因大雨下班回不了家，于是带了伞上班。下午下班天气晴好，带着伞回去，突然想起应该去卡吉诺超市买点蔬菜。待采购完毕，忽然想起伞丢在公共汽车上，于是乘车回到5村。司机替我查了一下，说该车已进了车库。我想伞肯定丢了，在法国能找回丢失的东西吗？这是个问号。司机给我一个失物招领电话号码，我想希望不大。

　　上午开始期中考试，这次考的是语言，每人发一张课文，朗读一遍，我念得有点结结巴巴的，这是平时大声朗读练得太少的缘故，考得不太理想。

　　　晚上，因丢了伞垂头丧气回到宿舍，也没做饭。突然有人敲门，进来三个女青年，是来传教的。一个是大洋洲塔希提岛华侨张小意，大眼睛，是广东人，会说广东话；另两人一个是法国人，一个是美国人。她们给我讲了半天耶稣与上帝，问我有什么信仰，还请我去做礼拜，要给我送圣经。我推说我法文水平差看不懂，她们很热情说："下次给你带中文版圣经来。"出于礼貌，我耐心听，她们花了半个多小时才离开，我心里想最好别来打扰了。随后又有人叩门，是法共女青年来做宣传，为马歇尔竞选总统征集签名。我表示我是外国人，不了解情况，不想参加法国的政治活动，她们才不得不离开。这个晚上真是热闹，待两拨不速之客走后才做饭，吃好饭已快10时了。

4月1日　星期三　晴

　　上午考两个科目，先考作文，后考听说复述。作文两道题任选一题，我选的题目是《你所喜爱的作家》，我写的是鲁迅，作文写得还比较满意。听说复述是老师念一篇文章，然后复述，写摘要。只念两遍，没完全听懂，只懂了大意，复述写得不太理想，同学们都反映比较难。

　　考试完毕后，打通电话给公共汽车公司失物招领处。真走运，伞居然找到了，于是立刻乘车去失物招领处认领。在大教堂公交总站下车经过市政府，穿过一条小街就到了，很顺利领到了丢失的伞。

丢伞失而复得是件小事,但从中反映法国社会风尚还是不错的,同时见有两人领回钱包。事实胜于雄辩,我不得不敬重这种风尚。虽然如此,法国人还是承认,社会上还是有小偷,甚至有撬门的大盗。

4月2日　星期四　晴

上午又考两科。

第一科是《听写与语法》,听写重复数次,基本懂了;语法比较难,但考得还算可以。

第二科是《分析课文》,发一篇诗歌,雨果所作,怀念他死去的女儿。读后分析课文,回答问题。诗文不难,但问题很难,颇费思考才答得出来。

下午,老王陪我去白沙克派出所办居住证。手续比较麻烦,加上又未带证件照片,未办成,过几天还要再去一趟。

4月12日　星期日　晴

日记中断了正好十天,原因一是忙忙碌碌,二是生活开始平淡起来,但主要是不勤奋,懒于动笔。我想,日记还是应当坚持下来,即使不能天天记,也要经常记。避免记流水账,多写见闻和体会,今后回国总结工作,搞文学创作活动可积累素材。

回顾一下这十天,追记一下大事记要:

老盖和小卢先后去巴黎,托他们捎了一批信寄给国内一些朋友,计有给袁树仁、岳光鑫、葛以德、静娟表姐、彭叔叔、黄守权、曹廷藩教授、罗开富教授等。

完成了两篇稿子,一是《斯特拉波》,外国历史又人传；二是散文《巴黎地铁漫步》。前者寄世界史所梅伟强；后者寄人民日报国际副刊王世芳，是出国后第一篇通讯稿。以后争取经常写，亲眼所见，写起来会生动得多。

给连弟和孩子捎了一包东西，由小卢带巴黎交郑永光捎回北京，有旅行闹钟、折叠伞、毛衣等。

利用停课机会，集中时间草拟好了进修提纲，基本确定研究喀麦隆的植被及其与人类活动的相互关系。为什么选喀麦隆？这是导师拉塞尔的建议，因为喀麦隆南北狭长，跨纬度地带宽，可以很好地观察研究自然环境的纬度地带性，而且境内有西非最高峰喀麦隆火山，高达4070米，景观垂直地带性明显，植被类型多样。如喀麦隆不行则另选刚果作后备。

华侨张小意又带摩门教徒来传教，并放小电影。我同老王一块看，我采取的方针是"你打你的，我打我的"。你宣传教会上帝，我当作学法语的机会，没有什么不好的，但有条原则，不参加教会的任何活动。我来法国留学是学科学的，不是学宗教的。

使馆来信通知，从4月份实行全包干，除房租外，凭单据报销。

从本周起，学校开始了为期两周的复活节假，真正的复活节是4月20日。热带中心不属学校系统，没有假，但不少人请假调休，法国机关人员全年有35天的假，桑塔娜夫人休一周，回乡下去了，她好像说过，以后要带我去她乡下玩。

另，今日给连弟去一信，给汤建中、李邕复各一信，交邮局寄发。

4月13日　星期一　晴

《进修计划》定稿，打印。

题目为：《热带非洲的植被及其与人类活动的相互关

系——以喀麦隆为例》。

上午，请桑塔娜夫人替我做了一下文字修改。下午，向两位曾在喀麦隆长期工作过的研究员库拉德（Georges Courade）和弗雷舒（Hubert Fréchou）请教。他们属法国海外科技局（ORSTOM）研究人员，但在热带中心工作。库拉德，中年，深度近视，对喀麦隆很熟悉，搞人文地理；弗雷舒，55岁，搞统计地图，很健谈。库拉德先生有事先走后，弗雷舒同我一直聊到下班，从中国古典小说《西游记》，到现代作家巴金的《家》，谈得很投机。我很惊讶一位法国地理学家，竟对中国古代近代文学如此熟悉！

4月14日　星期二　雨

又下了一整天的雨。我发现一种现象：下雨时，见路边水沟中流过许多黄色的东西，雨后地上沉淀了一摊黄色粉状物沉积。我想，这些东西显然是随雨带来的，是工业污染物，还是随风雨来的沙漠尘埃？鲜黄色，不像尘埃。后经调查是松树花粉，随风雨飘落下来的，不足为奇。

《进修计划》最后打印定稿，并连同简历一块复印6份，上午交韦内提埃副所长一份，谈了十分钟，他表示完全同意。

今天带了一盒中国绿茶，请图书馆同事们饮，工间休息时一块到弗雷舒先生办公室饮茶聊天。法国人喜欢饮咖啡聊天，一聊就很长时间。楼下有间小咖啡室，工间休息时，同事扎堆喝咖啡，但我还未去过，我还是爱喝茶。

这两天晚上电视有许多竞选总统的新闻，昨晚10个候选人（其中3个女的）每人讲话5分钟，今天继续进行。听他们的竞选演说很有意思，他们讲得比较慢，比较清楚，能听懂相当多，同时，可以了解法国社会的主要问题。如在野候选人主要抨击现政府的失业等问题，左派共产党抨击资本家的利润与工人失业，而现总统吉斯卡尔-德斯坦则大谈他执政7年的政绩。我对法国谁当选总统不感兴趣，可是收听竞选演讲，却是提高法语听说能力的极好机会，不可错过啊！

收到来自广州的家信，得知爸爸70大寿，家中欢宴；宗周弟也附一信来。

4月15日　星期三　晴

四月又过半了，时间过得真快呀！

今天正式开始搞论文题目研究了。借来了大量的喀麦隆资料，先从一套地图集的植被图说明书开始，以求先有个总体印象，喀麦隆的资料不少，需要大量读书。

4月16日　星期四　晴

继续阅读和翻译喀麦隆地图集中的植被图说明书，说明书写得比较简明，可以得到一个总的轮廓，然后，在此基础上继续深入研究。

收读连弟来信。

老盖从巴黎归来，带来不少巴黎见闻。如奖学金包干的规定，民航的超重规定，以及巴黎物价情况等等，聊至夜深。

4月20日　星期一　阴

3天的复活节假日过去了，今天是真正的复活节，学生放两周，机关一天，加每周休两天，共3天。因为日记本在办公室，照例假日，办公楼是锁门的，瑞凯夫人准时开关大门，所以日记本是拿不到的，于是今日回忆一下，追记一下3天假日是怎样度过的。

18日，星期六，骑了卢亚雄的自行车（卢去巴黎参观了，把自行车借给我）到市区转了一大圈。这是辆法国式男车、赛车。车把很活，但骑行很轻快，有多种变速齿轮。前几天，曾在校园内骑过，感觉还可以。这次骑车进城，必须小心谨慎，汽车多，道路窄，骑车人很少，安全第一。以中速前进，集中注意力不敢东张西望，比在北京骑车紧张多了，特别是过路口，要看红灯。这里汽车一遇绿灯就飞快行驶，稍不注意就有撞车危险。从三村骑到胜利广场，35分钟，这是很小心骑的情况，可见城市并不大。从胜利广场沿巴士德路，再转一条林荫大道向东到河边，途中见到一处大教堂的大钟楼，到林荫大道尽头就是著名的古石桥，横跨加龙河，有18个桥墩，样式古色古香，但非常坚固，至今仍车水马龙，不倦地为波尔多人的交通服务。据说，这座石桥的建筑师就是巴黎铁塔建筑师埃菲尔，是他在建成铁塔一举成名之前的作品。波尔多石桥早先没有什么名气，后来随着埃菲尔名声大振而成为波尔多的名胜古迹和旅游胜地，尔后再到圣米歇尔教堂。进教堂参观，这是个相当大的教堂，有许多雕刻，窗户上的玻璃绘画着古代的

波尔多 加龙河上的石桥

神话故事，五颜六色，十分悦目，但因窗户高，又小，再加上绘画，使教堂采光不足，显得阴森森的，有一种神秘而肃穆之感，似乎这是大的教堂的共同特征。教堂附近有著名的跳蚤市场，每星期天上午许多人前来淘宝，热闹非凡，我

69

到时已经午后1时，集市已经收摊了。出圣米歇尔教堂沿河畔北上，这段沿河公路很宽，汽车行速极快，没有自行车道，简直就不敢骑，一路推车，一直走到交易所广场，再到于宫司（Qinconce）大广场。再穿过一街心公园，在莫拉书店买了一本法语动词变位的书，就骑车返校，途经卡吉诺超级市场，采购了星期日食品。

这是我头一次骑车去波尔多，也是在法国第一次骑车进城，总的感觉，在波尔多这种不太大的城市，还是可以骑车进城的，只要小心谨慎，还是安全的，但是因汽车多，比较紧张，所以骑自行车不如北京潇洒自在。因此，为安全起见，还是少骑为佳，由此我初步打消了想买一辆自行车的主意。

复活节期间，我买了一只鸡，一部分向卢亚雄学习做了麻辣鸡丝，另一部分炖着吃，吃了三天才吃完，还请一个伊朗同学索埃拉吃了一顿。

复活节后两天，没有进城，在家写信或读书。同老王去白沙克逛了一次星期日市场，东西太贵，两人啥也没买。同几个塔希提学生打过一次乒乓球，玩得很痛快，这算是初步开展了体育活动。到一村找学生理了发，在休息、读书、运动中度过了三天的休息日。

4月23日　星期四　晴

晚上，桑塔娜夫人请我吃晚饭，也请了张鸿宁夫妇，由张来接我去。桑住在市内，一条小街的一幢旧洋楼，但里面布置很不错，有许多画、工艺品摆设和各种花木，生活水平算不错的了。法国人一请客，就一次请一大帮，今天来的还有图书馆的一个女馆员、一位教授（那天做卢旺达报告的）和杜芒日夫妇，主宾一共十人。我送一把檀香扇给桑夫人，一幅国画给她儿子，一个长城纪念章给她女儿。

照例，先饮开胃酒，吃点小点心，咸饼干、开心果、腰果仁之类。近10时入席。桑夫人今天弄的是中国餐，第一道春卷，但不是用油炸的，是煎的，皮也较厚，其实这是越南春卷，春卷皮是大米粉做的，法国人区分不出来。主菜是北京烤鸭，但不是挂炉烤，而是在烤箱烤的，做得相当不错，皮脆肉嫩，颇得大家赞赏。最后是我最喜欢的"德塞"（dessert），即饭后甜点，有草莓，点心很好吃。饭后又在客餐沙发上大摆龙门阵，这时又喝一小杯助消化的酒，白兰地之类。然后又喝了凉咖啡，我觉得挺不错，似乎比热咖啡更香甜。

晚宴至夜晚1时才结束，这也是法国人请客的惯例了。

4月25日　星期六　雨

桑塔娜夫人说周六假日带我去波尔多城内参观，不巧晨起落雨，落了一整天。虽天不作美，但桑夫人热情向导，我们玩得非常愉快。

上午10时在G路车总站，圣安德烈大教堂处会见。然后，桑夫人打着伞带我到大街小巷转，尽找一些古迹遗址，如18世纪居民住房，带有小院天井的，楼层不高，是典型建筑。街灯古色古香的狭窄街道，很像电影中常见的古代街道，路边还有拴马石桩。到一个广场，纪念碑是几块断石柱，桑夫人解释这象征古代罗马建筑遗址，像圆明园的废墟一般。碑身上有两幅古代波尔多市地图，从地图上看，原有小河穿过市区，注入加龙河。现在这条小支流已改成地下河，不复见了。还看了大钟楼，顶上有一口大钟，不知是铁还是铜的，旁边是教堂。大钟下有一古式时钟，还在走呢。小巷转完后，参观交易所广场和展览馆，然后再到干宫司大广场，现在正在举行花卉和古玩展销，有不少中国古青花瓷器，售价相当贵。法国人非常喜欢收集古玩，桑夫人专门收集瓷碟子，她花了80法郎买了一个我看不怎么样的旧碟子。

她女儿专门收集各种材料制作的乌龟工艺品。浏览完毕，最后转到了大歌剧院，这也是一处名胜，在这里等到她的女儿，14岁，个子已不小了，像个大姑娘。然后一块去圣卡特林娜大街，即波尔多市的"王府井"，在一家餐厅，桑夫人请吃了一顿便饭。饭店吃饭的确相当贵，吃的是一般法式菜，同食堂差不多。算账时见她付了120法郎左右，平均每人40法郎。主食是一大块羊羔肉，饭后的冰激凌非常好吃。饭后我陪桑夫人在闹市区几家商店转了转，她对地毯非常有兴趣。她又约我到一家著名的咖啡店喝咖啡，咖啡味很香，但太浓，喝时相当苦。逛街时，我在一家日用品商店买了一个1000瓦的电炉，以后可以在房内自己烧饭吃，不必一楼三楼上蹿下跳了，碰上人多还要等。有时加热剩饭凑合时，人家瞪着你的锅子，还怪不好意思的。

今天在街上转时，遇见一个男子，嘴里咕噜说话不清，拦路讨钱，张嘴要10法郎，桑夫人给了4法郎。她解释说这是个神经病，法国人离婚多，有的孩子因父母离婚，无人管后神经错乱，由政府收养，每月有几天允许外出，就在路上讨钱饮酒。在大街上还见一女青年坐在地上，手举一个纸牌，上写"请给1—2法郎为了吃饭"，怪可怜的，年纪轻轻的金发姑娘在街上求乞。

4月26日　星期天　雨

今天是"波尔多国际留学生、实习生组织"（CIES）安排的游览活动，地点是大西洋海滨风景地阿卡雄（Arcachon）。这是位于比斯开湾海滨的一个小海湾，有一条小河注入，海滨过去曾为流沙封闭，成为一个潟湖，后来又被冲开，形成一个只有很狭出口的弯钩形状的小海湾。早就听闻这一风景胜地，盼望前往游览，不料早上起床仍然天昏地暗，从西边大西洋卷来滚滚乌云。在三村等车时又下了哗哗大雨。9时到达胜利广场，CIES办公楼前已有大巴士在等我们。同往的共有在波进修的外国实习生约30人，有两位该组织的向导领队。汽车沿向西的公路经白沙克向西驶去，沿途是街道、房舍、树木、牧地。时值仲春，到处浓绿花红，片片树林，环境保护得挺好。据说法国林地面积占领土20%以上。树林以松林和栎林为主，多为幼林，可见是近十余年人工种植起来的，罕见百年大树。大约行驶了一个小时，便到达了阿卡雄。啊，蓝色的大西洋，我终于见到你了！你卷着一排排的浪花，乌蓝的海水滚滚翻腾，像是欢迎我这个来自远在太平洋之滨的客人！大西洋啊，向你致敬！向你问好！

阿卡雄　大西洋比斯开湾海滨

在一处码头下车，雨停了，但刮很大的风，挺冷的，以海洋、海滨沙滩作背景，摄影留念。海滨码头留影之后，便在阿卡雄街道漫步，这是个旅游小镇，狭小的街道、别墅洋楼、商店教堂，一切都以为旅游服务为中心。先参观了阿卡雄水族博物馆，博物馆分两部分，楼上是古代出土文物，沿海居民渔业活动和水族标本。有石器时代的文物，说明这里从很古就有居民。居民养牡蛎贻贝的活动和工具很引人兴趣。他们用木栏围住一片海滨，防止大鱼进入吃牡蛎，然后在水中置放一排排木架，架上放置许多陶器的大瓦片，让牡蛎栖着固定，待其长大成熟，再收获用金属叉刮下来。牡蛎在此常常剥下生吃，本身就有咸味。楼下是活的海洋动物，放在玻璃水族箱展览。见到许多从来未见到试的海洋动物，如大鳗鱼、海星、大龙虾、大海龟、大章鱼、小海马，还有许多叫不出名字、古灵精怪的海洋动物。出博物馆后时近正午，街上再转了转，就去饭店吃饭。这顿饭吃了很长时间，将近3个小时，也得以同一块来的各国实习生交谈，有埃及、孟加拉国、约旦、泰国、非洲等实习生。第一道菜是熟贻贝，法文叫moule，干菜在中国叫淡菜；第二道是兔子肉；最后是冰激凌或点心，吃得还是不错的。饭后天气仍不佳，有大风，原计划乘船在小海湾转一圈，先到海湾中的一个小岛，再渡往对岸的费雷岬角（Cap Ferret），因风浪过大，只好作罢。接着驱车向南前往著名的大沙丘游玩。沙丘名叫皮拉（pilat），是阿卡雄名胜之一，这里地处比斯开湾海滨，风浪和海流很强，带来许多细沙，在海滨堆积了许多沙丘。但是由于植树造林，绝大部分沙丘现已固定了，上面覆盖着浓密的树林，只留下这一处沙丘供人参观，沙丘高115—117米，据介绍是欧洲最高的海滨沙丘。脱了鞋提着，一步一个大脚印地往上走。踏在松软的沙丘上，沙子没及脚踝以上，走时十分吃力，但是登上丘顶，一番绝妙的景色呈现眼前。纵目远眺，向外是无边无际的蓝色海洋，白浪滔天，点点白帆，近处是对岸的岬角、沙洲、灯塔、石油井架；向内是起伏的树林，一片绿的植物海洋。脚下的白色沙丘起伏，点缀着游人五颜六色的衣裳，真是颜色层次丰富，赶紧摄影留念。从沙丘侧面登顶，沿正面下来。海滨有沙滩，夏日有游人游泳。今日见有人玩滑翔机，但没有成功起飞。

离开沙丘后，原拟参观一处古城镇，不巧今日关门，只从外面张望了一下，见有古城楼和城镇，大概是中世纪的小镇。改往参观一处自然保护鸟类公园，名叫德希（Teich）鸟类公园。这里原是一条小河注入阿卡雄湾的小三角洲沼泽带，地处候鸟来往的路线，利用这里的河漫滩树林湿地，从1972年辟为公园，现有120公顷，有260多种珍禽，来自世界各地，五大洲的鸟都有。除少部分外国品种放养在大笼中，其他都可自由飞翔，每年各季都有不同的鸟类在此栖息。全公园分四个带，分别供游人参观各国野鸭、鹤、天鹅、鸵鸟等种种珍禽，见有来自中国美丽的锦鸡。

参观鸟类公园后驱车回程，晚上7时30分到达校园，尽兴而归。这次活动组织得很好，30法郎玩得很愉快。虽天不作美，时晴时雨，不便摄影，但总的印象是不错的，法国在旅游环境保护方面做得相当不错。像这样的一日游，组织得十分紧凑，内容丰富，这方面值得我国旅游业好好学习。我国名山大川多的是，尽可吸引游客前来，以赚取外汇，比出口农副产品强多了。

4月27日　星期一　晴

晚上，全体留波进修生到一个华侨钢琴家杨杨女士家做客，卢因去巴黎未参加。在晚宴上见到了小丁，他是原语言学校学生，在波3年，现再返波做论文。出席作陪的还有波大中文系女生玛丽，她不久将去巴黎参加考试，如录取，9月份将赴北京学中文。

杨女士是教钢琴为业，也在波大中文系兼些课，祖籍福建，父母在美国。她能说闽南闽北话，普通话说得相当好，是在美国学的。杨女士的丈夫是法国人，但现在分居生活，尚未离婚，有二女一子，都成人了。大女儿极敏慧，考上了巴黎高等师范学院，是法国十所名大学之一，十分难考，培养政府官员的，一入学就有4000法郎"奖学金"的待遇。见到她的两个小儿女，像法国人，但头发、眼睛是黑的，也像中国人。杨女士很向往祖国，希望有机会回去看看。最近她父母回国一趟，感受很深。华侨爱国思亲，这是十分普遍的，特别是老华侨。后几代就差一点，他们连中国话都不会说，中国字也不能认，祖国对于他们是抽象的、陌生的。

晚宴吃的全是中式菜，有牛肉干、咸蛋、豆腐、糖醋鱼块、粉丝冷盘，有的菜是玛丽家做的，吃饭也按中餐式。席间播放中国歌曲，有《渔光曲》《她为什么傻》《小放牛》《跑马溜溜的山上》和《茉莉花》等。大家都情不自禁跟着唱起来，勾起一番思故乡之情。

4月29日　星期三　晴

下午是课外参观活动日，每隔一周，周三下午一次。

参观内容是法国的基层单位"公社"（commune），了解法国的行政机构、组织情况、职能。今天参观的是梅里涅克（Mérignac），这是波尔多市郊的一个行政机构，在白沙克以北，即城市的西北方向，离塔朗斯不远，乘汽车十来分钟便到。诸如白沙克、塔朗斯也都是公社，法国的"公社"实际上是城镇的意思，完全不同于中国的农村人民公社。

在梅利涅克行政机构所在地下车，叫作 Hôtel de ville，直译是"市政府"，即是行政办公所在地。若拆开来译为"城市旅馆"，那就闹笑话了！这里真像一个美丽的花园，浓绿成荫，茵茵绿草，平整得像一幅大地毯。豪华的全玻璃现代建筑，宽敞舒适的会议厅，大沙发椅，座位都有麦克风。市政府总秘书在会议厅向我们介绍了市镇机构、历史、职能、社会公益设施等，介绍完后，还招待汽水茶点（这是法国参观中的习惯，参观必有饮食）。然后参观了一个油画展览，是一个女画家所画，很一般很一般，有几幅印象派画，乱七八糟的颜色，组成一幅谁也看不懂的"画"。参观完后即乘车归来。参观中我问 Mérignac 名字的来历与含义，未得到明确的解释。

5月1日　星期五　晴

劳动节，放假。法国人在劳动节这天，一切工作都停止。连公共汽车也没有，劳动节不劳动。这种完全停止工作的节日习俗在全市节日中据说只有这一天。在这天，人们习俗互送一种名叫铃兰的小白花以示祝贺。

下午，去运动场打了一会网球。

晚上，小周的房东请我和老王去做客。实际上这是小周的主意，一举两得，既请了我们，又请了房东，自己一个钱不花，好聪明的香港姑娘。不过她有难处，一个人漂流海外，没有经济来源，靠做工赚钱念书也不容易。这次做客的形式很特别，房东出钱，我们出力，烧中国饭菜，这也是一种尝试，还是很成功的。以后，可以烧中国菜来回请法国同事，不能老是吃人家的，而不还礼。我和老王都拿出绝技，他负责做饺子，我负责做菜，一只大母鸡，一半烧麻辣鸡丝（冷盘），一半红烧鸡块。再一盘米粉蒸肉、一盘糖醋鱼块，大家吃得相当满意。我带来的一本食谱大大发挥了作用，从今天效果看，此法大可推广之，与法国家庭合作。法国家庭炊具相当齐全，烧饭极为方便，我们负责菜肴，他们负责酒、水果点心，以后也可请宴，花费也不太多。

5月1日至3日，连续休息3天。

5月7日　星期四　晴

四月底，五月初，天气有点反常。阴雨绵绵，气温下降。夜间低温到接近零度，白天遇上刮风下雨，穿件毛衣制服还感到冷飕飕的。有天下午我居然还穿上了呢大衣，来波时二月份还未穿过。因为室内没有暖气了，晚上两床毛毯还不够，还要加上大衣，后来又放了两天暖气。这里取暖，用热水都是电加热，很方便，不像北京大锅炉烧煤取暖，受季节限制，且污染空气。据说这种倒春寒于水果，如苹果、桃、梨及葡萄不利，使其受冻害，减产，价格会上涨。

今天下午，拉塞尔所长接见我，通过了我的《进修提纲》。关于赴喀麦隆考察的问题，他答应写信申请补助奖学金。关于写论文的问题，要等下学期开学后才能办手续，可能还要先通过同等学力审核的阶段才能注册攻读博士学位，因为中国当时取消了大学学位制度，具体情况以后再详细了解，目前并不急办。

5月9日　星期六　雨

今天度过一个愉快的假日，在桑塔娜夫人的倡议和组织下，进行了一次极惬意的浏览参观活动。

9时30分从文学院出发，3辆小汽车10人。桑塔娜夫人，另一图书馆管理员，小个子女士，与桑在同一办公室。还有一研究员吉罗（Girault）的夫人，3位女士开车。同往均为外国进修生，或做论文的波大学生，有委内瑞拉1人、巴西1人、扎伊尔2人、布隆迪1人、马尔加什1人，连我共10人。

驱车沿加龙河向东南方向行驶，一路上青枝绿叶，有草坪、树林。有时进入林荫大道，两旁林木合拢，像到了童话般的绿色世界。啊，绿色的法兰西！我为法国的环境保护称好！

第一个参观点是拉布列德城堡（Château de la brède）。这里是孟德斯鸠的故居，有别墅和花园，别墅内有展览，孟德斯鸠的卧室和手稿。可惜今日不开门，只能从公园外观看：草地、橡树林、松林。公园是孟德斯鸠散步处，英国建筑风格，孟称赞这是他见过的最好的乡间景色。

离开这个城堡向东南行，横过一道铁桥，穿过了滚滚的加龙河，沿河谷行驶在满丘遍野的右岸葡萄庄园之中。这里是葡萄集中产地，平原、丘陵、坡地，满目都是葡萄，一行行的葡萄架十分整齐。葡萄老干粗壮，新叶初出，有的开始蔓上枝架。这里葡萄架很低，木质，只半人多高，不如北京的有一人多高，且用水泥柱，可想弯腰摘葡萄相当累。一路上见到数十个Châteaux，这个词原意是"城堡、乡间别墅"。在这里，既作别墅，又作葡萄庄园解释，因为每一个Château，就代表一个大葡萄庄园。在绿色的葡萄庄园之中，有一座别墅，园主就住在里面，有古代的建筑、美丽的花园，还有酿酒的酒库。种葡萄、摘葡萄、酿酒都是园主自己干，忙时雇工。每个葡萄庄园都有自己的产品、自己的品牌。所以，法国葡萄酒的牌子恐怕有几百种之多，这中间就有竞争了。

5月10日　星期天　晴

今天是法国总统选举第二轮投票日，也是决定性的投票。晚上8时，宣布了总统选举结果。社会党，左派的密特朗当选为法兰西第五任共和国总统，他是法国历史上的第21任总统。

总统竞选早在我到法国前就已开始，刚到时就见到街头、地铁、车站到处都有竞选广告。4月20日第一轮投票，在此之前一个多星期，在电视上进行竞选演说，每天晚上10个候选人（其中3个女的）轮流发表演说，将竞选活动推向高潮。这对我是学习法语，训练听力的极好机会，几乎每天都听。第一轮揭晓后只剩密特朗与吉斯卡尔·德斯坦两人。前几天电视进行两人面对面的辩论，使竞选白热化。

社会党获胜，密特朗比吉斯卡尔·德斯坦多了100万张选票，这表明人们希望改变，吉已掌权7年之久，连任就要14年，加上近年来，有些政策不得人心，失去了不少选票。昨天电视中有人评论：密特朗的当选不代表左派的胜利，而是"改变"的胜利；法国人不是希望左派政权，而是希望改变原政府一系列政策。这个评论是否中肯？

5月13日　星期三　晴转雨

下午，课外参观活动，参观著名的葡萄酒产地圣特米利昂（Saint-Emillion）。来到波尔多两三个月，在朋友请客的酒席上，人们经常谈起这个地方，啧啧称赞这里酿造的葡萄酒，味美香醇。今天学校组织参观，

波尔多　圣特米利昂的葡萄庄园

欣然前往，把卢亚雄、王俊玉两人也领去。

圣特米利昂位于波市以东约60公里。巴士车1时正出发，穿过市区，越过加龙河上的石桥，就沿着高速公路飞速向东奔驰，沿途是常见的法国南部农村景色。树林、牧草相邻，路旁两侧的一座座村舍前后有花园，不过这一带房舍比较差，农田几乎全是葡萄园。快抵达圣特米利昂时，经过一个小市镇，名叫利布尔纳（Libourne），狭小的街道，美丽的街心花园。

约一个半小时行程，便到达了目的地。这里是一个古老的村庄，位于一个石灰岩质的山丘上。村中心耸立着巨大的教堂，依岩而建，巍峨高耸。教堂下面，还有在岩石中挖掘出来的地下教堂，有20米左右高，石柱有两人抱粗，相当宽敞，岩壁上还保留着一些壁画、岩雕，日久了不甚清晰。在附近还有在岩石中凿出来的墓地和其他宗教建筑。这些岩雕建筑使我想起云南昆明的西山龙门石窟，依山凿雕，比这里更雄伟，佛教风格。由此可见，在古代，宗教的力量，无论在东方还是西方，都是相当巨大的、有魅力的，也为后人留

下不少名胜杰作。村中还有一座古堡，也是建在岩石上，有楼梯盘旋而上，十分狭窄，只容一人通过。登上古堡顶，纵目远眺，四周无边无际的葡萄园，整齐成行，在丘陵上起伏。俯视村庄，居民活动历历在目。这个古堡名曰"国王堡"（Château du Roi），大概是过去这里的"土皇帝"，为监视居民和防御外敌而建造的。楼梯之间还有小孔，可能是瞭望孔或枪孔。另一处地下岩雕洞穴中，有一泓清泉，永远保持同一水平面，有许多人扔金属币进去，相传为了求愿，可得报答。

接着参观了一个大酿酒厂，这是一个很大规模的厂子，由附近300多家园主联合成"酿酒合作社"，承担5000多公顷土地葡萄的酿酒。我们先后参观了压榨、加温发酵池（水泥的）、冷却池、储存池、装瓶车间和最后装箱。机械化程度较高，如酒装瓶每小时5000瓶，流水作业。参观后，酿酒厂招待每人喝半杯酒，1978年产。我和老王合买了一纸箱酒，共3瓶，平均每瓶25法郎，作日后待客或赴宴礼品用。回程时车上没有座位，只好站在前面，饱览途中景色，晚上7时左右到家，比较疲累了。总的说来，这次参观还是很愉快的，同去的各国学生约60人，来自10多个国家。也是一次交流的好机会。

5月17日　星期日　晴

晚上，波大中文系主任列维教授请客。罗歇夫妇驱车来接，5个中国进修生都参加了。便宴在他家大花园内举行，有30多人出席，除中国人外还有越南人、日本人、法国人等，十分热闹。

列维教授家里相当朴素，房屋比较旧，房间也不算多，但书非常多，中文书和画都很多，有一幅郑板桥的画，不知是否真迹。教授说不是真的，因购价不高。中国物品如瓷器、花瓶、印花布、粗陶器等，这些在中国越古越土的东西，到法国反成了宝贝，相反，中国人现在追求的却是西方认为不值钱的洋玩意，真是爱好各不相同。

教授的花园相当大，但可能无人力管理，野草丛生。便宴就在树荫下的草地上进行，都是凉餐、点心、果品之类。人也太多了，只适宜组织冷餐晚会，挺随意自由交谈。法国气候好，到了八九时，花园还没有蚊子，只是后来实在有点凉了，才进屋，继续大摆龙门阵。直至深夜过了零点才告辞，但这在法国也是正常的了，还算不得太晚。

给连弟寄去了2号信，从5月份起信件编号，收到连弟1号信。

5月20日　星期三　晴转阴

晚上，到阿兰·杜昂-拉塞尔夫（Alain Durand-Lasserve）家做客。这是一个年轻研究人员，比我小4岁，但已通过博士论文，研究实习员，从事人文地理研究，主要搞东南亚国家，如泰国、马来西亚、新加坡等，同布雷诺一个办公室。据桑夫人介绍，他是个大左派，马列主义派，因而同所长拉塞尔关系很紧张，所长要赶走他。而有趣的是，他们俩人的姓拼写十分相近，法国人也有闹误会的。阿兰很热情，主动提出要带我去巴黎参加一个会议，以便结识朋友，今天又请我吃饭。

阿兰家住城里，房子不错，是私宅，两层楼，厅房很大，也有不少摆设，多系来自东南亚地区，卧室在楼上，未获邀请上去看。两口子有一个2岁多的小孩，会走路，很好玩，名叫"新江"，爱人是中学教师，肚里又怀了一个孩子。从他家情况看，目前经济不宽裕，家里添丁，爱人工作，今晚他只请我一人，下班才去买菜，这样也好，我就帮他，看他怎样做菜。他买了一条大鱼，做法非常简单，切掉鱼头，也不洗，切了一个柠檬浇上汁，撒上盐、调味粉和香菜，然后用锡纸一包，放入一铁盘，置于烤炉中，点火后就不管了，吃时切开，鱼肉雪白，原汁原味。另外他还做了一个泰国炒饭，先将饭煮熟，然后置铁锅放油，先炒洋葱，再放大虾，再加入饭炒，最后加鸡蛋，像大杂烩炒饭。另外还有一种像姜苗似的植物，叫不出名字，煮熟吃。最后是酸奶加草莓，每人一大碗，很好吃。晚宴交谈很投机，从业务到政治，一直到快12时他才送我回家。

5月23日　星期六　晴

波尔多市法中友协组织了一次大的会见活动，邀请全体在波进修生和留学生参加。还有协会成员和波市各界人士，对中国感兴趣者，曾去过中国旅游的或夏天大假期将去中国的旅游者，与会30—40人。

下午4时30分，协会负责人之一的一位老先生（农业视察员）来接我们，驱车到东郊，过了加龙河，来到一个文化活动中心。人们先后来到，十分热闹，自由分组交谈，有饮料点心招待。我同一位老太太坐在一起，聊起来才知道，她是全法法中友协的总秘书长马希樵夫人，据说很有名，中国通，1958—1965年在中国任教多年，以后又多次访华，到处做报告，很有影响，名气很大。然后晚餐，席间又与几位老先生和夫人热烈交谈，他们对我国很感兴趣。波尔多市法中友协主席贝勒瓦（Benoir）夫人带孩子也在我们这一席。晚餐时间很长，是一个分组座谈的好机会。餐后原打算放映电影《大闹天宫》，但片子卷坏了，未能放成。罗歇邀请我做介绍中国地理情况的报告。恰好我带了材料，虽无什么准备，但还是做了一个大约40分钟的中国地理概况、自然特征的概要介绍。着重讲了中国的地形、农业、气候等一般情况，并结合旅游，很受欢迎，大家反映报告深入浅出，在法国很难得听到这样的报告。马希樵夫人也很欣赏，她还约我到巴黎时去她家玩。协会一位积极分子说我的报告救了晚会的场，因为电影没放映成使大家很扫兴。我报告完后，又回答了一些问题。中国同学提了一个"法国人为什么喜欢养狗？"的问题。马希樵夫人做了回答，说是人情冷漠、太孤单或孩子爱狗等。

5月24日　星期日　晴

今天友协活动继续进行，由马希樵夫人做访华报告并讨论，中国学生因准备考试均未出席，进修生只盖、王和我3人出席。

上午，马希樵夫人重点介绍中国农村生活的概况，包括农村和农业生产、农民生活、家庭观念、家长的权力、年轻人的婚姻等。她曾在山东、安徽、湖南、上海等地农村访问过，对中国农村的情况还是相当熟悉的，特别是农村青年婚姻，基本上还是父母做主但并不包办的情况，谈得绘声绘色。马夫人说话较慢，口语清楚，听她的介绍一点都不吃力，基本上90%能懂，也可能是谈中国情况，本来就比较熟悉。介绍后大家提问题，各种问题都有：如离婚、青年娱乐活动、舞会、交际等。我们也做了一些回答。下午，马希樵夫人将继续做有关人民公社组织的报告，但我们下午有事，午餐后便离开了。人民公社组织这个问题国内这一年多来变化甚大，政策性理论，连我们还弄不清楚究竟怎么回事。这类政治性的问题，还是回避为好，因为很不好回答人家提的问题。

5月27日　星期三　雨转晴

图书馆同事给我一张票，下午去参观波尔多世界博览会。博览会在城东郊大湖区。大湖早已听说，从地图上也见到，是波尔多市一名胜，因路远，一直未曾去过，从大广场乘31路车可到。博览会就建在湖畔，一个大湖，波光粼粼，湖上有风帆、摩托艇，湖畔绿树草坪，景色秀丽。

好大一个博览会啊！我还没见过，可谓开了眼界，一个大展览厅长达近千米，宽二三百米，四行展室，一间间小房隔出一家家公司的展品。展品琳琅满目，从工业产品到日用百货，从食品到图书、家具、电子用品、乐器、手表应有尽有。有展览，有当场试用、表演、讲解，用种种方式招揽主顾，十分热闹。对这里的电视、厨具、收录机、图书很感兴趣，不知不觉都走累了。展览厅还有多处抽奖游戏，我试了一次，只得了一盒火柴。有一处抽奖，应是交易会前发布的。奖品高的有汽车和房子，也是吸引人们前来参观。这里参观人并不挤，完全可以自由参观，不像北京，参观展览会根本近前不了。

从展览厅出来，好大一个广场，摆满了各种机械、车辆、拖拉机、游艇、帆船出售。广场太大，走路太辛苦，有拖拉机拉两节车厢绕广场转，我乘坐了半圈，花2法郎。到了广场末端，那儿有牲畜展销，有良种牛、羊、马、家禽，再后有飞机、坦克、大炮展览，还有直升机供游客乘坐。在湖区绕一小圈需60法郎，在城区绕一大圈需100法郎。另有一架大飞机，始终在交易会上空转圈，拉一条飘带，是一家大农场的广告。广场上还有西南地区民族歌舞表演和高跷表演，少男少女穿着民族服装，男的白衬衫、红领带、黑马甲；女的大长裙、黑色花边，踩着高跷，和着手风琴的节拍，又跳又蹦，吸引了许多观众。直到6时30分才兴尽而归。回来时乘错车反方向到了G线的另一端，发现时已迟了。幸好我来了个拦路顺风车（auto-stop），遇上一对青年好心人，开车一直将我送到三村。晚上，伊朗同学索埃拉请我吃饭，有青豆、蔬菜、烧羊排骨，伊朗风味。饭后聊天，他要求我介绍一下关于共产主义、社会主义的基本原理，他一点也不懂，却很感兴趣。

5月28日　星期四　阴

今天是"耶稣升天节"（Ascension），法定宗教节日。热带地理中心放假一个星期。

明天将赴巴黎，游览休假一个星期。

波尔多—巴黎　5月29日　星期五　晴

清晨，天气晴朗，我和老王两个波尔多人结伴前往法国首都巴黎游览。8时出发，乘巴士车到圣让火车站，坐9时零5分的168次快车。列车驶过南部的葡萄田和中部的麦地，一路上同邻座愉快交谈。我们的邻座换了3批人，头两批是老年夫妇，后一批是两个外国大学生（男日本人，女美国人）。法国人有点绅士派头，一般乘车时不主动搭话，但一旦你主动搭话，他们就滔滔不绝，一直谈到下车。同我们再见时，老人还说："万岁，中国。"我答曰："万岁，法兰西。"

下午1时40分准点到站，老王的朋友张先生来接。张在一所医院工作，搞神经外科。工作地点离车站不远，他领我们到医院食堂用餐。然后稍事休息，我就去找左嘉客。先到他的住处，未找到，后到巴士德研究所，不巧他又回去了。来回走岔了，把我累得够呛，直到晚上7时多才见到。

左租住在一所高楼公寓，一居室套间（studio），约15平方米。缺点是只有简单的炊事设备，只能做做面条之类，不能炒菜。

是夜，看看电视，聊聊别后各人情况，便入睡，也没有床，厚厚的床垫，席地而卧。中国学生在国外，过着极简朴的生活。左一人独居生活，感到十分孤单，思家，我何尝不是呢？只不过我住在学生宿舍，总归多少热闹一点。

5月30日　星期六　晴

早起出游。带了照相机，在路上买了胶卷，开始了一天的游览。

首先，步行到蒙巴纳斯（Montparnasse），这里有法国最大的火车站和最高的大楼，56层高楼。外墙全玻璃化，外观呈深墨色。进车站转了一圈，在这座法国最高大楼前留影。

然后，前往卢森堡公园，我在公园外的喷泉和公园内的卢森堡宫前留影。卢森堡公园坐落在市中心，林木草坪一片鲜绿，是市民休闲的好场所。

出了公园，信步在街上走。先到先贤祠（Panthéon），这是一座圆顶建筑，陈放名人棺木和骨灰之类。密特朗就职时，曾来此献花。走着走着，来到了美丽的塞纳河畔。雄壮绮丽的巴黎圣母院耸立在面前。我们走进教堂内参观，好高的拱顶，庄严肃穆。然后出教堂，从侧面取景留影。沿着塞纳河漫步，河畔有小摊，出售古书、古玩、字画、风景明信片和各种小纪念品，也有兜揽生意为游客照相者。沿河走到巴黎六大、七

巴黎圣母院

大附近照相。沿河畔有一系列很古怪的抽象的雕塑品，看后令人莫名其妙，或一堆废铁或一堆乱石，组成一组雕塑，我是一点看不懂，也许只有作者才懂。巴黎六大、七大是拉丁区，有许多街巷，街区有许多咖啡座，在咖啡座前留影。街边咖啡座是巴黎乃至法国风光特色之一。关于法国的街边咖啡座，有许多名人典故，以后可专门撰文加以描述。时近正午，有点饿意，在街边一个小店买了夹肉三明治。我们俩人走到塞纳河桥下，坐在河畔小栏杆上，一边欣赏潺潺流水，一边就餐。一群小鸽子和麻雀围在我们身边，等待吃点残渣，它们全然不怕人，挥之不去。

饭后，下了点小雨，正好洗尘，漫步前往著名的卢浮宫，参观了外景，照了几张相，内景留待星期日免费参观才去。法国这一点很好，许多地方星期天免费开放。

巴黎 埃菲尔铁塔

从卢浮宫出来，就到了宽广的协和广场，中心有一巨石方尖碑，据说是从埃及运来的，广场四周有大型雕像。美国大使馆在广场北侧，警戒森严，警察荷枪，手执步话机。从协和广场向西北延伸一条大街，就是世界闻名的香榭丽舍大街。好一条繁华的大街。豪华商场、大公司一个接着一个，令人目不暇接，真是个纸醉金迷的花花世界。这条大街走到尽头，就是凯旋门，庄严雄伟，立于广场中心，12条大道呈放射状散开。因为街道车辆穿梭般往来，取景照相还颇为困难，只能站在街心"安全小岛"拍摄。从这里开始换了一卷彩色胶卷，在此之前，全是黑白卷。

离开凯旋门，抄近路穿小街就到了埃菲尔铁塔。自然少不了多照几张相，铁塔是巴黎和法兰西的象征。上次已来此参观，在塔下流连多时，也没有上去。这次有左兄做伴，两人购了登梯的票，下了"不上铁塔非好汉"的决心，从楼梯步行登塔（6法郎，乘电梯22法郎），从底下一直登上第三层，即游览的最高层，其高度为274米。铁塔盘旋而上，越上越陡，天气又热，又穿着厚厚的西装，弄得满身大汗，呼呼喘气。登上之后，已累得不行，但站在这世界著名的建筑物之巅，纵目远眺巴黎全城，令人心旷神怡。铁塔总高度300米，加上电视装置。高达320.75米。从塔上俯视，可以看见巴黎的基本色调，米黄色的房屋、灰色的屋顶，有几处高楼群，如蒙巴那斯、国际大楼等处，耸立在老式楼房之上。塞纳河像一条绿色丝带穿城而过，广场、辐射状的街道、凯旋门、巴黎圣母院、巴黎大学、联合国教科文组织、卢森堡公园等都历历在目，远处蒙马特高地上的圣心教堂，乳白色拜占庭风格建筑，十分醒目，明天将去参观。从铁塔顶分别向四周眺望，铁塔上还设有望远镜，投2法郎，即可以望远，可是我不懂操作，刚看了一会，一不小心按键的手指松开了，镜箱自动关闭了，白扔2法郎。

下塔后，穿过三月广场，穿大街，走小巷，回到巴斯德研究所，休息、洗澡，消除了疲劳，才漫步回家。顺路采购些食品，回左的宿舍，煮面条，开罐头，这是他的传统吃法。

5月31日　星期日　晴

继续游览巴黎。先到巴斯德研究所，取了一瓶矿泉水，然后乘地铁来到协和广场。上午主要目的地是蒙马特高地，沿途经过马德琳娜大教堂、绿顶金边的大歌剧院，都照相留念。快到高地，街道的坡度越来越大了，这是平坦的巴黎盆地中的一个的高丘,圣心教堂就建在高丘顶上。白色的建筑,几个圆顶教堂组成一组很有特点的建筑,这种教堂,我觉得倒有点像伊斯兰清真寺的风格,不同于圣母院那类尖顶的欧式教堂,据介绍属于拜占庭建筑风格。在圣心教堂前照了相,进入教堂,正好在做礼拜。好大一个教堂,音乐回响,甚为雄壮。做礼拜有好几百人,拱顶高达几十米,回音与音乐交织在一起,令人有一种神圣的共鸣之感,这大概正是宗教之魅力所在。

出了教堂向西走,有一处小广场,是著名的街头画所在地。许多街头画家,在狭小的街道上,支起画架,即席作画,有油画、素描,也有当场画肖像的。画画的、看画的、被画的,比肩接踵,非常热闹。据说,从这里产生过不少著名的绘画大师,在他们成名之前,都曾在此画画谋生。除画画之外,还有剪纸。欣赏完街头画之后,就沿坡而下。十分遗憾,附近还有一处名胜,叫红磨坊(Moulin rouge),我们事先不知道,没有去。下坡到了一个街头公园,休息,吃简单的午饭,三明治加橙子。

下午,先到卢浮宫,参观油画和雕塑展览,这里陈列了许多古代名画和雕塑。看了两个多小时,才参观了南路宫殿,北路宫殿留待下次再看。卢浮宫建筑外观朴实,但每个主宫拱顶有十分精美的浮雕天花板。卢浮宫内的油画是法国的国宝,有许多脍炙人口、世界闻名的艺术作品,参观者甚众。

然后,去蓬皮杜文化中心。这是一座非常古怪的现代建筑,所有管道,大大小小,全部暴露在外,各种颜色的管道纵横交错,以至走到跟前,还以为是个化工厂。文化中心有自动电梯登顶,电梯也暴露在墙外,拱顶是有机玻璃罩,可观看下面的景色。文化中心内有图书馆、展览室,今天星期天,有的免费开放。我们买了一杯啤酒,在天台上饮酒赏景,请一位美国游客给我和左兄照了一张合影。

6月1日　星期一　晴

左嘉客今天上班了，我自己单独活动了。

上午9时找到老王，一同去巴尔贝斯（Barbès）地铁站的大地（Tati）商店采购日用品。这是一家廉价百货商店，早就听巴黎华人说过，商品果然很便宜，但质量就不能要求太高，一分钱一分货的道理谁都明白，是穷留学生常常光顾的场所。中午回宿舍稍事休息，下午去使馆报销、汇报、领款等，至夜方归。

6月2日　星期二　晴

上午，去蒙巴纳斯大楼附近的几个大商场采购，那里有弗纳克（fnac）、大地和中央商廊三处大商场。

下午，去拉雪兹神父公墓，参观巴黎公社墙。巴黎公社在中国宣传得众所周知，可是在法国本土，由于资本主义政府统治，完全不是那么回事。这次参观有几件事使我大为惊讶：一是许多法国人，特别是年轻人，对巴黎公社墙一无所知，甚至进了拉雪兹公墓，也有人不知道。老年人好一点。在公墓遇到一位老人，为我领了一大段路，十分热情，不然我在这个很大的公墓一定会晕头转向，找不到巴黎公社墙的。二是世界闻名的巴黎公社烈士纪念碑只是一方小小的大理石，挂在公墓的破旧的围墙上，而且位于公墓的一个小角落。这些情况使我十分感慨，但想到这里是资本主义国家，也就理解了这一点。公社墙附近，有许多法共领导人上和第二次世界大战烈士之墓。

拉雪兹公墓面积很大，树木很多，里面像一座小城，分成好多个"街区"，"街道"都有路名，不熟悉路径的话很容易迷路。我从西门入，东门出，等于穿过了整个公墓，见到各个时代的墓地建筑。古代是一座石质小屋、铁栏杆和十字架；近代为水泥质；现代多为人造大理石质，都相当精美。

今天回来较早，我去商店买了只鸡，煮了米饭，改善一下，同左嘉客兄共进晚餐。连日来，奔波劳累，饮食又极简单，可谓穷玩！有点上火，嘴唇也烂了一块。

6月3日　星期三　雨

早上出门，天气晴朗。不料乘地铁到了巴士底广场，竟下起大雨来了。这是一个很大的广场，广场中心耸立着一座高达二三十米的纪念碑，上有一个长着双翼的男孩自由神的雕像，同波尔多市干宫司大广场的一模一样。这次参观，给我消除了一个错误印象。以前我一直以为这里有一座古代建筑遗址或废墟，巴士底狱，在历史课和法语课中经常被提到，巴黎公社社员攻陷了巴士底狱，并释放了"囚犯"。现在这座监狱早已不复存在了，而只在原址上建了一座纪念碑。在巴士底地铁站保留了一小段当年监狱地基的遗迹，供后人怀古凭吊。

雨下不多久就停了。我便顺着街道向塞纳河走去，在巴黎市参观，有一个很大的麻烦，就是到处找不到厕所。上厕所收费1法郎，这还事小，就简直不知道公厕在哪里。我一直走到巴黎七大，才解决了这一急切之需。穿过塞纳河和市岛，就到了巴黎七大。七大是一组现代建筑群，四周一圈十来层高的建筑，簇拥着中心一座高达23层的主楼，主楼是办公楼，周围一圈是教学楼。教学楼很奇怪，没有底层，而是高跷一般由一根根柱子支撑着，整个下面空荡荡的。后来据左嘉客解释，原来有过一场纠纷，这里地皮原属一家制酒公司，该公司不让修建第一层，地上储存着许多酒罐，后来就从第二层盖起，就成了现在这种模样。我对巴黎七大早已慕名，不料百闻"不如"一见，又脏又乱，到处乱贴告示和乱涂大标语，学校又缺经费重整校容。

时间还早，离约会时间尚有一个小时，便漫步前往参观植物园，就在七大旁边。这是一座大公园，浓荫夹道，高大的梧桐修剪得十分别致，内圈树枝全剪去，外围全留着，这样便长成一条拱形的绿色长廊。公园内花草满园，还有著名的自然博物馆、热带植物园和古植物展览室、古代考察探险展览室和小动物园等。这些地方上午均未开放，且收费甚贵，10法郎参观一处。在公园出口处，很醒目地展示出一块巨大的美国红杉，即老爷树的年轮剖面，直径有3米左右，有2000年历史，上面标记着耶稣纪元、美国独立战争等历史事件的年代在树上相应的位置，很是有趣。

下午1时，在巴黎七大附近的地铁站对面一家小咖啡店，同许勒·卡纳尔（Suret-Canale）教授相见。教授是地理专著《几内亚共和国》一书的作者，我是该书中译本的译者之一，作者和译者相会分外亲切，不亦乐乎！教授是位60多岁的老先生，有点虚胖，身体不太好，走急了，说话急了，有点喘气，他自称有气管炎。教授先领我乘公共汽车，到了先贤祠附近下车，在一家小饭馆用餐。这是普通的法国饭：有冷菜、牛排、甜点、咖啡、葡萄酒等。饭后就近前往巴黎地理研究所参观，就在先贤祠旁边一条名为圣雅克的小街上，是一座四层楼老式建筑。巴黎地理研究所早已闻名遐迩，但走进里面，显得十分拥挤，连教授都没有固定的办公室。教授告诉我，这座古老的大楼是一位法国地理界老前辈的遗孀捐赠的，现为巴黎一大、四大和七大地理系共有，法国地理学图书馆和信息资料中心也设在这里，所以教师办公室很紧张。教授为了找个办公室同我聊聊，还到处打游击。我们愉快地交谈，彼此赠书，我送了他的专著《几内亚共和国》中译本，由商务印书馆出版的；他送我法文原书和一些关于非洲的书籍。然后，他领我到大楼各层转转，参观了图书馆、资料室、绘图室以及地理资料编辑部等，并同工作人员友好交谈。他想给我介绍认识一些教授，但都不在，看来教授大多在家里工作。我和文云朝、明士乾合译的地理学专著《大陆架地貌学》一书的作者也在这座大楼办公,但办公室"铁将军"把门,没能拜会到。让特勒(Gentelle)教授出差未回,这次也没见到。前年他曾来北京地理所访问,当时我给他当的翻译。看来巴黎大学的教学条件还不如波尔多的,热带中心就更属上乘了。向窗外望去,巴黎拉丁区仍笼罩在蒙蒙的雨雾之中。雨后教授驱车,一直把我送到我住处后分手告别,从而结束了这次愉快的会见。

晚上,同左嘉客一起去联合国教科文组织中国常驻团人员住地,见到了张友实,取到了他替我从北京捎来的物品,彼此谈了一些见闻。这里原是一所旅馆,后为常驻团购用,楼下正在举行宴会,招待前来教科文组织访问演出的中国杂技团。

6月4日　星期四　晴

上午,在地铁站同老王相会。然后他带我乘地铁去巴黎北郊一个旧货集市,领略一下巴黎的市井风情。当天没有集市,据说集市是每周一、周六、周日,3天。我们在附近漫步转转,时近正午,我们便分手了。

分手后,我即乘地铁到戴高乐之星地铁站,即凯旋门,同左嘉客约见。到站时,见左未到,便去买了一些香蕉和苹果,权作午餐。法国大学生常常享用这类水果午餐,比啃三明治好一些,不至于太干巴巴。

我们从凯旋门一直走到拉德芳斯(La Défanse),这里是规划中的欧洲最大的商业中心,正在大兴土木施工中,一座座高楼拔地而起。地铁还没有开通,我们沿路边走边看,商店橱窗琳琅满目,价格昂贵,好东西不少,我们穷留学生却可望而不可即。一路观赏现代化玻璃幕墙的摩天大楼群,将余下的十几张彩色胶卷全部照完了,就近送到欧尚大超市冲印照片，也就尽兴而归。我又买了一只鸡，作为答谢左兄盛情接待的告别晚宴吧！

明天将结束巴黎一周之游，返回波尔多，我可爱的港口城市、我的塔朗斯三村。

6月5日　星期五　晴

早上8时多，我离开巴黎15区左嘉客宿舍，前往火车站买了9时30分的火车票。

因为是周末，星期一是宗教节日，叫Pentecôte，即基督教的圣灵降临节，法定假日，连休3天。法国人的节假真不少。大家开玩笑说，耶稣一会升天，一会降临大地，就多了两次节假。因为3天长周末，所以这一趟火车相当挤，不少人没有座位。我来不及预订座位，上车后，找了一个已被预订的空位坐下，但有运气，没有来人，一直坐到终点。我先与一军人同座，后又换了几个男人和妇人，因为疲劳，一路没有多聊。

下午2时多到了波尔多。我先去房租事务所办租房事宜，不料房子已先租给别人了。法国人说话不算数，这又是一例。

回宿舍午餐、冲凉，消除疲劳。下午到办公室看看，桌子上有四封信，连弟、爸爸、小汤各一封，还有一封是所里打印的文件，要求向所里汇报。

6月11日　星期四　阴

三天的圣灵降临节，法国人过得很快乐，这也是小孩"洗礼入教"的节日，孩子们都很快乐，但我们这些无家可归的人反倒烦闷异常。

节后，继续工作。同事阿兰（他姓拉塞尔夫，名阿兰，因为是好友，我一直称他阿兰，Alain Durand-Lasserve）邀请我去参加"城市化与房地产开发问题研讨会"，该会在巴黎以北亚眠市（Amiens）举行，会期两天。为了深入了解法国以及地理界学术会议组织情况，本人欣然前往。

下午，乘4时58分的快车，要加加快票（164法郎+27法郎），但也只快1小时左右。这次乘的车厢与前几次不同，是一间间小房间，面对面八个座位。这种座位便于交谈，但不如单排座位舒适，伸腿有困难。邻座为一中年妇女，一直抱着一只黑猫，上下车时放在笼子里。对面是一个老太太，挺客气的。另外还有3个外籍工人，像阿拉伯移民。

在车上同阿兰会合，他邀我到餐车吃了点点心，喝了酸奶、咖啡。晚9时30分抵巴黎，即乘地铁到左嘉客处下榻。前两天刚同左兄告别，没想到又来借宿打扰，有点不好意思，好在左兄够朋友，仍然热情接待。我洗洗脸，左兄早已吃过晚餐了，我吃了点牛奶和路上带的鸡蛋，就上床休息，躺在床上，边看电视边聊天。晚上有点凉，肚子痛，肠蠕动咕咕叫，大概是牛奶加鸡蛋式的晚餐，有点受不了。

6月12日　星期五　晴

因为预定乘傍晚的火车去亚眠，这样在巴黎便有一个白天的逗留。利用这些时间，我去访了几个朋友。

上午，先到巴黎高等师范学院去见到了苏戊年。他是北京地质学院教师，教测绘，来法学遥感，曾在波尔多市待过半年，在热带中心待过十天。老苏很热情，先领我参观了办公室，会见了一些同事，其中一位还送我一张喀麦隆遥感相片分析。正午在苏的学校餐厅吃饭，那里同波尔多大学食堂差不多。

下午，老苏陪我到巴黎大学城宿舍区去玩，这是外籍学生居住区，叫 Cité universaire。有座东方式的宿舍楼，叫"东亚楼"。我在那里见到了北京语言学院教过我们的杨立嘉老师和原语院的大夫欧阳，苏同我还在楼前照了几次相。杨老师在巴黎八大教汉语，比我早四个月抵法。他招待我吃了樱桃，它们状如海棠，其味甘美。

从巴黎北站乘 18 时 27 分的火车去亚眠，北站人多，热闹，有不少说英语的人，因北站是通向英、比、荷、德等方向的车站，故外国旅客很多。巴黎还有个东站，负责向东去斯特拉斯堡方向的列车。我们经常打交道的是奥斯德赫里兹站，负责西南向列车。全巴黎总共有 6 个火车站，按目的地不同方向设置，乘车千万别弄错了火车站。亚眠市位于巴黎以北 130 公里，乘火车一个半小时，于 19 时 30 分到站。阿兰已在出口处迎候，然后驱车前往会址。由于会址不在亚眠市内，于是我们继续向东北行，穿过了亚眠城。在汽车中见到亚眠大教堂。据百科全书介绍，它是法国最大的教堂之一，形状很像波尔多市圣安德烈大教堂。向东北行约 30 公里，到了一个小镇，叫毕基尼（Picquigny），会址就是离毕镇不远的一所由古教堂改建成的乡间别墅。

陆陆续续来了一些与会学者，晚餐后，大家在别墅外一边交谈，一边参观古教堂和欣赏周围景色。此地位处索姆河（La Somme）的河谷阶地上，周围丘陵起伏，长着茂密的树林，田野上麦田成片，早熟麦子已金澄澄的。从巴黎向北，田野景色显然与南方不同，主要是粮食作物，小麦和大麦等。葡萄罕见，牧地也不多。别墅原是古教堂的一部分，建于 11 世纪，20 世纪初尚完整，后成了废墟。1967 年前，只剩下残垣断壁，1967 年开始修复，现已修复了一部分，改成别墅，用于开会、周末度假和旅游，是座两层楼建筑。修复工作仍在进行中，有一展室，陈列修复前和修复后的照片对比，并征集募捐。旁边有教堂主体的断壁，尚未动工。法国这点很好，注重环境与文物保存和修复。别墅前后有人化园、绿草坪、大栗树，空气清新，院后还有一只美丽的大孔雀。

是夜，同阿兰，还有一个大胡子——法国对外合作部的驻外人员，同居一室。阿兰半夜起床小解，我发现他竟在室内洗脸池内撒尿[法语撒尿俗语叫"比比"（pipi）]，真有点不拘小节。

6月13日　星期六　晴

8时起床，9时早餐，10时30分开会，与会者约35人。

会议议题：城市化和房地产开发问题研讨会。

上午，介绍拉丁美洲国家，如巴西、智利、秘鲁、阿根廷等国家的情况。

下午，介绍北非的阿尔及利亚、摩洛哥等国家的情况。

晚上7时30分晚餐后，全体代表应邀去一个亚眠市与会者的乡间别墅参观，离毕基尼镇不远，开车去不到15分钟。这是个小别墅，有个小花园，小巧玲珑，一家四口人。花园里种着各种果木，有樱桃、桃、苹果等。还头一次见到草莓，是一种小草本植物，果实结在茎下部。花园中种了一小块草莓，为防蜗牛和鼻涕虫咬食果实，周围洒了一圈农药。在花园中，大家饮酒或各种果汁饮料，吃些小点心。自由结伴交谈，直到深夜才驱车回归。

6月14日　星期日　晴

今天上午分组讨论，分三个组，讨论的议题：一是国家管控的制度；二是资本主义制度；三是民办制度。我参加了第一组讨论。

在讨论中，他们也要我谈谈中国的情况。我介绍了当前中国的城市房地产国有化的情况，与其他第三世界国家都很不相同。

　　中午，告别宴会，宴席非常丰富。尤为有趣的是，正当快吃完时，一队舞者走出来，音乐起，舞者排队围着我们的餐桌转圈跳起民族舞来，把我们的一些人也拉进来一块跳。然后，大家走出餐厅，又在别墅前的草地上跳起来。这是一队业余的布列塔尼的传统民族舞蹈队，每年一两次来这里表演，恰巧我们碰上了。舞蹈越跳越热闹，有各种乐器伴奏，如笛子、手摇琴等，两位伴奏的小伙子穿着民族服装，戴着古怪的帽子。我们的人有的参加舞蹈，多数坐在、躺在草地上，晒着太阳，欣赏优美的民族舞蹈，十分惬意。

　　下午，会议总结，至下午5时30分结束。

　　这是我头一次参加法国的小型讨论会，很有兴趣。我总结这次会议有几个特色：一是多学科的代表在一起讨论同一主题，可从不同角度集思广益，除地理学家之外，还有建筑、法律、教育方面的学者和政府官员等等；二是会前交流材料，会上不宣读论文，这样有时间充分讨论；三是会议比较活跃、自由，充分讨论，这次会议没有邀请大教授、大权威做长篇报告或致辞，因而更加自由；四是会议利用周末假日举行，以便更多人参加，选择郊外别墅，环境好，花费少，会议不搞游览和合影，比较简单节俭。

　　傍晚6时，乘一与会者的汽车返回巴黎，130公里，走了两个半小时。归途中又穿过了亚眠市，再次远望大教堂。途中又经过几处小城，都是两层楼的房子，颇有特色。行经田野，多是农田，麦子已近成熟，有的田块已泛金浪，也见到一些马铃薯地和菜地。晚8时30分到巴黎，在城东北郊一处地铁站分手，晚上又回到左嘉客处歇息。

6月15日　星期一　晴

　　早上便餐后，就同左嘉客一块离开宿舍，他去上班，我也带着小行李，准备去火车站。路上遇到一个法国人，主动给我们打招呼，他自称其父亲是中国人，有中国血统。一路上同我们热情交谈，还给左嘉客留了地址，因为左也是中法混血儿。

到地铁站，同左兄分手。看看时间还早，我便乘地铁前往东郊的蒙特后耶门（Montreuil）跳蚤市场，所谓"跳蚤市场"，法文原文为 marché aux puces，即旧货市场。记得在北京语言学院法语系进修时，法国女外教曾专题介绍了法国的跳蚤市场，说是法国市井生活的特色之一。为此我饶有兴趣，想去亲眼看看，为了更深入认识法国民俗风情，并非为了淘便宜货。那里有个广场，摆了许多摊子，卖的大都是旧货，也有新货。有各种古董、工艺品、油画、各国的邮票和钱币、古家具、香水、化妆品、旧衣物和日用杂物，五花八门，应有尽有。东西的确很便宜，用2到10法郎，即可买一件新毛衣或尼龙衫裤之类；西服要20法郎左右，只是要买到价廉物美的东西，很花时间挑。我转了好几圈，只买了一瓶香水，但拍摄了不少照片。中午便离开市场，乘地铁去火车站，只买到下午五时的票。还有好几个小时，便在火车站附近转转。先到一家咖啡座休息，像法国人那样，买一杯可口可乐和一碟甜点，边享用边欣赏街上过往行人。后来看厌烦了，便离开咖啡店，信步走入一个公园。公园就在火车站对面，绿荫华盖，正好休息。沿林荫大道转了一圈，觉得那里景物似曾相识，一问才知道这正是上次曾独自逛过的巴黎植物公园，上次转了西边那一半，这次是转东边这一半。择一处浓荫下的凳子，好好休息，今天天气相当热了，人们都穿短衣，女士更是开放，光裸着肩背，比比皆是。

休息够了，看看时间差不多，我便上车了。车厢里相当闷热，但火车开动后，有空调冷风从窗边小孔吹拂，也不感觉热。邻座是一妇女，自称是服装商人，每月要到巴黎办货，很热情地与我交谈，并介绍买衣服的号码之类的知识。

晚上9时15分火车到站，晚点了一些，我又等公共汽车，待到了胜利门时，9时30分的次末班车已过了，无奈只好等11时的末班车。坐在马路边台阶上，十分无聊，又累又烦，还饿、渴，又不愿再啃干面包，水果也早在车上吃光了。有好些三村的女大学生也在等车，无奈只好耐心等待，天气还凉快，坐在台阶上，欣赏过往车辆。只见一帮小伙子开汽车，硬要拉女学生上车，说送她们回去，被拒绝；又见一妇人，同女大学生嘀嘀咕咕，似乎是交换倒卖外汇之类；还见有人在马路边耍把戏，口中吐火。看着看着，也觉有趣，这是法国城市的夜生活风光。这一个半小时候车，也增进了对法国社会的了解。是夜12时到家，弄饭吃，洗了个澡，1时多才上床歇息。

6月19日　星期五　晴

下班后，第二次到同事阿兰家里做客，这次我提出来由我负责做菜。

我带了一些中国食品，烧了一个木须肉（鸡蛋、肉片、木耳、菜花、黄瓜片）、一个炒肉丝榨菜，还炒了一个糖醋鱼块，颇受欢迎。

同席的客人中有一对夫妇，男的是中学教师，是阿兰夫人的同事；女的是波尔多大学中文系学生，三年级，可是口语甚差，听力很差。她希望今后经常找我学中文，我表示欢迎来访。

昨天和今天进城跑了两趟欧尚大超市。我终于出手买了一台照相机，奥林巴斯（Olympus OM-10型），995法郎，加上滤光镜头、闪光灯、皮套等附件，共1300多法郎。另外，给连弟买了一把电熨斗和一个电吹风机，利用老盖回国的机会，请他代办退税，如成功可退350法郎。

北大盖老师今天离波尔多赴巴黎，预计下月八日回国，结束了一年的进修生活，他满载而归了。我托他带了一包衣物和一把电吹风机。电熨斗太重不好意思请他捎带，先留在身边自用。

6月21日　星期六　晴

第二次去桑塔娜夫人乡间别墅做客。上午，香港张鸿宁先生来接我，驱车前往。同去的除他一家三口外，还有桑的朋友，一对智利夫妇，说话口音很重，以及委内瑞拉学生弗朗西斯科。

行车45分左右就到了。满园鲜花盛开，红的玫瑰，蓝的、黄的，叫不出名字，与上一次来时相比，又一番景色。

午餐摆在屋内花园阴凉处，很丰盛又有特色。主菜是烤牛肉串，在地上用木柴生一堆火，然后熄灭，利用余火烤肉串。肉串用铁丝叉叉上，中间还加有柿椒、洋葱片，鲜嫩可口。甜点是法餐必不可少的，用桑葚果和芒果加奶油自制的两种冰激凌，都十分美味。饭后大家还打了一会乒乓球，我帮桑夫人浇花。她有一条很长的皮管，基本前后花园都能浇到。她还有一台割草机，设备齐全得很。

傍晚，又吃了点茶和点心。他们在茶中放一片柠檬，说是美国人的吃法。我也试了一下，不错。

8时许，驱车回家，路上获悉第二轮立法选举社会党获大胜，大家都很高兴。

我送了一瓶名牌红葡萄酒给主人，席间很受欢迎。

6月25日　星期四　晴

罗歇夫妇将赴中国和日本，临别前邀我和老王去做客。我送托木柯（罗歇夫人）一条丝头巾，上有中文篆书，很有特点，她甚为欢喜。

晚宴包括一个日本菜、一个中国菜。日本菜是油炸蟹虾、茄子柿椒片，中国菜是肉炒豆角，很不错。

昨天，我在超级市场买了一个切菜绞肉两用机，花了198法郎，请罗歇替我带回北京给连弟。

6月27日　星期五　雨

晚上，一个墨西哥学生（同楼206号）告诉我，今晚是"老波尔多节"（La fête de vieux Bordeaux），邀我一块去玩，进城瞧热闹。

驱车进城，将车停在石桥附近的一座石牌坊附近，然后穿过小街，到了圣皮埃尔教堂一带，已是满街人群，十分热闹。在几处街心广场上有各种表演，一处是少男少女表演的音乐舞蹈，台上少男吹铜号，打钢鼓，很雄壮；台下少女穿短裙，手执金属棒跳舞，金属棒两端装有彩色灯泡，随着舞蹈闪闪发光。另一处是当地民间舞蹈和话剧之类。圣皮埃尔教堂一处，人山人海最热闹，是杂技杂耍。

在路上又碰上好些墨西哥人，已经零点，他们还要去喝咖啡，结果也一块去了，喝了一杯啤酒。归时下大雨，到宿舍已深夜1时30分了。

7月1日　星期三　晴

连日来，积极准备参加蒙彼利埃学术讨论会的论文和资料，会议名称为"热带环境与景观学术讨论会"。前两天接到会议组织者的来信，正式邀请我出席，并在会议日程表上安排我做题为《中国地理学研究》的报告，这样，我必须十分认真地做好准备。

首先，我写了一篇《中国地理学研究介绍》，着重介绍关于地理学的性质、对象、任务、方向和现代化的措施等。材料主要根据地理学报有关文章,加以概括整理,用法文写出初稿共八页。利武(Riou)先生十分热情,在爱人住院动手术情况下,今天上午花了两个多小时,逐字逐句替我修改。通过修改,我学到不少东西。末了我对他说:"谢谢你给我上了一节极好的法语作文课。"另外,我绘制了一张中国地理研究机构分布图,用图解将中国地理学机构和各单位主要研究方向,一目了然地表示出来。再就选了一篇由李春芬教授等人撰写的《中国地理教育30年》英文稿。上述3篇会议文件打字,复印各30余份,作为参加会议基本材料,同时还准备了一些口头发言和回答问题的材料。另外这几天花了不少时间翻译中国植被图图例说明,译毕后交卡博塞勒先生,请秘书打字,分量不少,有近20页纸。同事们得到这些材料,都非常高兴,我要争取在这次会议打响第一炮。

下午3时乔迁。托桑塔娜夫人之福,我终于找到了一间比较称心满意的房子,是法国老太太卡斯蒂奥(Castiaux)的住宅,这是一栋两层楼别墅,有一个很大的花园。我租的卧室在楼下,朝西的一间,有10来平方米,各方面的条件不错,比学生宿舍强多了,房租也不算贵,离热带地理中心也不算远,走路20分钟左右。桑塔娜夫人开车帮我搬家,老王帮我搬行李下楼。桑夫人车子很大,我的行李也不多,一次性就搬完了,很快就安顿好了。

晚上,同事杜芒口请客,已是第二次去。这次我提出做几个中国菜,我做了一个肉片炒榨菜,另一个是咕噜肉加黑木耳柿椒,看来还受欢迎。榨菜未洗,嫌辣和咸了一点,咕噜肉也炸得不够,但大家还是很感兴趣。另外,主人做了一个大杂烩鱼的凉菜,说是太平洋法属塔希提岛风味;女主人做了个印度菜,同中国红烧肉炖粉条差不多味道,是用酱油烧的。今天邀请都是本所的，有所行政女秘书、维达尔（Vidal）工程师全家、香港张鸿宁全家。晚宴佳肴美酒很丰盛，兴尽而散。考虑到第一天新搬家，半夜敲门不妥，就仍宿三村A楼209宿舍，算是告别之夜，明早就要交钥匙了。

波尔多10名中国本科留学生今天将乘机回国，28日我曾去看望他们。他们是29日晨离波的，我托北京的李昇和张海分别捎了一些东西回家，不久，连弟即可收到。

7月3日 星期五 晴

中午，杜芒日让我到他们家去取自行车，我在他家吃了一顿便饭，然后借了自行车。自行车是他夫人的女式车，半新，说已用了20年，但骑行很舒适，从住所骑到热带中心才5分钟。今后生活可方便多了，又改善了一步。

晚上，同事库拉德请我吃晚饭，另请弗雷舒先生作陪。他们都是法国海外科技局的研究人员，在热带中心办公。我送他夫人一幅织锦画，她很喜欢。晚餐很丰富，而且很新颖，冷菜是我很爱吃的小香瓜，法文叫melon，又香又甜。

主菜很奇特，桌上置一电炉火锅，内放油，烧热，然后用铁叉叉牛肉块，浸入热油内氽熟，再蘸各种酱吃，有美国酱、鞑靼酱，咸的、甜的和辣的，红黄白几种。生吃柿椒，这种吃法颇似北京的涮羊肉，氽牛肉块的时间可自由掌握，嫩吃、老吃和焦吃均可，各有风味。不同的是，北京涮羊肉是在滚汤内涮羊肉片，这里是在热油里氽牛肉块。餐后，吃冰激凌，容器是一个小酒瓶，原因是这冰激凌加了香槟酒和葡萄干，其味极美。这顿晚餐吃得很新鲜，很痛快。库拉德先生有个七八岁的孩子叫让·菲利普，很聪明。我给他表演了两套小魔术，引起他很大兴趣，连他父母都没有看穿，大大增加了晚宴的欢乐气氛。

7月5日 星期日 晴

周末两天休息，我没有什么外出活动，新居环境宁静，住房舒适，就在家里休息。房子是桑塔娜夫人介绍的，离热带地理中心不远，走路20分钟，走快一点15分钟，骑自行车5分钟。房东太太卡斯蒂奥，71岁，有8个女儿，其中，有两个是她收养的越南孤儿。现只有5个在波尔多市，其余在外国或外地。六女儿叫利芝（Lyse），在一家公司当秘书，只有她与老太太一起生活。我的新居位于骑术俱乐部附近，街名叫马克-德斯巴（Marc-Desbats）75号。这是一栋两层楼的大别墅，有前后大花园，据说是老先生去世前特意为老太太购置的，邻近大学城，房子比较大，设有一些单间，便于出租给大学生，使老太太有些稳定的收入。楼下有客厅、饭厅兼厨房、办公室和两间卧室，朝东一间租给一位刚果学生，朝西一间为我所占，我们两人合用一个厕所和一个浴室。

楼上为一大套间，四间，系主人卧室，另有两个单间，租给马尔加什女学生两姐妹（华人后裔）。我的一间房间约10平方米，有简易地毯、一张弹簧床、一个大衣柜、小书桌、小书架、盥洗池、吊灯、打顶灯，条件还可以。我另有一侧门出入，可不经主人的房间。房租基本价为450法郎，不算贵，还得加上一些杂费。床单、褥单、被套等卧具和家用电器之类须自备。房东代我购买了一个二手半新的电冰箱，加运费280法郎，这样以后

波尔多住所，与房东家人合影

在家做饭更方便，生活从此大大改善了。

我最喜欢的是大花园，浓绿成荫，草地茵茵，午后坐在树下看书，和煦的阳光从树叶缝中斜射下来，十分柔和，轻风吹拂，分外舒适。于是展开纸笔，给远方亲人写封家信讲述新居情况。从学生宿舍到法国家居，它是我生活中的一个变化，希望能帮我达成留法的目的——工作、学习以及了解法国社会和法国人。前花园很大，有40米乘20米，20多棵大树，有橡、槐、合欢、松、云杉之类。树下种菜，有两个小花坛，种玫瑰、玻璃草、绣球之类。后花园有大橡树，早晨，我可以在树下做几节广播操或打打太极拳。

7月8日　星期三　晴

下午，出发前往蒙彼利埃，参加"热带环境与景观学术研讨会"。这个会议是由法国植物地理学会主办的，邀请了热带中心利武、布雷诺和卡博塞勒3人参加，加上我一共4人。利武先生开汽车去，我们3人乘火车。原约好下午4时从热带地理中心出发，我来迟了一点，人家先开车走了。后来是桑塔娜夫人将我送到车站。我到站同两位同事会合，一起登车。

从波尔多市到蒙彼利埃共509公里，行程5个小时，下午4时多开车，傍晚9时多到达。车厢挺空，我们3人占了一个小间，沿途一边聊天，一边观看窗外景色。前两个小时，从波尔多至蒙托邦，这一带上次已走过一次，但季节不同，景色迥然不同。满野的葡萄园，翠叶挂上了支架，已经果实累累了。小麦有的已黄熟，有的已收割了，田野上形成黄绿相间的色彩。过了图卢兹，不久到了卡尔卡松，远望一座巨大的古代城堡，同事们告诉我，这是个很古老的大城堡，保存完整，十分壮观，是个旅游胜地，以后有机会再来游览。列车再向南行，景色有所改变，最突出的是，地里见到许多向日葵，正值花期，满目金黄，一个个金色的花轮朝向太阳，在天地蔚蓝翠绿的背景下，显得十分悦目。于是我想起了"文化大革命""葵花向太阳"的景况，时光流逝，一切变化是多么大啊！这一带已处于大西洋与地中海两种景观地带的过渡带。接着，到了一个大站纳尔邦（Narbonne），已进入了地中海地区的景观了，田野显得比较干旱，丘陵上植被较少，且以松树、柏树居多，常常可见到一些草木稀少的石灰岩山丘，这在大西洋沿海的阿奎坦平原十分罕见。列车过了贝济耶（Béziers）后就沿海岸而行。经过塞特港（Sète）时，列车行进在狭窄的海堤上，内侧是一个大潟湖，外侧就是地中海。地中海啊！我读了多少关于你的书，你是古代欧洲地理学的摇篮，今天我终于见到了你！但还只是匆匆一见，过几天再来好好看看你！塞特港是个海滨旅游城市，海滨一带游客众多，还有不少架帐篷的露营者。

晚上9时多到达蒙彼利埃市，下车后即乘出租汽车，驶往旅馆下榻，一星普通旅馆。放下行李，街头漫步，初步印象是蒙市只是一个中等城市，比波尔多小，街道狭窄，路面起伏较大。三人转到一个街边咖啡座，是个台阶，喝了点啤酒，吃了点三明治，至夜11时多才回旅店歇息。我们住的是单间，有盥洗设备，但室内无浴室、厕所，很简单，房租每晚45—50法郎，这算是最便宜的旅馆了。

7月9日 星期四 晴

早晨，在旅馆楼下吃了一顿简单的早点。昨夜一夜安歇，精神舒畅。会议在蒙彼利埃大学植物研究所会议厅举行。

上午9时正式开会，会议由蒙彼利埃大学里夏尔教授（Richard）主持。首先，请法国植物地理学会主席、图卢兹大学教授贝特朗（G. Bertrand）致辞，然后开始发言，发言人的题目如下：

（1）蒙彼利埃大学植物学研究室主任伊尔（Hille）介绍印尼热带森林剖面图。

（2）法国海外科技局的夏特林（Y.Chatelin）介绍湿热带环境下土壤分析方法。

（3）关于景观制图方面的专题，这是讨论的中心之一。发言内容有介绍地貌土壤制图、土地农业利用可行性综合图、自然环境生态动态图等的编绘制图理论与实践。

中午，在附近的一个饭馆用餐。餐桌摆在花园中，是露天宴会，在一楼桂花树下，香气袭人。这是一顿普通的法国餐，各人平均交费，每人45法郎。

下午继续开会，研讨景观制图问题，有四五个题目，其中包括布雷诺和卡博塞勒的题目——关于泰国遥感制图运用。这个题目，我已听他介绍过多次，这是他的国家博士论文内容，属于保留节目。

晚餐极有趣。会后，汽车将代表们载到郊外。这是一个丘陵石山地带，东道主里夏尔先生家就在这里，一座古色古香的二层楼别墅。晚餐是在山丘上举行，在松树丛中的一块石砾空地上烤全羊。到了山上，就见到一个工人正在烤一只羊，用一大铁棍，将整只羊穿住，转架下面是烧得通红的木柴炭火。工人来回地转铁棍，羊身已烤得金黄流油，令人垂涎欲滴。先喝开胃酒，吃点心，酒的品种多极了；然后上冷菜；再后，开始切羊肉。这样烤出来的羊肉真嫩，皮特别脆，非常鲜美。这是我吃过的最美味的羊肉，比涮羊肉又更有一番风味。此时主人把营火点燃，大家围坐在篝火前，一边品尝美味的野餐烤全羊，一边天南地北地穷聊，甚为惬意。法国海外科技局的夏特林先生夫妇很热情，同我聊了很久，并邀我去巴黎他家做客。东道主里夏尔是个中年人，他告诉我今秋有机会去北京，希望我给他介绍些情况。图卢兹大学贝特朗教授热情邀我九月份去图卢兹参观。父亲在来信中多次鼓励我积极争取机会参加学术研讨会，这是广泛结交学术界朋友的好机会。最近参加了几次学术研讨会，深感老父亲的教诲使我受益匪浅！

酒足肉饱，聊兴也尽，营火已熄，天色已晚，驱车回城，感慨法国人既能认真做学问，也能浪漫，很会享受生活啊！

7月10日　星期五　晴

今天继续开会。

上午发言中心集中在"景观"这一概念的应用，发言主题有卢旺达沼泽谷地地貌研究、上沃尔特昏睡病和景观、马尔加什高地的农村社会，以及爪哇的农业——森林景观等。上午发言的多数是青年研究人员和做博士论文的学生。

中午，仍在附近饭馆吃便饭。

下午，我第一个发言。发言前，我先分发了事先准备好的打印材料：一份中国地理学研究介绍和一份地理机构和地理教育材料。发言着重谈地理机构，以及对地理学的对象、任务和性质的看法。发言时间约40分钟，然后回答了10分钟的问题，是巴黎七大鲁热里（Rougerie）教授提的问题。他是法国植物地理学会发起人、前任主席，现任主席是图卢兹的贝特朗。今天是我头一次在法国做学术发言，起初有点紧张，感到表达有点吃力，渐渐平静下来就比较自如，但也真正体会到，要用法语做学术报告确实不容易啊，还得下苦功夫才行。我发言后还有一个瑞士日内瓦博物馆的人发言，接着便开始讨论，先讨论了出版会议文集事宜，然后讨论景观地理学的分析方法问题。因为布雷诺和卡博塞勒要赶火车回波尔多，所以他们下午5时多先行离席，我也跟着出来了。明后两天周末假日，我不急于回波尔多，就像歌曲《流浪者之歌》唱的那样："我没约会，也没有人等我前往……"难得来此一次，我要好好享受地中海风光。

出了会议厅，去旅店取了东西，结了房钱。先到植物园转了一圈，植物园不算大，但树木很多。据介绍，这是法国最早建立的一个植物园。

从植物园乘5路公共汽车，到蒙彼利埃大学的学生公寓，名叫"燕子公寓"。在蒙市进修的8名中国进修生全部集中居住在此，见面大家都很热情。组长凌荣国，来自杭州大学，曾到乍得工作过；张诚善，来自武大化学系；罗福和，来自河南农学院，广东同乡；陈荣辉，来自上海半导体所，福建人；金英鑫，来自长春物理所，北京人，通过了博士论文，即将归国；刘小日，中科院地质所研究生；另外还有两个女的。

晚上，他们设便餐招待，大家围坐一堂，开心畅谈。在国外，中国人欢聚都是分外亲切的。

是夜，在陈荣辉宿舍歇息。

7月11日　星期六　晴

8时许，离开大学宿舍进城。罗福和等同志进城采购，一起乘车进城。罗陪我到火车站，那里有长途汽车站，有班车开往海滨游览地，购票乘车，往返票23法郎。从蒙市到海滨胜地大莫特（grande motte），要一个小时多一点。

到了海滨，首先映入眼帘是蓝色的海洋。啊，美丽的地中海！我终于来到你的身边。下车后，沿海滨一带，全是各种奇形怪状的大型建筑，大都是商店旅馆，为旅游服务的。建筑不是我们常见千篇一律的"火柴盒"，而是形状各异，各具特色。走到海滨，绵延数十里的沙滩上已是人山人海了。和煦的阳光、蔚蓝的大海、银白色的浪花，早已把我吸引，真想下水畅游一番，可惜未带游泳裤，又无人看管随身物品和照相机。游泳者在海中嬉水，憩息者或在阳光下晒着，或在阳伞下歇息，十分惬意。更有弄潮勇士或踏着滑板冲浪，或驾着小帆船在海中漂荡。于是，我举起相机，将这海滨美丽的场面记录下来。

早就听闻法国海滨浴场的人十分开放，一看果然如此，许多女人光裸着上身，毫无顾忌地在沙滩上卧着、站着、走着、还跑来跑去，故意招摇过市，引人注目其性感身材。下身的三角泳裤小到极限，到了几乎难以遮羞的程度。不过在这种特定的场合，既然大家彼此彼此，也就无所谓了，不必大惊小怪。据说，附近还有全裸的天体海滨浴场，入场者都须全裸。各国有不同的道德观，难道这就是"西方文明"吗？

从海滨回到市区已下午3时多，赶火车来不及了，于是在市区流连观光。从火车站沿闹市大街穿过中央广场，到了古罗马渡槽参观。这是一个大公园，有骑士塑像，尽头是大罗马时代的渡槽。这里地势高，站在渡槽头，可远眺全城，好一个海滨山城蒙彼利埃！

从植物园开始步行，沿5路车路线，走了40多分钟才到燕子公寓。路上我买了只鸡，给大家吃。晚上正好有两个出差的进修生归来，全体会餐，9人围坐一堂，谈笑风生，十分热闹，至夜方散席。

蒙彼利埃—波尔多　7月12日　星期日　晴

晨起，来不及吃早餐，即赶公共汽车去车站，购了10时45分的车票。在车站小酒吧喝了一杯热奶，吃了一块羊角酥，一边候车。蒙市火车站正在大修改建，这里是个临时车站，比较简陋。

因为放假，我登上的是一趟加班车，老式车厢，没有空调，窗户还可以开启。一路上我一个人坐在小间里，独自欣赏窗外景色，比较和回味来时所见。直到到达图卢兹后才上来一个工人，意大利人，聊起天来才打破了沉闷，他在波尔多市以北海滨当建筑工，每半月回家一次。

因为是加班车，所以无论大小站，站站均停。坐了6个小时，好生烦闷，到下午4时30分才到波尔多。回到家已是准备晚餐时分了，没有吃的，只好开罐头食品吃了。

7月13日　星期一　晴

上午，采购食品，因为明天是法国国庆日，今天放假连休四天，法国人的说法是"架桥"。假日到处都关门，骑车转了多处，才在一个小超市买到了食品。

下午，同卢亚雄一起去市中心干宫司大广场看国庆阅兵。我们骑车赶到时，阅兵仪式刚开始，广场搭了个临时主席台，广场上陆海空三军呈马蹄形站立。先是将军司令和政府要员检阅，不同于我们的是，军人不动，大官下来检阅，然后授勋。有一队古装军人奏乐。仪式时间很长，午后太阳晒，见到有十余名战士晕倒被抬出来。法国军人服装很精神，检阅也煞有介事，如演戏一般，但似乎军人体质不算好，操练也不齐，纪律不严明。

检阅后先是摩托车表演，然后是直升机跳伞，最后是军队游行。阅兵整体很有特色，但规模较小，欠缺军威气势。听说巴黎香舍丽榭大道国庆阅兵威武壮观，希望以后有机会能亲临现场感受。

平常街上很少见到军人，今天见到各种兵种和各种服装，还有机械化部队、炮兵等，装备是很精良的，至于战斗力如何就不得而知。法国实行义务兵役制，每个男性公民都要当一年兵，当然也有种种方法免除兵役。

7月14日　星期二　晴

今天，是法国国庆节。

上午在房东客厅里看电视，看巴黎庆祝国庆阅兵仪式。

下午，同卢亚雄一起看演出。波尔多市歌剧院是名胜之一，平常只能参观外部建筑，演出票价很贵，只有国庆这天才免费入场。我们12时30分赶到，门口已有十数人在排队等待。我们见时间太早，便到附近的"大众公园"（Jardin Public）散散步。2时左右歌剧院入场，剧场不算大但富丽堂皇，底层设有300个座位，楼座有四层之多，三楼是一个个小包厢。这类西方歌剧院在电影中见得很多，这次是亲眼所见。

我们原先坐在二楼侧面第一排，后来见楼下座位很空便下楼，干脆坐在了第一排。有人引座，要收小费。

演出包括两个芭蕾舞剧，一个男声四重唱，唱得很有水平，观众都高声叫"好"（bravo）。其中一支歌叫《胡椒与盐》，颇为风趣。法国演唱形式很自由，演员自由报幕，芭蕾舞水平一般，剧情也不易懂。

晚上，在东郊大湖放焰火，因太远不去了。

7月18日　星期六　晴

今天，房东太太的第六个女儿埃莱娜（Hélène）结婚，她邀请我参加他们在教堂举行的仪式。这类结婚的宗教仪式，曾在外国影片中多次见到，能有机会亲眼看看，自然是欣然前往啰！

房东太太卡斯蒂奥共有8个女儿，这在法国是十分罕见的大家庭。其中6个是亲生女儿，5个结了婚，亲生的小女儿排行老六，未婚，名叫利芝（Lyse），现同她生活在一起。另外两个，老七和老八是收养的越南孤儿，从9岁左右开始收养。老太太是个善良而虔诚的基督教新教教徒，普度众生的宗教信仰使她有了六个女儿还再收养两个越南女孩子。这类事情在中国是不易做到的，即便收养，也只可能养男孩，而且这两个女儿一直同生母有联系。今天结婚的埃莱娜便是其中之一，排行老七；八女儿名叫玛丽安娜（Mariane），未婚，但另分住，住处不远，常来看望养母。

婚礼宴会昨天晚上便举行了，见到门口停了许多车子，宾朋满堂。今天是教堂正式的婚礼仪式，在市内一所教堂进行。上午10时多乘车前往，先去接新娘。老太太的三女婿女儿全家从海滨城市拉罗榭尔（La Rochelle）专程赶来，拉罗榭尔在波尔多以北约300公里。这位女婿别出心裁，开了一辆新装配好的十八九世纪的老式汽车，油漆新绿，专门用来接新娘。这辆老式汽车行驶时呼呼"喘气"，沿途吸引许多人停步注目，车主也引以为荣，自得其乐。车先停在一家专门为新娘新郎准备结婚礼服的商店门前。一会儿新娘身披白色婚纱出门来了，全身皆白，从头披到脚，礼服非常长，拖着地，新娘走过马路要提着挽着白纱，颇为困难。新娘上车后老式汽车呜呜开行。奇形怪状的老爷车，加上车上的鲜花彩带装饰，更是沿街引人注目。

我与新郎新娘合影

我们到教堂时，已经来了不少人，新娘下车，大家纷纷拍照。不久新郎也来了，名叫让·皮埃尔（Jean-Pierre），是个健壮的小伙子，留小胡子，全身穿黑色礼服，衣领打着一个蝴蝶结,皮鞋锃亮。

　　婚礼仪式开始了,新娘新郎坐于教堂前排正中。宾客也依次就座,然后由一个牧师主持仪式。先是起立合唱一首歌,接着由牧师致辞,大意是上帝仁慈,赐予人间幸福和爱情,夫妻要相爱,二个人生活如同一个人。不时念一段圣经,讲一段,大家起立合唱一段,有音乐伴奏。唱的歌很好听,有的极有诗意,其中有一首叫《我的生活》,就是一首极好的、极美的诗,我将它记下来了:

我的生活充满了玫瑰,Ma vie est remplie de roses
如同百花盛开的大花园。C'est un grand jardin fleuri
　　我为你而骄傲,Je ne désire d'autres choses
　　此外再别无需求。Que ce qui te glorifie
　　我的生活平庸无奈,Ma vie est bien peu de chose
　　而你无限无际。Face à ton grond infini
　　然而因为有了你,Mais je sais qu'elle repose
我的生活充满了爱情的欢乐。Sur L'amour et la folie
我的生活如同一首长诗,Ma vie est un long poème
　　它奏响心中美妙的旋律。Qui s'élève en mélodie
长诗以"我爱你"作开始,Il commence par un "je t'aime"
　　而永远没有休止。Et jamais ne se finit
我的生活是一次长途旅行,Ma vie est un long voyage
　　直到心中的太阳熄灭。Où mon soleil s'obscurcit
　　但是在那个神圣的地方,Mais dans ce pèlerinage
　　我的生活阳光将重新点燃。Il est l'aurore de ma vie

　　牧师说完祝词后,便举行宾客施舍仪式。伴娘手执一根长棍,顶端有一小袋,大家随意放点硬币表示祝贺。仪式结束后就让新娘新郎先出教堂,摄影师纷纷抢镜头。宾客随后出教堂，在教堂门口向新人表示祝贺，并在教堂门口合影。其中有个镜头很新颖，许多小伙子拿着橄榄球围在新人旁边，橄榄球在新人头边组成一个花环。我不知道为什么要用橄榄球。新娘的小妹妹玛丽安娜告诉我，新郎是个橄榄球运动员，这是球友们的别出心裁的合影。接着大家步行到附近的植物园，在绿树草坪间再照相，有全体合影，也有不同组合的合照。我同新人也合影了一张，作为第一次参加西式婚礼的纪念。

7月22日　星期天　晴

房东老太太是个虔诚的基督教新教教徒（protestant），街区教堂就在她家后花园旁边，几步路的距离。我感到有点惊奇的是，这个教堂是一座现代建筑，没有雕像和花窗户，完全是现代式样的平房，唯一的宗教标志是正面墙上一个木制大十字架。房东老太太早就邀我去参加一次礼拜仪式，抱着了解法国社会的兴趣，今天随房东老太太一同前去教堂。

牧师度假去了。礼拜是由两个年长一些的信徒主持，也是先祈祷，然后诵读圣经，讲解一段，唱一段。于是乎，正好一个小时结束。《圣经》都是一段一段的故事，可惜我听不太懂。歌唱有风琴伴奏，跟着哼哼即可，颇为有趣。

参加了礼拜，有个问题在我脑中不得其解：在科学发达、文化普及的法国，为什么还有这么多人信奉上帝？坚信上帝是存在的，如同空气一样，虽然看不见，但是存在的。甚至其中一些信徒本身就是科学家或学者。另外，教徒中青年人不少，宗教并不乏接班人。宗教已成为一种道德信仰了。

7月28日　星期二　晴

房东老太太邀我和亚兰一块进城看电影。她女儿利芝开车。晚上8时30分的电影，进场时是亚兰买的票。亚兰是一个华裔马尔加什人，在法国中部一个城市念书，暑假到表姐处居住，现住在楼上表姐房间里。亚兰两个表姐到南方波城（Pao）餐馆打工去了。亚兰会说广东话，但带有马尔加什口音。

这是来法国第一次进影院，法国一个电影院有好几个放映室，可同时放几部电影，听说大影院有十个放映室之多。走道就像巴黎地铁，要注意别走错放映厅，不然就看别的片子了。进门有检票，入厅有引座，不对号入座，我们到迟了，只能坐前排，这个影院相当大，比广州新华电影院还大一倍，但已几乎满座了。

电影是一部1931年拍摄的美国故事片，法文名叫 Autant en importe le vent，也就是"随风飘去"的意思。它是根据一部小说改编的，这部小说中文译名叫《飘》，这是一部曾在欧美风行一时的小说。故事描写美国南北战争时南部的一个家庭的遭遇，主要线索是一个女人的一生爱情波折，基本上是悲剧。女主人公骄傲善妒，但坚强自信，百折不挠，追求爱情，很有个性。演员艺术水平很高，影片分上下集，共四小时，我们至深夜方归。这是我在法国第一次看电影，十分欣喜的是我竟基本上看懂，大大出乎自己的意料，原来一直以为看懂原版电影是个难题呢！

7月31日　星期五　酷热

一连3日，十分炎热，烈日灼灼，闷热异常。

今年入夏以来，一直十分凉爽。6月中曾有两天气温达到30℃以上，后来连日降雨，又凉下来。碰上雨天阴天，盛夏七月还要穿薄毛衣，早上相当凉。据说今夏反常，比往常夏天气温要低 1/3。

这两三天，白天最高气温在 35℃ 左右，而且很闷，一动就一身汗。热带地理中心大厅玻璃房像个大温室，一进门就感到热，坐在办公室工作，肘上的汗水不停地流，要用手绢垫上才不让汗水沾湿桌子，就像在北京盛夏最热时那样。但总的来说，波尔多之夏是十分凉快好过的。晚上下了一场骤雨，数日来的暑气顿时消除了。

昨夜波尔多大学中文系女学生玛丽·若泽（Marie José）请客，还请了一位她的同学，法属太平洋塔希提岛上的一位华裔姑娘，是一位华侨女钢琴师，另外还有一个法国人，是青年犯罪管教所的工作人员。主人住在市内一条小胡同里，我骑车子去的，不太好找。晚餐吃春卷、咖喱鸡、沙拉和水果，算学生水平的便餐。玛丽·若泽不久前通过了考试，预定 9 月 10 日赴北京语言学院学习。主人高兴请客，客人送酒和鲜花，表示热烈祝贺。

8月3日　星期一　晴

周末两天休息日在阴天、小雨中度过。法国中北部下大暴雨，电视有报道。交通阻塞，法文叫 bouchon。

原本同卢、王约好周末假日一块照相，但天气不佳，就改在今日下午。下午 4 时 30 分，他们来到我办公室。我们一块在校园内摄影留念。在热带中心正门和大厅转梯旁摄影，后又到三村 AB 楼前、文学院图书馆、外语系教学楼、学生二宿舍、科研所食堂、大水塔前等我经常来往活动的地方摄影留念。在这些地方留下美好的记忆，在一村圆形石拱桥也照了几张。

晚上，同办公室的吉阿科迪诺（Giagottino）先生请客，还有热带地理中心同事桑塔娜夫人、吉罗（Cristian

Giraul）夫妇和另一对夫妇参加。晚宴在四楼凉台上，主妇是摩洛哥人，请大家品尝一种摩洛哥风味菜肴——用陶瓷盆放在炭炉上烧咖喱鸡，加洋葱、柠檬。现代化生活的法国人往往猎奇，喜欢用老式炊具烧饭请客。这套瓷盆、火炉十分沉重，是主妇去摩洛哥探亲带归的。这在我看来似乎有点好笑了，别的东西不带，带数十斤重的陶器火盆，这东西在中国就很不值钱了。我想，如果佛山的陶瓷瓦罐运到法国，也许会非常受人欣赏了。

天气闷热，最高气温怕有 35℃ 左右了。

席间，人们谈论了不少热带地理中心的人事关系问题，使我悉知不少情况。原来，法国人也喜欢背后议论同事，人际关系难处到处都存在啊。

8月5日　星期三　晴热

八月暑期大假，下周起热带地理中心关门，怎么度过暑假？旅游没有经费，天天闷在家里读书也怪烦的。于是我骑车到城里外国留学生管理处克鲁斯（Crous）去看看有没有合适的临时工可干几天，挣点零花钱。到了那里获悉只有当天的临时工可做，是到码头一家仓库去卸卡车。同时有一个叙利亚学生也在找工做，他说可领我去。我便去试试，体验一下在法国勤工俭学的生活。在二三十年代，周恩来、邓小平等老一辈革命家，还有朱德、聂荣臻、李富春，都曾在法国勤工俭学过，度过了他们的青年时代。

10 时 20 分到了工作地点，是在加龙河畔大街的一家仓库，还比较远，另有一名黑人学生已先到了，大家先休息等卡车到。11 时许卡车从斯特拉斯堡开来，于是紧张的劳动开始了，车上装的是各种塑料管子，先卸小塑料管，捆成一扎一扎的，用手推车推，每车推 9—12 捆，经过一条长过道送入库房码好。然后是运长的大塑料管，比较笨重，不能用车子推，只能用绳子拖，每次两手各抱3根，管子很滑。起初技术不熟练，很易滑落，这工作比较累人，好在大塑料管子不算特多。最后又用小车推小塑料管。劳动是连续干，中午不吃饭休息，从11时一直干到下午3时，只抽空到附近一家酒店，买了一块三明治和两只熟鸡蛋。中间这段时间实在又累又饿，加上天气闷热，流汗很多，喝了不少生水（自来水）。法国老板真会使唤人，连续工作，工资按小时计算，所以他希望快点卸完。劳动是相当紧张的，幸好塑料管比起铁管是轻得多，而且劳动又在库房内，不晒，不算太累太脏。法国的这种大卡车容量真大，长12米多，宽、高都有3米，装得满满的，我们四五个人足足干了5小时，才算卸完。结算工钱，正好每人挣100法郎。拿到这100法郎，才体会到在法国工资虽比较高，但是当临时小工，卖体力挣几个钱也是不容易的，累得满身大汗，脚还碰破两处。下次还干吗？我打了一个问号。但是只有通过这种劳动，才能了解法国下层民众的生活。

5时许，我赶回家中洗浴更衣，喝了五六杯清凉饮料，天气实在闷热，出汗太多。傍晚7时许，好朋友阿兰来接我，邀我到他家去吃晚饭。这是第三次去了，他爱人快要生产了，肚子挺得很大。这次晚餐比较简单，晚餐后，我们聊了不少关于热带地理中心的人和事。法国政治上左右两派势不两立，在热带地理中心也有所表现，初来乍到，觉得同事之间客客气气，礼貌友好，和谐相处挺好。时间长了，才了解到政治上的左右两派反映到学术上，也是针锋相对、剑拔弩张的。例如，如何看待法国历史上对非洲国家的殖民统治？两派辩论就非常激烈，右派学者极力颂扬法国给非洲带来了现代文明，如语言文字等等；左派学者则猛烈抨击法国历史上对非洲人民的残酷侵略、奴役等种种罪恶。

8月6日　星期四　晴

阿兰的爱人今天生了一个儿子，他非常高兴，特来电话向我报喜。

晚上，热带中心自然地理研究室主任布瓦耶（Marc Boyé）先生请客。他家也在白沙克，就在我住所的后面不远，是一幢老式两层别墅，也有一个小花园。这是教授之家，自然讲究一些。夫人和小儿子出来热情招待，同时宴请的还有几个人，都是他的学生，香港老张全家、巴西进修生和研究室物理技师夫妇等。因为人多，都吃冷盘。各人端一个碟子，自由选择餐桌上摆的各种美味菜肴，然后坐着边吃边聊，并不围成一桌，比较自由。这是法国人另一种请客方式，遇上人多便常常这样，一次在波尔多大学中文系列维教授处也是这样的吃法。

8月8日　星期六　晴

热带地理研究中心从今天放假1周，1周5天，加上前后两次周末休息，一共9天，将于8月17日重新开门。

8月11日　星期二　晴

放假无事，在家闷了几天，读读书或看看报，烦闷得很，找工作做又颇为不易。昨天早上，我去外国留学生管理处，那里已没有勤工俭学的名额了。今天早上去楼上亚兰干过4天的一个混凝土空心砖厂试试。这个工厂很远，在城西北郊工业区，骑车连问路花了50分钟。郊外道路比较好骑，路宽车辆少。这是一间不大的工厂，厂房简陋，机械化装料，拌和，压制空心砖。师傅先让我清料，将压砖后撒下的余料勾出来，装上小车，倒回料槽，后又叫我卸不合格的次砖，这些都能对付干。不料，一个学徒工又来指挥我，要我抡大锤敲水泥漏斗，好大一把锤子，要高高抡起，我见了都有点害怕。本来我心里已在嘀咕，这里活重，工作环境条件差，水泥粉尘污染，还有危险，料槽很深，梯子又窄又陡，加上路途又遥远。正在考虑干还是不干，见叫我抡大锤，得了，我不堪指挥，不愿为100法郎而吃此之苦。于是，扔下大锤扬长而去，白干了两个小时，工钱也不去讨了，骑车回家。今天倒是骑车子在波尔多市郊外转了一大圈，也算有收获。

8月16日　星期天　晴热

9天的假日很快就过去了，今天是最后一天，这些天天气很热，烈日灼人，整个8月差不多没下过雨，最高温度在30℃左右，午后相当热。

上午给阿兰打了个电话，他爱人生了个男孩，我应该去看看他，约好下午5时去。上午至白沙克买了3支花，很贵，25法郎。下午到他家，他爱人早已出院，已下地到处活动了，小男孩睡在小草篮里，可用手提。长长小草篮，人们手提着孩子到处走，在街上常见到。法国风俗同中国差别很大——生孩子先在医院住一周，回家一切活动照常，洗凉水、干家务、洗澡吹风都不在乎，根本没有中国"坐月子"那一套规矩。产假有两个多月，一部分在产前，一部分在产后。

我原想不打扰他们，早去坐一下就回。不料，他们很热情，打电话在饭店约了位置，只好前往。饭店选的是加龙河畔临河的一家饭馆，郊外乡下。阿兰开车，要一个半小时，饭馆离桑塔娜夫人乡下别墅很近。小女孩新江很高兴，小婴孩也放在提篮带去。真有意思，女人在月子里，全家带着小宝宝，陪朋友到郊外下饭馆，在中国确实不可思议，各国风俗真是差多了。

就这样结束了这一漫长且烦闷孤独的假期。

8月18日　星期二　晴

从上星期六开始，就患牙龈炎，牙龈疼而肿大，因为周末不能去医院，自己找了点药，3月份也患过一次，还有一些药片和漱口剂。星期天消了肿，以为没事了，不料昨晚又肿胀疼痛起来，所以今天上午去波大牙科医院就诊，就在胜利广场附近，骑车约半小时。

凭那张临时听课证办了医疗卡片，挂号治疗均免费，一到医院，一切显得严重起来。拍了四颗牙的X光小照片，还拍了一张全口牙的X光大照片，有40厘米乘30厘米那么大。机器很新奇，人站立，门牙咬住一块小塑料片，微笑似的露出牙齿。机器开动，镜箱围着下颌转一圈，就将全口牙照下来，十分钟后即冲出片子。今天假期，就诊病人很少，所以很快治毕。开了药方，去药店买药，一种药片、一种漱口剂，并预约下周二再去。希望药物治疗能有效，以保住患牙，据医生说牙病还较重，已近二年了。在药房购药时，老板很热情地告诉我，他是在上海出生的，并出示身份证以证实，一直在上海住到日本占领时止（已15岁），对上海留下很好的印象，希望有机会再去一游。

8月19日　星期三　晴

假期，来了个年轻的临时房客，名叫亚兰，中文姓梁叫梁国英，马尔加什人，华裔，是楼上梁霭施、霭珍的表弟，在外地读书，来波市度暑假。开初，他到处找工作，但在一家空心砖厂干了4天，太累就不干了。后来他也不干活了，整天游荡玩耍。他会说广东话,假期有空常来我房间玩,晚上在房东客厅看电视也常见面。今天,他给我讲解了法国的彩票,中奖之类的赌博游戏,名堂很多,有一种叫六合彩,是空格选数字。共有49格,分8行,每行可选6格数字,买一张彩票共8法郎,有8次机会。每周三晚上在电视中公开摇奖开彩,如果中3个号末奖,奖金10法郎左右;中4个号,奖金100法郎;中5个号,奖金数千法郎;6个号全中,奖金高达百万法郎。据他说,这游戏参加者甚众,每周一次,售出数百万张票,还有加7、加数十、加数百法郎的倍款票,中奖奖金相应加倍。此外,还有赛马彩票、即刮彩票等许多种。据亚兰说,有人不干活,专靠买彩票,碰运气来发财致富,也确有个别幸运者,一夜间中了彩票成了百万富翁。然而,更有百万以上的人,每周白白输掉数个、数十个,乃至数百法郎。在亚兰的鼓动下,我也好奇地在昨天看病回来路上,买了一张六合彩彩票,花8法郎。今晚电视摇奖,竟中了末奖,对了3个号码,奖金不多,只有10法郎,可供再玩一次,就是这样从心理吸引人们参加赌博,难怪有人上了瘾,就像抽鸦片一样着迷。我看亚兰便很上瘾,买了多种彩票,但一直未中过奖,而且每次买六合彩,他不改变选号,真是守株待兔,坐等时来运转!

8月20日　星期四　晴转阴

前天,看牙病后到外国留学生管理中心去了一趟,得到了一个值夜班的工作。昨晚试了一夜,觉得这工作还比较轻松,可以勤工俭学。工作地点是一家成人职业培训学校(Centre de Formation Profetionelle des Adultes),在白沙克,离家骑自行车约29分钟。昨晚10时上班,先检查各办公室与教室门窗是否关好。这所学校不大,除宿舍外,全是平房,前面是办公室与教室,后面是食堂、俱乐部和宿舍。检查门窗工作，要一小时左右，因为有十来幢小房子，要一个一个门窗查看，果然有不少门窗未关好，多数是教室、俱乐部和食堂等公共场所。然后关上大铁门，就可以回宿舍区，共三栋四层楼，有寄宿生居住，楼下有一间值班室室，有床、毯，可休息。夜里要出来巡视几次，其他时间可在房里休息，原则上不能睡觉。晚上学生若有急病急事需要处理，留有报警、求医的电话号，并不难办。我12时30分、2时、4时巡视了3次，2时至4时睡着了2个小时，其他时间躺在床上闭目养神，想着在北京地理所917大楼时也常值班，但到半夜后可以睡觉，或无报酬，或三角钱的报酬。这里值班任务较重，但酬金每夜约有130法郎，约合人民币40元左右，一月四夜可得500法郎。早上6时去开大门，将垃圾箱运到大门口，7时就有门房来接班。总的来看，晚上相当平静，也可以休息，比干体力活强多了，但因不习惯，早晨很困，回家喝点牛奶就睡，一直睡到10时，上午也没去办公室。我已要求以后值班安排在周六晚上，这样星期天可以休息，不会影响上班。

8月21日　星期五　晴

又到了周末，阿兰邀请我到他乡下去度假。他家乡在加龙河河口，韦尔东（Verdon）小城，这是个新港，于是我欣然前往。原本桑塔娜夫人也邀我同吉阿科迪诺（Giacottilo）一块，星期六去她乡下玩，于是我谢绝了这一邀请。

下午下班后，骑车到城里阿兰家里，收拾东西后，傍晚7时30分左右出发。阿兰一家四口，爱人是初产妇，理应照顾，这样我只好委屈坐在后面，有汽油味较难受，好在路程不长，出城后一直奔西行，1小时15分便到了。

韦尔东是一个小镇，过去是渔村，现在成了一个新港

口。波尔多深入内陆,是一个河港,历史上曾是法国的重要港口之一,现代海上交通都趋向大力发展河口港,于是韦尔东港逐渐取代了波尔多港的功能。韦尔东小镇很宁静,有一座小教堂,前

韦尔东港,与同事阿兰合影

面有二战烈士纪念塑像。房屋矮小,街道很狭窄。阿兰家里是栋老式房屋,有个很大的花园。晚饭前在花园散散步,乡间空气真清新,但海风刮来相当凉,所以我们都穿上了毛衣。花园里有许多果树和花卉,果树有桃、梨、李、樱桃和苹果,除樱桃已过了季节外,其他都果实累累,十分诱人。其中李子品种很好,良种,非常甜。花园后面还有两口鱼塘,有水闸控制水位,大海最高潮时开闸蓄水,放鱼入塘,放养一年,然后在年中最低潮时开闸排水干塘,用网捕鱼,可捕鱼十多公斤,都是很好的海鱼。鱼塘岸边长满芦苇。鱼塘之外便是沼泽地带,据说,年中大潮水时可淹及。那片沼泽湿地被国家征收了,规划为港口工业区,但港口财政困难,目前一时还不会动工开发。

阿兰乡下只有母亲一人,老式房子很大,冬天很冷,冬季有半年无人居住,夏季半年老太太一个人住,假日儿女们前来度假比较热闹,儿女一走,只有一只大狼狗与老人为伴。大狼狗膘肥体壮,令人生畏,可它很有灵性,知道我是它主人的朋友,居然主动向我表示友好,我战战兢兢地抚摸了它的脑袋。晚餐是家常便饭,是夜住在楼上一间客房里,乡间之夜,万籁俱寂,安宁幽静。

在阿兰家里，我对法国过去的乡间生活有所了解。他乡下家里还保留了许多老式用具，如没有冲水设施的马桶式坐厕、冬天烧炭暖被子的铜盆（像我们北方乡下的"汤婆子"）等等。

8月22日　星期六　晴

早上8时多起床，阿兰家的人尚未起来，我先到花园和鱼塘边散散步，然后，又漫步到小镇中心的教堂和烈士纪念碑转了一圈。早晨，海滨小城的空气非常清爽，沁人心肺。

简单的早餐之后，阿兰开车同我一块去参观韦尔东港，出街口向东，不到5分钟就到了。港口在假期为了接待学生和公众参观，设了一个接待站，有一个临时工值班，每小时接待一次。我们是11时到的，只我们二人。于是，这个临时工陪着我们在港区参观。

波尔多的韦尔东港，位于加龙河河口

我们先参观集装箱港，走入港口，迎面就是两台巨型吊车，耸立云天。据介绍是法国最高的吊车，有40米高，重32吨。有电动操纵，可在港口沿着铁轨在港口来回运行。旁边有一个巨大的仓库，有200米长、60米宽，面积达12 000平方米。这么大的房子，屋梁却是用胶合板做的，用钢筋扭合起来加固，没有一根柱子。港口广场上停着许多巨大钢铁质箱子，这就是人们所说的"集装箱"，我早已听说过，今天是头一次亲眼见到。一个集装箱有一个多人高，3—4米长，2—3米宽，里面装一辆小汽车不成问题。其中有的箱子有冷冻装置，用于运输冷冻食品，温度可达-10℃，在港口停放和装船，只要接通电源便能运转保持低温。接着我们沿船舶停靠的码头，一直走到尽头，这码头很长，可停靠30米长的大油轮两艘。轮船将后甲板打开，车辆可从码头直接开入船舱，吊车长臂亦可伸入船舱直接装卸货物。走到尽头，看见一艘挖沙船，挖出的沙子沿管道自动卸到远处堆高。向导介绍说，港口还要扩建，但目前有经费困难，暂时下马了。

接着，我们参观了石油港，远远见到几台吊车式的装置，走近才知道是吸油管，油轮上的石油通过油泵，泵入地上铺设的大油管，自动流入远处的圆形油库。石油港又是另一种景象，到处是纵横的油管。

今天参观港口很满意，学习了许多关于港口的知识，拍摄了不少照片，美中不足的是今天没有船只停靠作业。在码头上，我见地上用黑漆写了中文字——"伟星1975"，说明曾有中国船只停靠。

12时30分，我们回家用了午膳，稍事休息之后，我就骑自行车去大西洋海滨游泳。临出门时，阿兰的母亲特意嘱咐我，在海滩上如果遇见一丝不挂的裸泳男女，不必大惊小怪。这一带海滨沙滩范围相当大，游泳者不算多，天气不算热，气温22℃，水温20℃，有风浪，感觉有点凉，所以没有久留。下午四时回到家。阿兰也带大女儿（名叫新江）去海滨了，于是我再骑车一直向北，到了韦尔东岬角之尽头。明天去鲁瓦扬（Royan）将在此过渡，乘船去对岸。

晚上，阿兰妹夫来了，他是荷兰人。阿兰烧了一条大鱼，还有一盆海蟹，很美味。另外，今天还尝了生的牡蛎，稍有点腥，但鲜嫩可口。在海滨度周末假，品尝海鲜，不亦乐乎！

港口在第二次世界大战中受到破坏，至今尚有德军堡垒，非常坚固地立在港口码头。

8月23日　星期日　晴

早饭后，骑车出游鲁瓦扬。这个城市在来法前就听说过，那里有一个为初来法国的外国留学生设立的"语言视听教学中心"。我因法语水平已达到能跟班听课，就没有经历过这个为期3个月至半年的法语强化阶段。

骑车约15分钟就到了韦尔东岬角渡口，买票上船连同自行车，往返费用花了26法郎。大渡轮分3层，底舱放小汽车和车辆，上边两层为客舱。我登上了顶层甲板，船客不少，从岬角渡口到鲁瓦扬要半小时。加龙河河口景色非常美丽，尖尖的岬角、弯弯的海滩、星星点点的泳者、远处港口的吊车、对岸连片的高楼，丘陵起伏，河口相当宽，河海交接处，云水相连，一片碧蓝，蔚为壮观，点缀着艘艘轮船和游船的风帆。

不一会就到了鲁瓦扬，这是个海滨河口的旅游小城市。城市据说在第二次世界大战中曾是一个大战场，争夺激烈，后全被摧毁。现在的城市完全是重建的，依海湾呈弯弧状而建，因而没有什么古迹名胜可以观赏的。

主要游览地有：海滨泳场，连绵几公里长，人多如蚂蚁；卡吉诺（Casino）游乐中心，是个游玩、展览和赌钱的场所；现代式的大教堂和国际会议大厦，其中现代化大教堂形状奇特，呈橄榄形，全混凝土结构，高约30米。礼拜祈祷大厅辉煌壮观，可容纳2000人，有旋梯可登上3层，居高临下，全城景观奔来眼底。这是我在法国参观的头一座现代化风格的教堂，建于1958年。

鲁瓦扬市不大，于是没有流连多久，骑自行车就转了一大圈，下午2时多就乘船回到韦尔东岬角。下船后，在海岬处玩了一会，吃了几个油炸甜点"嘻嘻"（chichis），像油条一样的，粘糖吃，权作午餐。然后绕过海角，沿一条废弃的铁路，骑车又到了昨天游泳的泳场。今天天气热，烈日当空，游人也多多了。我感到很热，于是脱了衣裳也下水凉快凉快，然后再在沙滩边晒干身子就更衣。今天带了相机和手表，游泳时把它们交给救生站代管一下，因此也没有久留。这片海滩设有管理处和救生站，所以没有天体裸泳者，但裸露上身的妇人比比皆是，我已习以为常了。听说这一带沿岸比较偏僻的几处海滩有"正规"的天体泳场，设有管理处，进场者都要脱光，连高高坐在木台上的救生员也是一丝不挂，美其名曰"自由主义者"。这就是所谓的西方文明吧！

因为周末回城的汽车很多，所以干脆晚点才回去，晚餐后9时多快10时才开车。待到了波尔多，再骑自行车回到家里，已经过子夜时分了。度过了一个愉快紧凑的周末，明天又将开始一周的工作了！

9月8日至14日

从9月7日至14日，在波尔多第一大学召开了国际海岸潟湖会议，这次会议是由联合国教科文组织的，参加会议的代表有47国200多人。中国有一个代表参加，是华东师大地理系河口海岸研究所的副教授王宝灿。

我参加了几次会议，主要听了些感兴趣的报告。开幕式的几个报告不错，介绍潟湖的定义、类型、演化等，使我明确了一些基本概念。每天上午是全体大会，都是较重要的或特约的报告。大会有同声传译，英法西三种语言，整个会议基本以法语为主，同声传译水平不怎么样，所以效果不好。闭幕式比较隆重，会场上悬挂法国国旗与联合国旗帜。头面人物都出场了，法国环境部部长、波尔多市市长夏邦·戴尔马、波尔多大学校长、联合国教科文组织负责人都致了辞，都是官样文章。闭幕式当晚就有电视新闻报道。

这是我第一次参加国际性学术会议，颇有体会：

（1）会议组织得很好，从大会到秘书处服务和接待工作，一切都有条不紊，日程计划极少变动。

（2）会议注重实效和节约。开、闭幕式都很简单，大会没有像我国学术会议的那种集体合影，没有大型宴会，多为鸡尾酒会，喝点酒，吃几块点心，主要是组织会见、交谈、结友。大会不组织旅游，连参观海滨旅游胜地阿卡雄（Arcachon）也被列为潟湖专业性考察，报名也要自费。由此可见法国人在经济核算上是十分精明的，由此联想到我们的一些国际会议，太浪费了。这里除了会议提供大轿车往返外，其余活动都需自己雇出租车，不像我们一切都包下来。

（3）所谓国际会议，主要是彼此交友。从学术上来说，直接收获有限。首先报告限时间很严格，重要的45分钟，一般的只20分钟，实际上只能提纲式地念一下发言稿，回答问题更短，只有5分钟。

在这次大会上，结识了王宝灿老师，他在会上有发言，并担任了半天大会的主席，他的报告题目是《关于黄河河口泥沙堆积的问题》。王老师51岁，实际工作很有经验，报告亦受欢迎，但是他未受过专门外语训练，法语一点也不会说，英语也是中华人民共和国成立前教会学校的底子，加上自己的自学，基本上能应付，讲稿念得很熟，但回答问题有困难，提问听不懂，回答有困难。在整个会议，他一直拉住我，实际上我给他当了好几天翻译，从生活到业务上。特别是他报告那天下午，他让我坐在他旁边，给他壮胆，代他回答问题，帮了他不少忙，也算交了一个朋友。请他来我处吃了几次饭，其中一次王俊玉、丁一凡也参加了，很是热闹。临走时，他主动替我带了一块法国产野马牌手表和几件衣服回去给连弟，也算是对我的帮助一种报答吧，请他代办的退税未办成。

9月24日至26日

应波尔多第三大学地理系教授卢迪埃（Philippe Roudié）的邀请，参加了为期三天的农业地理科学考察。这次活动是法国地理学全国委员会下属的农村地理学术委员会组织的，除波尔多代表外，还有来自全法以及西欧几个国家的代表共50余人。热带地理中心只有杜芒日和我两人参加，他只去了一天。

24日参观活动很多，早上7时30分就从火车站乘大巴士出发。为了赶早，头天晚上我到杜芒日家借宿了一夜，吃了一顿晚餐。汽车出城后向北，穿过加龙河。沿途由卢迪埃先生介绍波尔多一带的风光和农业生产，这是一种极好的科学导游方法。车上有麦克风，一边听介绍，一边看风景，十分惬意。

8时45分许，到了第一个参观点：核电站。这个核电站位于小城布莱（Blaye）不远处，在加龙河北岸，有四个核能反应堆，仍在施工中，已近竣工，不久将投产。到了核电站首先到接待中心，参观核电站展览室，然后到一个大厅看介绍电站原理、施工过程的科普电影。通过电影，我才明白核电站的工作原理是通过核能聚变加热冷水，汽化成蒸汽，推动发电机发电。核电站设在河边，便于取用冷却用水。这是一片沼泽地带，地基很不好，为了排除淤泥，防止

波尔多地区的葡萄庄园

水的渗透，加固工程花了不少人力物力，技术水平也相当高，光建厚厚的一圈防护墙就很不简单。十分遗憾的是，核电站不接待"欧洲共同市场国家"（欧盟的前身）以外的外国人。这样，我同一位智利人就未能进去。工作人员为我们又加放了一场幻灯片，内容差不多。我从大门口远远地照了两张相。

　　离开电站，驱车到一个葡萄园参观，是卡尔地区（Cars）的一个大葡萄园，当地的负责人和园主接见了我们。到葡萄园中听了葡萄生产情况，知道一株葡萄可活50多年，相当于人的大半辈子，种植后约5年可收获。参观了大型的采摘葡萄的机器，主要应用振摇的原理，机器为拖拉机改装，很高大，跨在葡萄行间作业，似很笨重。听说用机器采摘葡萄很快，节省了大量的人力和成本，但质量不好，有枝梗叶子掺杂，叶子还不要紧，可用风力吹扬掉，梗子就没办法，压榨葡萄汁时影响质量。

　　我们到河畔小镇布莱的一间滨海餐馆吃的中餐，透过从大玻璃窗可见到滚滚的加龙河河水。中餐为小羊羔肉、豆子和土豆糕拼盘，没有什么特别的，但一餐80法郎，可谓贵矣！餐后参观了布莱城的古堡，是一座在19世纪重修的古堡，有城楼、城堞、护城河，是加龙河上的一座要塞，很有特色，摄影留念。然后乘渡船过河，到对岸的波亚克（Pauillac），这段河床不算宽，过渡只半小时左右，不及上月在韦尔东岬角渡河时河口景色壮观。上岸后在渡船栈桥上，由另一位波大地理系教授讲加龙河渔业兴废的变迁。然后又上车前往著名的梅多克（Médoc）名牌葡萄酒的产区。参观了两个大葡萄酒庄园，一处是波卡尤庄园（Beaucaillou），其法文名原意是"美丽的石子"，名副其实，葡萄园的土质为石砾沙质土。还参观了葡萄园酒库，见有19世纪的酒，严格封存着，上面结满蜘蛛网和发霉的东西，据说不能清扫，越久贮越醇厚。在酒库招待饮酒，人们都称好，名不虚传；我不善酒，品不出来，只觉口感比一般葡萄酒温和。另一处是马尔戈庄园（Margaux），也是一个大葡萄园，也参观了大酒库，大小酒桶摆满了。这次招待饮酒我没喝，今天喝酒太多了，再喝胃该受不了。

离开最后一处已8时了，回到家中已9时多了。一天参观收获不小，但也很疲劳。

25日是在波尔多大学地理系召开会议。上午我去了一会，见属于学术委员会的工作会议性质，便不再听下去。

26日，晨起天不作美，瓢泼大雨。打着雨伞，依约先去一家书店等车，由印度裔波尔多大学地理教授辛加（Singaravelou）负责将我送到火车站。

8时开车，第一个参观点是索卡（Saucats），在波尔多西南方向，是个大农场，主要种玉米。听了关于大粮食作物农场的生产状况介绍，是在一农场主的别墅里介绍的，乡村别墅，别具一格，很吸引我。这一带都是大片的青纱帐，玉米已黄熟，见有大型的喷灌系统。波尔多地区属于大西洋海洋性气候，温暖湿润，降水充沛，所以农田一般没有灌溉渠道网，作物缺水时，采用喷灌或滴灌系统。

第二个参观点是皮罗东（Pierroton）森林研究所。由研究所的先生介绍朗德地区（Lande）森林的情况。这里已进入森林带，都是大片大片的海岸松林，法文名为pin maritime，形状像马尾松。林下草木不多，多为蕨类植物，已枯黄。这季节极易引起森林火灾，甚至一根烟头，会烧掉大片林木。

然后，开车到阿卡雄潟湖，午饭前，在河汊港处听了此地的牡蛎生产情况。午饭在一家餐馆吃贻贝（moule）和鸡，席间同列日大学教授克里斯蒂安（Charles Christian）夫妇邻座，相谈很投机。克里斯蒂安热情邀我去比利时访问，并商定日程，还要顺访卢森堡。

饭后，部分人员离队回波尔多，他们赶乘下午的火车归程。其余人员驱车迤南，一路上好一派海岸松林景色。这一带从沿岸，直到腹地，平原地带全是森林，都是人工林，20

年的幼林和中龄林，少见大树森林。偶见一些松、栎针阔混交林和栎林。沿途波尔多大学地理系教授详细介绍朗德森林的发展及其问题。下午3时30分到达小镇萨布尔（Sabres），从那里换乘一种森林小火车，米轨，木质车厢，内燃机头，行驶时摇摇晃晃，窗户咯咯作响，很像玩具火车。在电气化铁路时代的法国，还保存一些这些铁路，为游客增添兴趣。乘了15分钟森林小火车，就到达著名的"马尔格兹（Marquèze）森林生态博物馆"。起初我以为这是森林动植物展览，下车才知道这是一个人文方面的博物馆。在一片森林平地上，建有一座座木质的，茅草顶的各种古老的村庄，完全按照古代当地乡村民居的格式建造的。有住房、牲口房、牛车库、鸡舍，一切均尽可能照原样复制，还有磨坊，采松脂模型（像割胶一样），田地也按原样耕作。总之，使人们得以了解上个世纪或上几个世纪朗德森林地区居民的生活方式。这类生态博物馆是现场博物馆，我从未参观过，觉得很新颖，非常有意思。不料，由于兴趣很大，我离队去参观一处松脂加工作坊，竟误了火车。好在电话方便，接待站的女服务员很热情地帮我给前方的站台打了电话，卢迪埃先生才发现我丢失了，马上开车来接。我便乘他的小车，径直奔向波尔多，赶到火车站，正好同外地代表握手道别。然后从火车站乘公共汽车回到家中，三天的科学远足便结束了，是很有意义的参观学习活动。有一点遗憾，今天因雨未带相机，实际后来天气就很好了。

9月27日　星期日　雨

今天是9月最后一个星期天，按照法国的规定，从今天起，时钟向后拨一个小时，开始冬季作息时间。

记得从9月15日左右，天气就忽然凉起来了，早晚要加毛衣了。同时，雨水也多起来，整个8月份天气很热，又干，基本上没下雨。9月下半月，常常阴雨，凉丝丝的，又像三四月间的那样阴雨绵绵的天气了。

9月29日

今天是我41岁生日，感谢房东老太太，难为她把每个房客的生日都记在日历上，并热情为房客们过生日，很有人情味。

为使我生日过得愉快，不寂寞，她设便宴招待我，并请另外几个房客阿尔贝和露旋姊妹来作陪，还有她的小女儿利芝。饭前，我展开餐巾，发现有张白沙克风景的明信片，上有75号全体住户祝贺生日的签名，我非常感动。晚餐虽然简单，可我带了一瓶酒，大家愉快饮酒言欢，使我高高兴兴地在海外度过了远离亲人的头一次生日。

9月30日

早起，8时出发去波尔多圣让火车站，适逢车站员工罢工，但大干线照常行驶不受影响。乘9时25分的火车，车厢人极少，一路无话。1时30分准时抵巴黎，这是三上巴黎了。

下车后即赴比利时驻法使馆，在凯旋门附近广场边上，不巧时间已过，关门了。在使馆招待所遇见波尔多市一批本科大学生正巧从国内探亲归来。原以为招待所庆祝国庆会加餐，不巧今晚因大使馆举行盛大的国庆招待宴会，厨师都被调过去了，晚餐很简单。

是夜，住宿招待所，与一直升机代表团人员住一个单元，同房是团长，大胖子，很会打呼噜，以致未休息好。

在电话中同巴黎朋友左嘉客等都取得了联系。

10月1日

国庆节早上,我搭本科留学生返波尔多的出租车进城,到了奥斯特里茨火车站,下地铁,去左嘉客的住处,老友数月不见,分外高兴。然后他去上班,我再次前往比利时使馆。到了那里,我才知道签证并不像想象那么简单。先要去警察局办出境签证,即乘地铁往市岛(Cité)巴黎警察局,不料警察说我的护照上盖的是官方签证,要我去外交部办。看来经验不足,早应在波尔多市办好就省事了。我只好懊丧地离开警察局,即乘地铁去使馆文化处。见到郑永光,取了证明信,分管波尔多进修生的樊老师带我去厨房吃了顿便餐。下午报销并向樊老师汇报,请示将赴非洲实地考察事宜,递交了热带地理研究中心韦内提埃副所长的信函。樊老师告诉我,他将去马赛和波尔多看望进修生。

傍晚去教科文组织常驻团,见到徐庆平和张友实,正巧赶上教科文组织常驻团食堂国庆加餐,美餐了一顿家乡风味。厨师是同机来法的张师傅。饭后,在徐老师和张友实处聊至10时,才返回左嘉客兄的住所。

10月2日

上午,我再次去巴黎警察局,出具了使馆文化处的证明信,费了一番口舌,总算准许给我办出境签证。人很多,办完后,交款35法郎。已近正午,即去北站购买了去布鲁塞尔的火车票,再转地铁到比利时使馆,原以为这次该万事大吉,可以成行了。不料该使馆竟要我等10天,说是外交部规定,国家、地区不同要等的时间不同,还要4张照片,连出境1张共5张,花了12法郎,照了两次自动彩色快相。

盘算了一会,早知去一趟比利时竟如此麻烦,都想打退堂鼓了，但既然来了巴黎，出境签证也办了，车票也买了，只好硬着头皮等待吧。于是填好了一式四份的申请表，出了比利时使馆，又前往文化处，请刘老师开具一纸证明，今天使馆放假，刘老师外出去了，一直等到5时才归。请他写证明，他不会写（不懂法文！），要我自己起草，他盖印。

晚上，卢亚雄来访，谈了9月中别后的情况。

左嘉客今天出门去外省了，参加朋友的婚礼。

10月3日

上午9时，同卢亚雄约会在协和广场，照了一些相，然后去免税商店看看，在玛德琳娜大教堂地铁站那条街上。

11时，准时同法国海外科技局研究员夏特林（Yvon Chatelin）在北郊沙白勒门（Porte de la chapelle）地铁站出口处相会，乘他的小汽车去他家度周末。他家在巴黎城北远郊区，距城区约一小时的汽车行程。这一带是绿化带，有栎林、别墅，景色十分美丽。他家住在一所公寓三楼，环境很不错。夫人很热情，小女儿很活泼可爱，我送夫人一把香木扇。

丰盛午餐，有鲜虾和咖喱鸡，十分美味。餐后夏特林先生陪我去参观尚蒂伊（Chantilly）古堡，现为一博物陈列馆。这座古堡曾是公爵府邸，两面环水，草地茵茵，衬托得古堡十分典雅华丽。古堡里有许多古画和文物展览，按古代情况陈设，古堡建筑内部也相当考究，天花板上有各种浮雕，铜质旋梯擦得铮亮。古董很多，见有中国古代青花瓷瓶。文物中的狩猎和动物展品居多，原因是过去主人好狩猎，附近是林区，专供贵族狩猎。有趣的是古堡城门壕沟外，把门的是四条石雕猎犬，而不是狮子之类，真是别有风趣。

晚餐是吃风味煎薄饼，边吃边煎。薄饼中间夹火腿、乳酪、西红柿或甜食，据说是布列塔尼地区的风味小吃。

夜宿夏特林先生家二楼，睡前还洗了个热水澡。

10月4日

简单的法式早餐，咖啡、面包涂黄油和果酱。夏特林先生驱车带我去游附近一座古老的桑利斯小镇（Senlis）。此镇街道狭窄，别有风趣，这里有古罗马式建筑的废墟，现改建为一博物馆。馆内有法国建筑风格演化展览，一位建筑师很热情地为我们介绍这瓦兹省（Oise）地区的村、镇建筑风格及其演化过程。博物馆小院有学生集体参观活动。然后参观一座古教堂，和常见的教堂差不多，里面正在做礼拜。出教堂遇到一队穿古骑士装骑马的青年男女，原来今天是这里的骑马节。这一带有赛马场、饲马场，是骑术活动中心。再后，在街上转了一下，夏特林买了些点心，中午回家吃中饭，饭后下午3时多送我到沙白勒门地铁站。我结束了两天的巴黎远郊的游览活动，回到左嘉客的住处，他也参加婚礼归来了。

10月5日

上午去东门集市转了一圈，天气不好，漫步走到民族广场（Nation），参观了几个大商场，如著名的"春天"（Printemps）大百货商场。

下午在家休息，读中文《喀麦隆》一书。

晚上去联合国教科文组织看望刘玉凯。归时遇大雨，挨了淋。

10月6日

下午，陪刘玉凯去参观周总理旅居巴黎时的旧居。周总理旧居在意大利广场附近一条小街上，现在是一所很普通的小旅店。在旅店门前墙上，镶刻有周总理正面雕像的大理石纪念牌，上书"周恩来旧居（1924年）"。周总理当时住楼上16号房间，现有人居住，不得而入。门外的楼道拐角处有一旧式水龙头，想是当年周总理用过的旧物。后面有个小院子，一切都相当简朴，属于低档的旅店，可见总理当年在法勤工俭学很艰苦。我们照了不少相。

尔后，我们到波尔多大学中文系学生若埃尔（joëlle）姐姐家坐了一会，也在意大利广场附近。那是一栋圆形高层公寓的21层楼，凭窗可眺望巴黎南城风光。若埃尔的姐姐因车祸而残疾，双脚瘫痪，坐轮椅代步，她丈夫是杂技团走江湖的，看来家境不宽裕。

他们很乐观，热情接待了我们。晚上在教科文组织常驻团住地吃晚餐。晚餐后陪刘玉凯去给公家购买收录机，因他老是犹豫拿不定主意，结果误了时间，没有买成。

周恩来总理在法国巴黎勤工俭学期间的故居

10月7日

上午，再次去使馆文化处。由于新近成立了教育处，留学生和进修生的管理由文化处划归教育处负责。我直接拜会了教育处刘君桓参赞，汇报了我攻读博士学位的计划，递交了波尔多大学和热带地理中心提供的攻博在读证件，并向大使馆申请赴非洲实地地理考察审批之事宜。刘君桓参赞表示支持，同意负担部分费用。

中午在文化处吃饭，同郑永光同学聊了很长时间。

10月8日至11日

8日上午，同夏特林研究员一块去法国海外科技局总部，拜会副主任和另一官员，他们送了我一套法国海外科技局活动综合报道。然后去比利时使馆催问签证，结果未成，漫步香舍丽榭大街，去法航和非航打听去喀麦隆机票价格。后转至乔治五世大街，11号为中国大使馆，就是临街的一幢大楼，楼内还有大院子。进门正好遇到蔡方柏先生，他在接待室同我交谈，连门都未曾入内，可见大使馆门禁甚严。

9日上午，在里昂火车站（注意：是巴黎的"里昂火车站"，不是里昂的火车站）约见了苏成年，他10月下旬将回国。在他那里，我见到北京第二外语学院的一位教师。午饭后，陪老苏去免税店购物。

10日是星期六，上午同左嘉客一块出门，天气阴沉。先到巴黎六大参观了他的实验室。出来就一直下雨，为了躲雨，就近走进巴黎圣母院参观。今天带了照相机，原想补照几张彩色相，因为下雨只能照圣母院内景，也照不成外景。于是赶紧去商店，买了一件"卡维"（Kway）名牌夹克式雨衣，才算免了挨淋。尔后，去免税店，转了两个多小时。左兄买了一台JVC牌的组合音响，3500法郎，音质很好，但价格相当贵，免税前原价5000法郎。

11日上午10时30分再去北门，会见夏特林研究员和蒙彼利埃大学教授里夏尔（Richard），后者从日本访问归来，一起驱车去夏特林家。吃了中饭，下午回城，送里夏尔教授去机场回蒙彼利埃。我在地铁站附近下车，天气晴好，到巴黎圣母院一带沿塞纳河漫步，补拍了一些照片，并转到蓬皮杜文化宫，也照了几张相。

"五日四国游" 10月12日至16日

自10月12日至10月16日，我先到比利时游览四日，并顺访游览了一个荷兰边境城市马斯特里赫特（Maastricht）和一个西德边境城市亚琛（Achen），最后到卢森堡游览半天。从比利时入境而从卢森堡返回法国。5天跑马观花，游览了四国五城。行程紧凑，应接不暇，现逐日补记日记如下，以资留念。

10月12日 阴

上午9时30分就到比利时使馆，总是许多人在那里等开门，这次终于一切顺利，工作人员让我中午12时去领签证，交了护照、居留证和工作证明信等。利用等签证盖印时间，去找银行换外汇。香舍丽榭大街银行不少，但有的银行拒绝兑换，说我们签证不足2年，而且各家银行的牌价还不一致。最后绕到另一条大街，才在一家私人商业银行换了1500法郎。这种换法对银行称卖价，卖价比价为13.90法郎兑换100比郎，1500法郎换了10790比郎，还要交5法郎手续费。因为买价比卖价低，换来再换回法郎时还要交手续费，这样来回换两次，就亏损了数十法郎，银行赚取兑换差价。

12时30分终于办理了签证，也就是护照上盖一个印，竟白等了10天。随即返伴外取简便行李，简单吃了顿中餐就赶往火车北站。又在自动取款机取了些法郎现金路上用,即登上北去的15时19分的列车。列车向北驶去,农田、草地、森林一一向后闪去,这些是法国常见的景色。我在思忖,等到了比利时,景色会不会有个突然变化呢?车窗里外国人很多,6个位子,6个国籍,有荷兰人、法国人、摩洛哥人、西班牙人和德国人,加上我这个东方中国人,这真是国际列车,大家聊得很热闹。不知不觉到了一个小站,一下子上来许多海关人员,于是我意识到来到边境了。海关人员在车上检查了护照,我很顺利通过。火车不知不觉就过了边境,未见什么特殊的标记或界线,仍然一样的田野、房舍、林木。似乎有点明显变化,那就是房屋风格不太一样,比利时房子比较窄长,很少阳台。

下午18时17分,到达首都布鲁塞尔南站,是个普通的站台,在空荡荡无一座席的候车室,我给卡罗琳母亲打了一个电话。半个多小时后,她同她父亲便来车站迎接。卡罗琳是我房东的外孙女,是个中学生,来波尔多度假时认识的。突然一阵大雨,冒雨驱车,雨中穿过布鲁塞尔大街小道,只见一路街道霓虹灯闪烁,显然是个大都市。大约15分钟便到了卡罗琳家,在城东南郊,是新建居民区,临街一栋三层的小楼,一楼为卫生间、办公室,二楼为餐厅、客厅,三楼为卧室,一家五口,父亲、母亲都在。父亲在一酒业销售公司,原籍意大利;母亲即房东的大女儿,在欧洲共同市场机构工作;两个男孩,双胞胎,都在巴黎念大学,其中一个叫巴特里克(Patrick)在家度假,女儿卡罗琳念中学。

因为事先没有给他们打电话,晚餐很简单,但一家人很热情,尤其是男主人和大学生,很健谈,问题非常多,对他们来说,中国简直太陌生了。我尽量地回答了他们的问题。餐桌上争论很多,特别是同女主人,女主人真是个善良的女性,争论时总是以谦让而结束,总争不过丈夫和儿子。我旁观发现,一家四口人,各人有各人性格:丈夫是个大男子主义,总是"我有理",总是将自己置于教育者的地位;儿子是热情青年，讲话快极了，像机关枪一样，不容别人插嘴，充满年轻人的朝气；女主人是个地地道道的贤妻良母；只有女儿，中学生，既无地位，又很羞涩，插不上嘴，只有静静听别人议论。餐桌一席谈话，使我们原来的陌生人熟悉起来了。我送女主人一把檀香扇，给卡罗琳一块丝头巾，她们都很高兴。餐后看了一会电视，比利时电视可以收 13 个台，法国、荷兰、德国等邻国的电视台均能收到。他们家是法国人，还是以法国台为主。我想在比利时利用电视学外语真是好条件呀！

晚上，在三楼一间客房歇息，这是另一个孩子，即巴特里克的同胞弟弟的房间，正好他不在家，从照片看两兄弟非常像。

临睡前，同北京语言学院韩祝祥老师取得了联系，通过使馆，我打听到他在一所翻译学院学习，打通了电话，相约明早在中央广场相见。

10月13日　阴

早上起床后，简单地吃了早饭。卡罗琳一家忙着上班或上学去了，只有儿子巴特里克有空，自然是由他给我当导游了。天气比昨天好，不过还是阴天。

昨天黑夜到的，对这一带街道和房屋没有印象。早上出门才看出来，这条名为"大西洋"的街道很宁静，两旁都是两三层的高楼。巴特里克家的房子，也是比利时那种比较狭长的房子，临街，只有很狭小的花园。附近有个教堂，早上起床时，听见它的钟声。

布鲁塞尔市有地铁，但不像巴黎已形成了交通网络，所以有时只能乘公共汽车，经常换车，比较麻烦，车票也较贵，140 比郎一张票，可用 10—20 次，公共汽车和地铁通用。布鲁塞尔地铁比巴黎宽敞、干净，没见弹琴求乞者。

首先，我到了市中央，在欧洲共同体大厦前照相。大厦是呈"人"字形的现代高楼大厦；然后到"50周年纪念公园"（Cinquantenaire）；有一拱门，很美丽，叫"50周年凯旋门"（Arc de triomphe de cinquantenaire），高45米，系20世纪初的建筑；接着前往著名的中央广场，巴特里克领着我穿大街进小巷，参观市容和商业街区。看来布鲁塞尔比巴黎小多了，人和车辆也少，显得清静整洁，有几处商业长廊，高悬国旗、彩旗，颇为热闹。不一会就到了中央广场，原来我以为这是个很大的广场，其实只能说是个四面被古老建筑物围起来的大庭院，顶多只有100米×100米大小，周围古老的楼房拥挤一处，给人以局促之感。这里有著名的"国王宫"（Maison du Roi），建于19世纪，但保持15、16世纪风格，为多廊阁的塔式建筑，对面是古时的市政大厦。这一圈房子都是3—5层的建筑，一栋接一栋，竟将中央广场团团围住了。因为广场不大，照相颇为困难，一直退到极尽头，没有广角镜头还是取不全五层楼顶。之所以叫"中央广场"，一是因为它位于布鲁塞尔市中心；二是因为它是全国的政治中心古王宫所在地。在中央广场会见韩祝祥老师，他的头发长长的，个子矮矮的，活像日本仔。

在中央广场后面，有一条小巷拐角处，立着一个小孩撒尿的铜像，一股泉水从小孩的"几几"中喷射出来。小孩铜像赤身裸体，十分淘气天真。据说这是比利时的名胜之一，有画片、工艺品以此为图像。我们站在撒尿小淘气跟前照了几张相，很有意思。传说在一次战争期间，这个孩子发现敌人正在引爆炸弹，他急中生智，赶紧撒尿浇灭了已经点燃了的导火线，挫败了敌人的阴谋，拯救了布鲁塞尔民众。经常有外国政要和民间友好代表团慕名前来，赠送全套民族童装表示敬意。有一个博物馆专门展出收到的各国民族服装，据说也有中国儿童服装。遇上重要节日，撒尿小孩穿上盛装，不再赤身裸体，但仍然不停地"撒尿"。

出了中央广场，便信步在市中心主要街区，边走边谈边看，并参观了皇宫、圣米歇尔大教堂等，稍稍注意了一下商品价格，起码上千，贵重商店价格过万，这是因为比利时法郎价值很低。

中午，回家吃了点面条，韩老师因下午有课，先期回校了，下午先参观军事博物馆，就在"50周年纪念公园"里。据说它是世界最大的军事博物馆之一，陈列历代各国的枪炮、飞机和五颜六色、稀奇古怪的军服、盔甲之类。十余展室内容极为丰富，从古代、近代，到两次世界大战的军服、军旗、武器，应有尽有，各国的都有，遗憾唯独没有见到中国的兵器和军服。美中不足的是目前博物馆部分在修理中，有的展室不开放，一个飞机展览大厅也没有开放。

布鲁塞尔 小英雄于连撒尿救人塑像

出了军事博物馆就乘车去参观著名的比利时原子塔，在西北郊。坐了很久的车子，差不多沿着东南—西北方向穿过了整个市区，也极好地观赏了市容。

原子塔是1958年比利时布鲁塞尔国际博览会时所建。全塔由9个直径19米的大金属球，加上各大球间的连通管道组成。据说整个建筑状如一个"铁分子结构"，每个球是一个"原子"，中间管道为"原子链"。全塔顶层高达102米，这个建筑是十分奇特的，很富于想象和创意，可称巧妙绝伦。我们买了门票（70比郎一张，相当贵），乘电梯从人球直上顶球。顶球四周一圈装有有机玻璃窗，隔窗眺望，整个布鲁塞尔全景奔来眼底，难怪人们誉称原子塔为布鲁塞尔市之铁塔了。各球之间管道相通，或为电梯，或为楼梯，从顶楼下来，巧妙地逐一穿过9个球。每个球有上、下两层，有科技图片展览，介绍原子能、宇航、气象等科技知识。穿过管道时有圆形玻璃窗，向上看天空和顶球；向两边看，隔邻的金属大球似乎伸手可以摸到；向下看人如蚂蚁，车如玩具。新奇的建筑、巧妙的设计，使我为之称妙，照了不少相，兴尽而归。

布鲁塞尔原子塔

晚餐丰盛，我们又是一番热烈的讨论。饭后，打电话同列日大学克里斯蒂安教授取得了联系。洗了个热水澡，夜12时就寝，明早还要赶早班火车。

10月14日　阴

昨晚同克里斯蒂安教授（简称"克教授"）通电话。他原拟约我18—21日去列日，这样我得在布鲁塞尔多待4天，也无处可去，于是同他商量，决定今天一早就走。他约我早上9时在车站相见，我必须乘早晨7时15分的火车，这样一早6时不到就起床了。巴特里克的父亲也起来，简单早膳后,他开车将我送到布鲁塞尔中央车站。告别后,即购买火车票(212比郎),乘火车向东前往列日市。

火车在平坦的绿色原野上行驶,晨雾笼罩着大地。因为是早车,车厢只我一人,沿途经过几个小城和一些工业区。坐了大约一个小时多的火车,8时26分即到达比利时第三大城市列日。9时整在出口大钟下会见了克教授,十分高兴。

克教授先领我参观市区,列日是个中等城市,默兹河(Meuse)静静地穿过市中心,是著名的莱茵河的支流。河畔高楼林立,景色十分秀丽。先在市区转转,参观了河畔的死难者纪念碑、城徽公园等处。然后驱车穿过老市区,向北部驶去。登上北郊高阶地,这里居高临下,整个列日的位置、形势就一目了然了。市中心的老区很拥挤,小楼房、窄街道黑压压地挤在一堆。沿默兹河高大楼房一直延伸到远处,南郊是一片森林,林中掩映了些楼房,是列日大学新校区;西南郊是工业区,远看可依稀见到黑色的高炉和吐出的烟雾。可惜比利时天气总是阴沉沉的,能见度不佳,难穷千里目。

比利时 列日市 默兹河穿城而过

在北郊岗地上,有一个第二次世界大战时德寇屠杀爱国志士的刑场,入口处有个花岗岩纪念基座,上面是一支黑色木棍,象征枪决时绑人的木棍。进入参观,见有殉难志士的墓地和当年囚禁爱国志士的监牢。在一个空荡荡的荒凉的小院里，就是枪决场，中心立着一支木棍，就是当年绑人的原木棍，在头部高的位置上，已被子弹打出许多弹孔，木棍只剩下一半粗细了。据说，当年在这里被处决了千余人。克教授介绍说：列日处于西欧交通十字路口战略要地的位置，从古代直到第一、第二次世界大战，都受到很大的破坏。从岗地下来，到了列日大学地理系，就在市中心的，是老校舍，规模不大。尔后，步行在街道参观市容，典型的老街道、古老的建筑等。后来进入一个大博物馆参观，博物院分两部分，一部分是木偶展览，有多种木偶，我们观看了一小段木偶武打的场面；另一部分是当地民间生活展览。展出从古代、中世纪，直到近代的农村生活，有各种建筑、家具、农具、作坊，很有意思，从中可了解西欧国家的文化发展和社会进步的情况。教授买了几张明信片送我，其中一张是金鸡，解释道，金鸡是列日城的标志。

时过正午，克教授驱车向南，登上南郊森林。列日大学新校舍就在那里，一组组的大学楼，坐落在青枝绿叶的栎树林中，大学还在扩建中。教授领我到一教师餐厅用膳，餐厅在楼上，透过大玻璃窗，可眺望校园景色，还是很美丽而幽静的。用餐的人很少，多数师生都在楼下普通饭堂吃。教师餐厅服务很慢，待吃完饭已2时30分了。

教授下午有课，他请他的一位助教陪我在近处市区游览，参观了一处古建筑，经过大歌剧院、市政大厅和城徽塔楼等处。后来下起雨来，越来越大，于是就回大学了，正巧克教授下了课，于是他驾车领我去他家。

克教授家距市中心不远，在一个阶地上，是一幢临街的三层小楼，同样是狭长的形状。一层是办公室、车库，二层是客厅、餐厅、厨房，三层是四间住房。克教授一家四口：夫人、一子一女，都在上大学，儿子学理科，女儿学医科。

晚餐，教授偕夫人在一家专门吃贻贝的饭馆宴请。据介绍这是列日市最有名的一家专营贻贝美食的饭店，有各种烹调方法。顾客很多，一楼已客满，不得不上二层。三个人选了三种，我吃的一种是去壳煮的，味浓可口，略咸了点；教授吃的另一种加蔬菜的；夫人吃的是一种名叫"火贻贝"，吃前在煮熟了的贻贝上浇威士忌酒，然后点火燃烧，引出香味扑鼻，十分有趣。我们中餐美食佳肴讲究"色香味"，这里的"火贻贝"还加上了"火光"一绝。我和夫人交换各自的品种，这样我就尝了两种口味。她的贻贝很香，但味较淡，各有特色。

晚餐光吃贻贝，加几片面包，就很足够了。饭后到市中心的游乐场（Foire）转转，据说每年一次，整条街灯火辉煌，有各种中奖游戏，如摸彩、电子抽奖、机械抓奖。还有各种机械转动的飞船、汽车、风车、过山车之类，非常惊险。有一种360°翻筋斗的大转车很吓人，万一出故障准没命了。乘坐者多为青壮年人，小孩胆小，年纪大有心脏病的也受不了。此外，还有多种小吃，油炸甜品，散发出香味，加上店员的大喇叭，招揽顾客，五颜六色的灯光，十分热闹，使人仿佛置于闹市之中。参观这一夜间游乐场使我非常感慨，西方的电子机械技术已普及到游乐场所来了，还见到用电子计算机打靶的赌博游戏，还有机械手抓手表的游戏等。今晚正好还是"大学生节"，游乐场更显热闹非凡。

一天游览已十分疲劳，我们都想安静休息，不想再在这极嘈杂的场所久留，而且天气也不太好，地上又脏又湿，夫人的摩登高跟鞋也弄得泥泞不堪了，于是驱车回家。

夜宿克教授的三楼客房，十分舒适，一夜安眠。

10月15日　阴雨

上午9时，同克教授去地理系，先参观了一下用计算机自动成图的机器，介绍者是一个双脚残疾的助教。教授今天有课，委托他的三个女助教陪我参观。一个名叫罗朗（Rolland），地理学者；一个叫阜伊（Joye），建筑师；一个叫萨琳娜（Saline），生态学者。她们在一个多学科综合性实验室共同工作。我感到很新奇，学科相差甚远，怎么在一起协作呢？特别是建筑师。今天由她驾车，建筑师已婚，说她丈夫有计划去中国旅游，另两位是未婚姑娘。

  从列日出发，向北驶行，沿着美丽的默兹河畔，静静的流水、茵茵的田野，景色很美。半小时后就到了比荷边境，随便检查就放行。于是，我们便来到荷兰的边境城市马斯特里赫特。这是个河畔城市，很有特色。全城没有特大高层建筑，特别是市内，全是四五层的楼房，大坡度的屋顶，因而很好地保持了原来的建筑传统风格。我们在市中心散步了一个来小时，参观了市政大厅，楼前是一个大广场，星期日市场。前面不远有一个矮胖妇女塑像，手挎篮子，据说是反映当地人古代生活的。另一塑像为一男子，手执火炬，火炬一直燃烧着，非常引人注目。可惜的是，火焰将塑像面孔熏得漆黑了，也不知这位著名的"黑人"是何许人也。几个女学者也不知道。我们以此塑像为背景，合影了一张相，倒不是景仰这位黑脸汉子，主要是觉得火炬熊熊燃烧，颇为有趣。后来还参观了一座古老的教堂，在一咖啡座喝了杯热咖啡暖和身子，天气阴凉，怪凉飕飕的。最后在一家商店买了几张明信片。三位女孩子又跑了几家商店看时装，接着，就驱车原路返回，过海关也很顺利。接着向列日以西的方向驶行，这一带是以乳牛畜牧业为主的农村，丘陵起伏，遍野青翠的牧场草地，在雨中更显得青翠欲滴，满目尽是草地，黑白相间的大乳牛点缀其间，不时见到草地中有一棵棵果树，这里也是水果产地。田野有生篱笆，围成一块一块的田地，据说是当地农村的一个特色。基本上见不到大田作物，偶然见到甜菜地，但此地甜菜不是用来榨糖，而是作牲畜饲料用。

  中午时分，我们来到一个农场，周围丘陵环抱，林木翠绿，老式房舍，古色古香，景色很美。这里有一家著名的乡间饭店，以乳酪著名。饭店是个老式房子，粗大的不整齐的大横屋梁、木桩、木桌椅，楼上挂着老式的农具之类，外国人就是喜欢这样，带有浓郁乡土气息的陈设。这家饭店善制各种乳酪，也难怪，这地区就是乳牛饲养区嘛。入乡随俗，我虽不习惯吃乳酪，但也十分高兴地同意吃奶酪餐。每人端上一大碟子，五六种乳酪围碟子一圈，为了照顾我加了两片肉肠，她们全吃乳酪，喝的是当地著名的黑啤酒。据说中欧一带，盛产黑啤酒，以捷克最有名，比利时的黑啤酒也久负盛名。色深味醇，颜色其实是紫红，类似红葡萄酒，并不黑。看来，几个女孩子非常爱吃乳酪，三下五除二就将一碟一扫而光。只有我，每样尝一点，还剩下一半吃不下去，好在上桌的几种乳酪，都还没有怪味。饭店老板很热情、很活跃、善言辞，他听说我是中国人，立即给换了一张中国唱片。我听不出是什么曲子，不是国内的，有点像古典，但肯定是东方的曲调风格无疑。

午饭后，天淅淅沥沥下起雨来了，她们征求我意见去哪里。按原计划再到另一牧场，转一圈就返列日。我觉得这带牧场景色都差不多，于是心血来潮，向她们建议到邻近的西德边境城市亚琛去看看。列日处于三国交界处，向东到亚琛只要一个小时的汽车路程，沿高速公路很快就到了边境。工作人员只看了驾车人的证件，我坐在后面，未经检查便入境了。这时雨哗哗地下，越下越大，真是天不作美。进了西德，但脚都未踏上西德的土地，开着汽车在市区转了一圈，只有一个极模糊的印象——中等城市，比荷兰的马斯特里赫斯大，多为新建筑，但楼也不高。我想德国城市在大战中破坏厉害，难以保留古迹，这也是侵略者的下场。市区汽车太多，行驶不便，所以也不便久留，便从另一普通公路返回。不料在边境检查站出了问题。警官发现我的护照无入境西德验证，要我们把车子停靠，当时吓得我心里直跳，特别是看见警官拿起电话，以为他要给中国驻德使馆打电话，心想这下捅大娄子了。幸亏几个女孩子很能干，居然讲通警官让其放行，我这才舒了一口气，否则玩不到一小时，却惹了大麻烦，太不值得，总算是又到了一个没去过的国家。

驱车回到列日城，正好赶上克教授的课，他邀请我去听。在地理系阶梯教室上课，讲比利时地理和农业，有数十张幻灯片，基本上结合地图教学。从5时一直听到8时，中间休息喝了一次咖啡，课后回家吃了顿很简单的便餐。

饭后，我们在教授客厅交谈，谈到音乐，我说了一句西方宗教中的一些音乐很动听，特别在教堂里回音很雄壮。教授说很高兴这下遇到了知音了，于是把儿子女儿也叫来，即兴开

比利时 列日大学

了一次音乐欣赏晚会。放了许多唱片和磁带，都是宗教音乐，有古典的莫扎特的中世纪音乐，也有现代的宗教音乐，有世界名曲，也有列日地方音乐，教授的组合式收录机音响效果很好。我觉得古代宗教音乐的确比现代音乐好听，雄浑庄严，而现代音乐除了节拍强烈、刺激以外是一片嘈杂。音乐会直至深夜才结束。

10月16日　明媚阳光

难得的比利时大晴天，就是要给我送别，留下好一点的印象吧，因为这是最后一天逗留了。

8时30分离家出门，克教授驾车带我游览列日市西郊工业区和工人住宅区。透过晨雾，登高眺望，只见西郊一大片工业园区烟囱林立，吐着白烟，同晨雾裹成一片，将整个工业区笼罩在烟雾之中，好一派景色。工业区附近有工人住宅区，都是两层小楼房。沿途还经过克教授的老住宅，凭吊了他父母的坟墓。

然后到列日大学新校区地理系，工作了一小时，将《中国农业地理》一书的附图翻译成法文，由助教协助。约10时30分出发，驱车离别美丽的列日城，向南行驶。

沿途是一片绿油油的牧场，汽车沿高速公路行驶，半途到达一处美军纪念墓地。据介绍，此地在第二次世界大战中是美德两军最后争夺的欧洲战场，美军在此阵亡战士万余人，多是空降兵。墓地有大型纪念碑，方形，上饰鹰徽，碑下有展览室，展出当年战场形势图。碑后是墓地，一大片草地上立着无数白色十字架，排列整齐，一行又一行，如同整师整团的士兵在接受检阅，然而这些士兵已离开人世近四十年了。像克教授这个年纪的人，对第二次世界大战还印象深刻。他说当年他就在列日，在德军狂轰滥炸中生活了好几个月，列日在二战早期曾沦陷过一段时期。

继续前行，经过了丰饶的阿尔登（Ardenne）牧区和林区。这里栎林、云杉林，以及两者的混交林非常茂密，林荫夹道，景色真好。

中午时分，到达教授的岳母家里。这是阿尔登地区的一个美丽的小村庄，四周林木环抱，起伏的丘陵上草地茵茵，如地毯一般。老岳母虽老态龙钟，可身体尚健，耳聪目明。老太太与一女佣同住，因无劳力，不再饲养乳牛，牧场出租。房屋是老式的，但修整油漆，灰墙蓝瓦加红窗，立于绿树青草之中，十分鲜艳醒目。以此背景合影一张，好一个恬静舒适的乡间别墅，难怪教授夫妇每月都来此度周末一次。

在这里同另外两个女助教会合后，稍事休息，喝了杯橙汁酒，吃了些点心，又继续向西行，前往卢森堡了。

比卢边境有一段路以村庄为边界，马路一侧为比方，另一侧为卢方，很有意思。在边境一带加油站特多，数公里距离竟有20多个加油站。据说卢万汽油价格比比方低，人们都到卢方加油，卢的烟酒之类也便宜，两个助教嘀咕着回来时捎些烟酒，如何躲过海关检查。海关也只查烟酒之类，根本不查护照。边境一带景色并没有太大变化，如不是有边境海关检查站，都不知道已过境了。

下午1时多，到达卢森堡公国的首都卢森堡城。

出乎意外，卢森堡市竟是个山城，同我原来臆想的，如巴黎、布鲁塞尔那样

卢森堡首都卢森堡城

的高楼林立，马路四通八达的西方大都市完全两样。城市建在一个山谷上下，一条小河穿过城市，河谷切割很深，相对高差达近百米，两岸岸壁几乎垂直，十分陡峻。谷底狭处仅见绿色的河水流动，宽处河畔有房屋花园。沿着两岸的阶地又有一层建筑物，建筑物依阶地斜坡而建，一层层十分整齐，主要市区即老市区是在最高一级阶地上，都是三层到四五层的西式洋楼。街道也比较小，有许多中世纪和17—18世纪老建筑物和许多尖顶的教堂。我们在老市区漫步，先到一个中央小广场，在一家小餐馆吃午餐，椒盐牛排，胡椒放得很多，辣辣的还怪可口。因为我们去吃饭较晚，服务员不高兴，态度不好。吃完饭，克教授习惯地点了咖啡，服务员就拉脸不耐烦了。此时，克教授说了一句："我认识你们的老板，对于你的优良服务，我会向他道谢的！"这是我第一次

在欧洲遇见店员态度不好的情况，西方人很少正面在街头店铺吵架。克教授幽默地巧言相讥，果然立竿见影，服务员立马换上笑脸，很快端上香浓的咖啡。出了餐馆我好奇地问克教授："你真的认识这家餐馆的老板？"克教授哈哈大笑说："我哪里认识他的老板？吓唬吓唬他，不然这咖啡就喝不上了。"克教授的绅士式幽默，值得我好好学学啊！饭后在街头漫步，参观了大公官邸，只有一个卫兵守卫，总理府也很简单，无人守卫。此外，名胜还有大图书馆、大教堂等。新市区又叫欧洲区，因为欧洲共同体下属许多机构集中在那里而得名。新市区则更上一层楼，实际上是位于一座小山头上。从老市区驱车，穿过一座红色铁桥，铁桥悬空跨度很大，越过一个数百米深渊。桥头立有一块大钢轨，状如纪念碑，据说是为了显示卢森堡是"钢铁之国"。欧洲区都是现代高楼大厦，为欧洲共同体机构办公地，楼前悬有共同体各国国旗，克教授教我一一加以识别。

游完欧洲区后，已近5时，克教授驾车送我到卢森堡市火车站，在车站前分手告别，我购买了6时30分的火车票。再见比利时，再见卢森堡，五天四国游愉快结束了。

从卢森堡小小的火车站登车，到巴黎票价800多卢森堡法郎，合120法郎。半小时后过边境，到达法国梅斯（Metz）车站，下车前查了护照，在梅兹换车，候车1小时，然后换乘从德国到巴黎的火车。于晚10时多抵达巴黎北站，至左嘉客住处，已近半夜时分了。

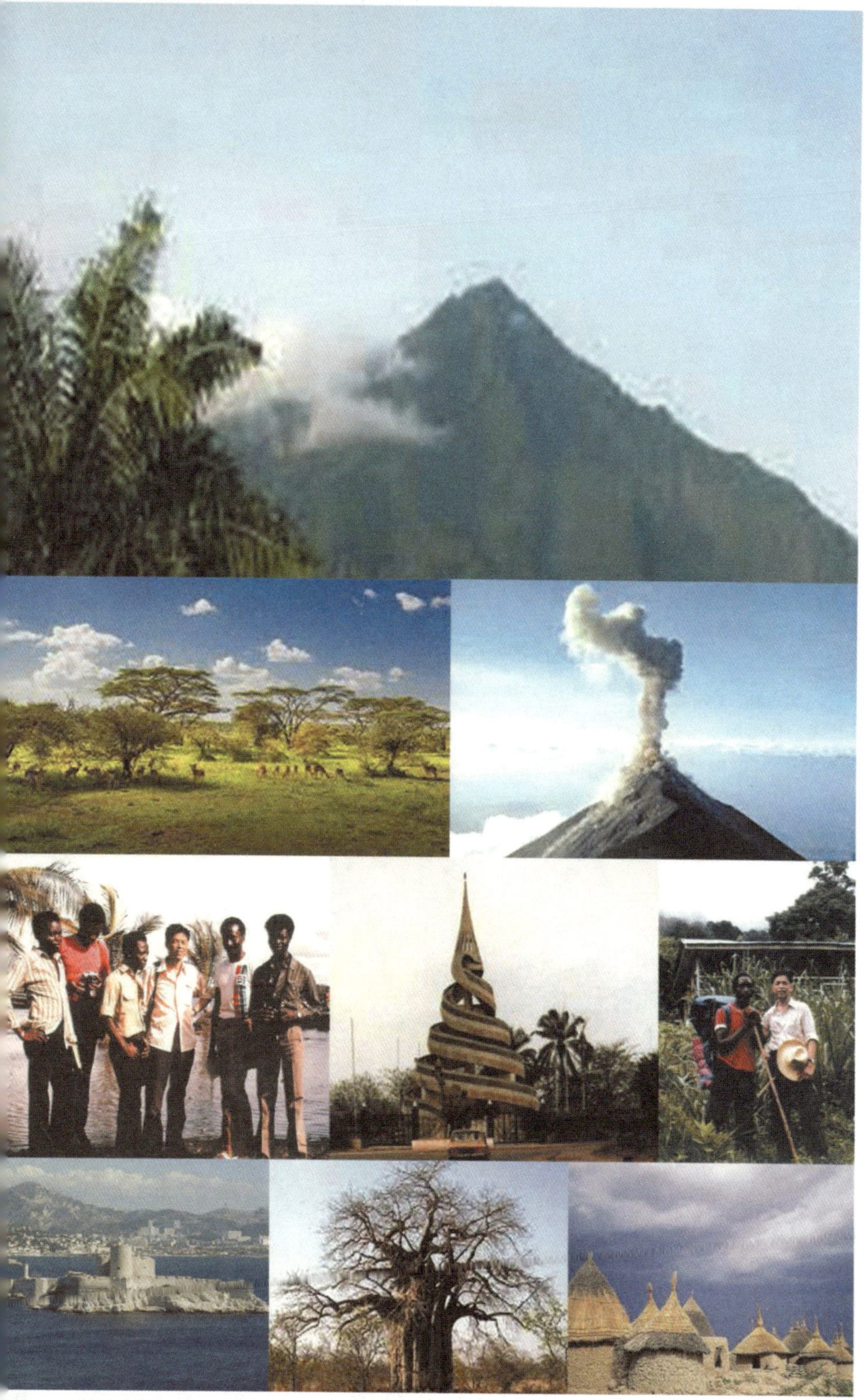

第三辑　喀麦隆地理考察手记（1982年4-7月）

1982年4月15日　星期四　晴　波尔多

盼望已久的非洲之旅几经周折，今天总算得以成行了。天从人愿，有志者事竟成！出发前收到父亲、妻子和地理所领导、同事来信，倍受鼓励。

此次非洲行的目的是为了完成我的博士论文，为热带非洲地理的研究收集实地考察第一手资料，我的考察目的地是喀麦隆。热带非洲国家很多，为什么选择喀麦隆呢？这是我的导师——波尔多热带地理研究中心所长、波尔多第三大学教授居伊·拉塞尔（Guy Lasserre）的建议。他指出，喀麦隆国土南北狭长，从南到北绵延1200多公里，纬度地带性十分典型，地跨热带雨林、热带稀树草原、热带草原和荒漠等不同自然地带，自然景观多种多样；喀麦隆火山临近赤道，从大西洋几内亚湾海岸高高拔起，海拔4070米，为西非最高峰，植被分布的垂直带谱也很明显。喀麦隆素有"非洲的缩影"和"小非洲"之称。导师谆谆嘱咐："这是热带非洲唯一的一个国家，你只要从南到北跑一个剖面，就能观察到自然景观的纬度地带性演替；你再攀登喀麦隆火山，就掌握了热带山地植被景观的垂直带谱。"除了这两个剖面考察之外，导师要求我再对上述几个不同的自然景观地带的特征以及人为活动对自然环境的影响，做一些典型调查。

人们都说："人生能有几回搏？"只身赴非洲进行野外地理考察，艰苦险难均在意料之中。我身边只带有中国驻法大使馆给驻喀麦隆大使馆的介绍信，还有导师给当时在喀麦隆大学任教的法国教师以及他指导过的喀麦隆学生的私人信函。不惑之年远行欧非，我愿以此作为一搏！此一搏纵有流血牺牲也心甘情愿！

晚上10时的火车从波尔多去马赛，房东老太太卡斯蒂奥（Mme Castiaux）和她的女儿利芝（Lyse）开车送我去波尔多圣—让（Saint-Jean）火车站。从波尔多去马赛比去巴黎还更远，乘火车要7小时。考虑到行程很长，旅途疲劳，明天又是晚上起飞的航班，于是临时加买了一张卧铺票，63法郎。这是头一次在法国乘火车卧铺，也是头一次夜间乘车。卧铺分隔成小间，每间上中下铺六个位子。我按国内火车卧铺的惯例，选购的是下铺，岂料法国与国内火车卧铺情况恰恰相反，上铺最宽敞，下铺最狭窄，无可奈何！

一路上火车摇摇晃晃，窗外一片漆黑。十分遗憾，法国南方的美丽景色在黑夜中掠过，什么也看不见，迷迷糊糊，天还未亮就晃到了马赛。

1982年4月16日　星期五　晴，暖　马赛

拂晓5时安抵马赛站，这是一个很旧的火车站。下车后我先去寄存行李，有一个白天的时间可以游览马赛风光。自动寄存行李，一排排铁柜子，投入3法郎硬币，就可得到钥匙，很方便安全。尽管如此，我头一次这样存放行李，心里总是不怎么放心，因为车站附近见到一些流浪汉，所以有些担心。不过

马赛著名的伊夫岛

还是硬着头皮存入行李箱和背包，得以轻装游览马赛。因为不懂得投币操作程序，白投了3法郎，土包子出洋相，付学费了！

出车站就下地铁。马赛只有一条地铁线路，很深，估计有30多米深。马赛地铁车厢比巴黎的更宽敞舒适，油漆成橘红色。乘坐了三站就到了著名景点"老港口"。这是一个长方形的海湾，历史上这是重要的马赛港，如今这里停满了游艇。新马赛港建在外海。老港口岸边有许多鱼摊，出售新捕捞的各种新鲜海鱼，海风吹过，带着鱼腥咸味。时间还早，海边晨风有点凉意，地上很潮湿，可能夜里下过雨。我一个人在老港景区来回徜徉，选购了一些马赛风景幻灯片。

等到8时30分，我登上头班游轮前往著名旅游景点伊夫城堡岛（Château d'If）。伊夫岛是地中海的一座小岛，岛上有法国国王佛朗西斯一世于1524年建造的城堡，后改为国家监狱，因19世纪法国作家大仲马在其小说《基度山恩仇记》中将该城堡作为背景之一而声名大噪，我正是慕名前来游览。游轮行船20分钟左右便到了，眼前是一座荒凉的石灰岩小岛，悬崖峭壁上一座中世纪风格的城堡巍然耸立，远处有一座白色的灯塔。我是第一个登岛的游人，头班船只有我一个人在此下船。伊夫岛很小，转了一圈一个人都没见到，只有一条狗冲我吠叫，令我捏了一把冷汗。半个多小时候之后又来了一班船，

马赛全城最高点，丘陵上的圣母教堂

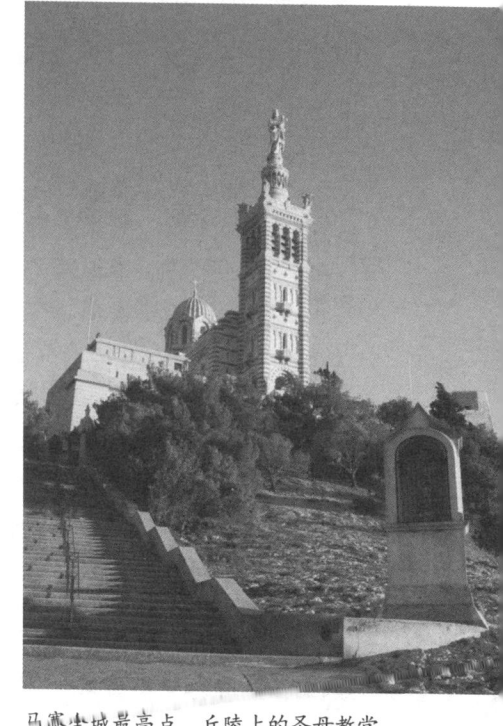

163

下来一批游人，这才使我得以放心尽情游览这座外观雄伟、堡内监狱阴森疹人的古堡。从伊夫岛回到老港码头，沿着坡道穿行街巷，登上马赛城的制高点——130米高的山丘。那里有一座圣母教堂，教堂顶上耸立着金色圣母抱着圣婴的塑像。登高望远，马赛城全景奔来眼底。真是好大的一座大港口城市。为非洲考察行而新买的带变焦镜头的相机大大发挥了作用，将马赛老港、新港、地中海海湾和岛屿全摄入镜头，领略到马赛环山抱海的绝美景色！

下山后，我在闹市街区逛了逛，旋即去马赛火车站取出行李，转乘公共汽车前往马赛机场。机场离市区很远，靠近海湾。到达机场已是下午4时，在宽敞的候机室足足等候了9个小时。今天的日记是在候机室写的，以此消磨时间吧。

4月17日　星期六　晴　马赛—杜阿拉—雅温得

凌晨1时45分，我从马赛机场乘UTA波音747班机起飞，飞越地中海和撒哈拉大沙漠，可惜夜航什么都看不见。舷窗外一片漆黑，只见一弯新月，稀疏星点，机翼上的红灯闪烁。飞机服务质量很差，只提供简单的早点，连啤酒、看电影、听音乐都要收费。空姐是法国人，也不见得有多么摩登漂亮，据说UTA是私营航空公司。

5个多小时的夜航，拂晓安抵喀麦隆杜阿拉机场。顺利办理了海关入境手续。海关人员检查护照、签证和黄热病疫苗接种证明，手提包被翻了翻。见到前面一位旅客手提包里的一包香烟被没收，随即塞进口袋，笑嘻嘻地被放行。从机场向外望去，椰子树、棕榈树，一片热带风光。

杜阿拉机场很不错，现代化机场，可惜管理服务较差，到处都没有指示牌，弄得我到处乱转。终于办理好了转机手续，9时30分乘喀麦隆的国内航班，10时20分抵达首都雅温得。从飞机上凭窗鸟瞰，洁白的云海、绿色的大地，铝皮屋顶的房子在阳光下闪闪发光。

喀麦隆大学教授，法国地理学家塞尔日·莫林（Serge Morin）先生来机场迎接，取出行李后即驱车穿越市区到他家去。一路上见到椰林、凤凰木等我熟悉的热带林木，红土地尘土飞扬，居民黑皮肤，我终于来到了撒哈拉沙漠以南的非洲了！本人从事热带地理和非洲地理研究20多年，虽然撰写了不少论文，翻译了多部非洲地理书籍，可是还从来没有踏足过非洲大地，今天多年的梦想终于成真！

莫林先生家住在雅温得市郊，一栋两层楼房，有一个小花园，家里有夫人和一个9岁男孩。稍事休息，热水澡洗掉一路征尘，开始午餐。莫林先生告诉我，中国大使馆近在咫尺，于是我没有让他开车送，步行十分钟便到了。到了使馆，我先向办公室主任汇报我赴喀地理实地考察的目的和计划，使馆已接到中国驻法大使馆的信函，知道我的到来，并安排好我住在经参处招待所。接待我的三秘陪我前往经参处入住。这是一座三层小楼，带有庭院，园中几株高大的芒果树果实累累，十分诱人。

晚上，受莫林先生接风宴请，我会见了波尔多第三大学教授巴雷尔（Barrere），他兼任喀麦隆大学地理系教授。莫林先生另外还请了几位男女宾客。晚宴很丰盛，主菜是鱼。席间巴雷尔教授告知明天一早赴杜阿拉，另一位喀麦隆大学法国教授梅勒（Guy Mainet）开车，带学生去喀麦隆西部考察实习。我当机立断，决定不顾旅途疲劳，连续作战，一同前往。晚宴11时30分结束，我回经参处宿舍整理行装，至半夜之后才就寝。

4月18日　星期日　晴　雅温得—埃迪亚—杜阿拉

在喀麦隆的第一夜我睡得很好，旅途劳顿太疲乏了。晨起，来不及吃早餐，我就背上背包赶到莫林先生家。7时45

分，梅勒和巴雷尔两位教授开车来了，上车立即出发驶向杜阿拉。从首都雅温得到港口城市杜阿拉 300 公里，道路很差，竟行驶了 8 个小时。离开雅温得不久，沿途是一片热带森林景观。几位法国教授告诉我，我们进入了热带半落叶林区，分布一直延伸到埃迪亚（Edea）附近。森林特点是常绿密林中含有落叶树种，有的树木落叶，有的树叶呈红色。当然大部分树木是常绿阔叶的，落叶期极短。有的树木落叶不是因为气温寒冷，而是因为干季缺乏水分。我们边行车边拍照，见到有些地段有火焚毁林痕迹。在次生林外缘，最突出的是太阳树（Parasolier）和棕榈树等先锋树种。太阳树高度可达到 25—30 米，成为大树，树干光洁白色，叶片全裂，呈龙爪状，很容易辨认。

　　道路质量差，主要是红土路，车行一路红尘滚滚。道路由于养护不善，坑坑洼洼，有的地段路面被流水冲刷成小沟，露出红土铁壳结核块。快到埃迪亚一段，因桥断了，绕小道而行。见到一辆公共汽车陷入松软的红土中，被迫停车挖土垫路。因此车速平均不到 50 公里/小时。途中也有柏油路面地段，但也有许多坑洞。

　　一路上，居民房屋很多是泥土墙中间夹木板，相间层叠，屋顶为铝皮顶，房屋多呈长形。有些房屋门前有墓地，据说是第二次世界大战之前法国人遗留的习俗，现在已不再时兴了。沿途居民生活条件看来很差，妇女穿着非洲风格的连衣裙，头顶裹着花布头巾。男子穿衬衫或长袍。妇女善于头顶重物。沿途村庄有人出售瓜果，如芒果、香蕉之类。路上见到一种树，果子像红腊肠或小红萝卜，叶子像龙眼叶，大家都不知树名。车路过村庄，不少黑人招手问好，似乎对白人很友好。据说当地人殖民时期称白人为 Papa，意为"主人、父亲"，独立后已摒弃这类称呼。

　　途中在埃迪亚休息，在一家饭店吃三明治，喝啤酒，我开了两罐中国香肠罐头给大家品尝。埃迪亚是个省会级的中等城市。驶过埃迪亚植物景观明显变化，属于海岸林带，以罗费拉木为主。毁林现象严重，开辟了棕榈园和香蕉园。萨纳加河（Sanaga）上有水电站。

下午4时抵达杜阿拉，喀麦隆第二大城市，重要的大西洋港口。我同几位教授临时分手，前往中国大使馆杜阿拉办事处下榻。首都雅温得地处高原，虽地处热带，但并不炎热，而杜阿拉海拔很低，非常闷热，室内要开冷风机才能入睡。

4月19日　星期一　晴，入夜大雨　杜阿拉

使馆杜阿拉办事处是一个转运站兼招待所，有5位办事人员，负责接待过往中国人员和货物转运。杜办主任戴玉昆，40来岁，待人非常热情。他很同情我只身前来非洲进行实地地理考察，为博士论文收集第一手资料的艰辛。他表示尽力为我提供良好的食宿条件。杜办设在市区自由大街，一栋四层楼房，底层是商店，杜办占用上面三层。厨师姓胡，四川人，很健谈，我有幸在撒哈拉沙漠以南的非洲品尝到美味川菜。杜办来往入住的客人很多，有我国驻中非、刚果、赤道几内亚使馆人员和专家组人员。

杜办早餐有馒头、稀饭、榨菜。饭后到街上转转，购买了一些喀麦隆风光明信片和邮票，在附近波士顿银行换钱，用美金旅行支票兑换成西非法郎，这是西非许多国家通用的货币，1法国法郎等于50西非法郎，固定汇率。换币不收手续费，很方便，用多少换多少，我换了1000法国法郎。尔后，给驻法使馆教育处写信汇报工作，给爱妻连弟写信报平安，给法国房东、热带地理中心同事发明信片，这是法国人的礼节习俗。

下午参观杜阿拉港，见有日本、苏联和瑞士各国商船。港口附近有红树林分布，这里的红树林是真正的森林。红树科树木高达35米，树十粗大，胸径可达1米多，树木下部有

红树特征高跷根。港口区在修路，红树林遭受砍伐，林缘树木很多已枯死了。我拍摄了不同类型的红树林和土壤剖面的照片。最后，我远行到海边，武里（Wuri）河口，拍摄未受人为破坏的茂密的红树林。茂密的红树林沿海岸和武里河三角洲河汊分布，绵延不断，蔚为壮观。

我从来没有见过如此高大茂密的海岸红树林，一望无际的碧绿林带，依傍着蔚蓝的海水，将曲折的海岸线勾画得清清楚楚。红树林树木都长在海岸泥沼水中，是一种特殊生态环境条件下的植物群落。我曾多次在海南岛考察过红树林，那里只是一些灌木林，最高大的树木也不到 5 米。海南岛地处热带世界的北缘，海岸红树林自然没有喀麦隆这样的热带海岸红树林那么典型。我很想进入红树林中考察其区系成分构成和优势树种，但水中森林极难进入，所以这方面的资料很少，连法国植物地理学家勒杜泽（Letouzey）关于喀麦隆植物地理的一部专著都没有详细记载。

晚餐后，原来同托科托（Tokoto）先生有约会，但被"放鸽子"了，白等了半个多小时。后来，老戴领我去会见一位美籍华人王先生，地质学者，在美孚石油公司任职。王先生很热情，对野外考察很有兴趣，同我谈得很投机，还约我周末上山野外考察，我可能没有时间了。

是夜 12 时才歇息。今天收获不小，但亦有所失，下午考察红树林时，丢失了一副墨镜。这是一个警告，以后要多加小心，别丢失证件、钱包和资料！

4月20日　星期二　晴　杜阿拉—布埃亚

昨夜一夜大雨，哗哗的雨声向我宣告赤道雨季的威力！

早餐随杜办的汽车去港口，尔后，到武里河桥头拍摄河心小洲上的红树林。一个个河心小洲全被茂密的红树林覆盖，成了一个个绿色小岛，十分悦目。接着，徒步向昨天的观察点走去，路上遇到巴雷尔教授一行人，他们也来考察海岸红树林。我领他们去观察一处红树林剖面，我补拍了一些照片。

下午 2 时，依约同巴雷尔、梅勒两位教授在波士顿银行门口会合，还有一位喀麦隆大学毕业生，一同出发前往布埃亚（Buea）。沿途柏油路很好，两个小时行程景色甚美。杜阿拉市郊有一段道路两侧是废弃的油棕种植园，现作为工业园保留地，重新自然恢复成次生林，生长着棕榈、太阳树等先锋树木。前行到了米舍勒勒（Missellele）一带，见到了大片油棕种植园，整齐地分布在公路两侧，像仪仗队向我们致敬，油棕高度为 10 米左右。尔后出现橡胶种植园，内有三叶橡胶。1971 年种的老树高约 15 米，1979 年种的幼林只有 3—5 米高。见有些火焚痕迹，烧毁老树，更新幼林。这一片橡胶种植园面积相当大，是过去法国人和英国人遗留下来的。一个来小时行车，眼前橡胶林不断掠过。停车休息，我们登上一座小丘，居高临下，一片油棕林海洋奔来眼底，好一幅油棕园全景鸟瞰图。途经一条流水潺潺的小河，正想拍照，一群非洲青年上前阻止，说只可照景，不让照人。颇为扫兴，我们原本并没有想照人！

下午 4 时，我抵达著名的喀麦隆火山山麓，来到布埃亚城郊的一所学校，校名为 Institute Fan African for Development（"泛非发展研究所"），系瑞士人办的私人学校，学生来自西非几个英语国家。喀麦隆是法语与英语双语国家，我们现在来到了喀麦隆西部英语区，接待我们的老师都说英语。我们在西喀麦隆的考察将借宿在该校，我同巴雷尔教授同住一室。

喀麦隆火山山麓景色十分秀丽，喀麦隆火山云缠雾绕，难见真面目，山麓森林浓荫蔽日，散布着一座座精致的别墅酒店，是旅游者和登山者下榻的胜地。我们在一座别墅小花园喝啤酒休息，环境非常优美惬意。山麓海拔高度约 800 米，比较凉爽，全无杜阿拉闷热难耐之感，入夜要穿薄毛衣，睡觉要盖毛毯。晚上在饭店就餐，很简单，一菜一汤，收费50法郎。

4月21日 晴 迪柯

一夜安睡，6时起床。天气晴朗，远眺喀麦隆火山山峦起伏，蔚为壮观。眼前见到的只是喀麦隆火山最低一级台地，顶峰还在后面，要登上这级台地，再登上第二级台地才能一睹顶峰真面目。这正是"不识庐山真面目，只缘身在此山中"。这第一级台地估计海拔800—1000米，其下部为热带山地雨林，有两种不同类型的森林群落；上部为草地，可能开辟为牧场，有明显的水土冲刷现象。

喀麦隆火山远眺

上午7时出发，先驱车下山，驶向迪科（Tiko），这是沿海的一个港口小镇，不像城市而像一个农贸市场。镇中心有集市，十分热闹。集市中心内圈是固定的商场，一家接一家小商店，卖服装和日用杂货，大都是舶来品，见到不少来自中国的皮箱、电风扇、衣服、日用品和蚊香等。街上骑凤凰牌自行车的人不少。集市外圈是地摊小贩，出售农副产品，有薯蓣、鳄梨和其他热带水果，还有一种用黍做的面包

（pain de millet）。这个被称为商场的集市同法国波尔多的商场简直有天壤之别，木板房破破烂烂，街道又脏又乱，商品都是低档次品，比中国的农贸市场也差得多。

天气炎热，我们上一家楼座饮汽水。休息后，前往参观橡胶农场，先由农场负责人详细介绍，遗憾的是此地属英语区，英语介绍部分师生听不懂。巴雷尔和梅勒教授此行的任务是带领喀麦隆大学地理系学生来做人文地理实地考察，喀麦隆大学在首都雅温得，属法语区。双语国家挺麻烦的，地理学报、地图集都得用两种文字分别印刷，提高了成本和价格，正式场合集会唱国歌要用法语和英语各唱一次，类似的麻烦不胜枚举。然后参观橡胶种植园，这是一个22年的老胶园，树高20米左右，胸径38厘米。见到工人大白天割胶，我感到非常惊奇，我在海南岛和云南考察时见到的胶园工人都是天不亮就头戴矿灯割胶，很辛苦，因为拂晓割胶产量高，此地却相反。农场负责人回答我的提问时，解释说这里中午割胶产量最高，这种地域差异正是地理学家最感兴趣的。

采胶工人很辛苦，又脏又累，衣服破旧不堪，像煤矿工人那样。他们用尖刀斜切橡胶树干，马上就有白色胶汁流出，工人用小碗或用塑料袋接胶汁。采集的胶汁凝固后，用拖拉机将胶块运往工厂，先洗净、切割，然后烘干、压块或压片，制成原胶或生胶供出口。工人工作条件很差，铁皮屋里又热又闷，橡胶味刺鼻难闻。如此热天，男性工人全是赤膊。工厂附近有胶工宿舍，一排排平房，每家一到两间房，房后有厨房，场院中有自来水，养有猪和鸡。见到一些妇女和儿童，生活相当贫苦，个别家庭有自行车。很高兴能参观橡胶园，我将橡胶从种植、割胶、处理到制成生胶外销的全过程都记录和拍照下来。

中午，我们在一家非洲人开的饭店用便餐，有米饭、食用芭蕉和鸡腿。下午前往迪柯旧港，沿废弃的火车道走了很长时间，到旧港就近拍摄红树林。途中见到一棵奶油树，高

171

达 40 米，板根巨大，一片板根有半张乒乓球台那么大。还见到一种螃蟹，红绿色相间，十分悦目。晚餐我们一行 5 人吃了一顿正餐，花了 320 法郎，我买的单。

4月22日　阴转晴　登喀麦隆火山

布埃亚是山麓小城，既到了山脚下，何不登山？绝不错失良机！当机立断，决定前往登山管理处办理登山手续。喀麦隆火山由国家旅游局管辖，所有进山的旅游和登山活动都要经过登山管理处审批并缴纳进山费用。喀麦隆火山是西非最高峰，是一座著名的活火山，山地临近赤道，从海岸附近拔起，海拔高达 4070 米。攀登喀麦隆火山，揭示热带山地雨林的自然景观，特别是植被景观的垂直变化，这是极佳的机会，也正是本人赴喀考察的目的之一。巴雷尔和梅勒两位教授支持我去登山，但对是否登顶，要我届时看天气和身体状况，安全第一，切莫勉强。

于是，我来到了登山管理处，管理处主任热情地接待了我。他向我展示了喀麦隆火山的平面图和立体图，介绍说喀麦隆火山海拔 4070 米虽不算太高，但山地逼近海岸高高拔起，从山麓布埃亚海拔 800 米开始，登顶实际上要攀登 3200 余米。登山一般分三级台阶，第一级台阶为山地雨林带；第二级台阶逐渐过渡到山地矮林灌丛带；第三级台阶为高山草甸带；再向上剩余的几百米是苔藓地衣和火山灰带。全程有三处供登山者休息的避难所，皆为木板铁皮顶小屋。一般旅游者只登上第一级台阶，满足于饱览热带雨林的迷人景色便下山。登山者大多数登上第二级台阶就折返，当天来得及下山。只有很少数职业登山者和运动员登顶，他们必须在高处两个避难所过夜，次日才下山。登山按不同的台阶收费，登顶者还必须交向导费，向导确保登顶者的安全，特别是在深山最高的避难所过夜的安全。如果需要帮助背行装，可以加钱雇一个挑夫。

我向管理处主任介绍了我登山的目的既不是旅游,也不是职业登山,而是为撰写博士论文收集热带山地自然景观的垂直变化资料,特别是植物群落随海拔高度自然演替的第一手资料。我可以交付登顶费用,至于是否登顶届时要看情况而定。除了向导外,我需要雇请一位会爬树的青年人替我采集植物标本和背植物标本夹。我要求向导要有些文化,熟悉当地植物树种知识,登山不能匆匆赶路,我需要沿路观察、记录、采集植物标本,关键地段要停下做观察样方,请向导和挑夫给我当助手。主任答应了我的要求,我交款办理了登顶手续。登记登山人员资料时,主任问我是不是日本人。我回答说不是,我是中国人。主任显得吃惊,他说还没有中国人登顶喀麦隆火山,他十分荣幸,接待第一个来自"人民中国"的登顶者!他特意从书柜取出一本精美的"金书"(贵宾签名册)请我签名,用法文和中文留言。我写下以下文字:"愿中喀两国人民的友谊像喀麦隆火山上的森林万古长青!"主任谢谢我的友情,说前两年有过中国大使馆人员国庆假期来喀麦隆火山爬山,只上了第一级台阶。待我办好了登山手续,主任说他马上去联系向导,让我回住所准备行装,带够两天的食物和矿泉水,约我10时来同向导会合登

喀麦隆火山热带山地雨林

山。

　　我准时赴约，主任向我介绍向导，他名叫吕西安（Lucian），是管理局注册的优秀导游，完全符合我的要求，高中文化，熟悉登山路线，身体健壮会爬树。我问："那个帮背行装的挑夫呢？"主任说吕西安身兼两职。我心里不太满意，这位主任虽然热情友好，可是也太精明了，收了两个人的费用，却只安排一个人！事已至此，我也无可奈何地接受了。

　　上午10时30分，我们从山麓一所农场出发进山，巧遇3名法国人，两男一女，结伴登山。向导告诉我们，进山起点海拔高度大约1000米。

　　第一段山路是山地雨林地带，下部最先穿过一片伐林后人工种植的桉树林。渐次向上，人为毁林现象有所减轻，进入山地次生林带，但仍可见一片片火烧痕迹，极粗放地种着芋头和食用芭蕉。烧荒种植放弃后，丛生出高大的芦苇、茅草和粗大的树蕨，高7—8米，胸径13厘米。继续向上，毁林垦荒现象渐次消失，森林茂密，树木高大，覆盖率达80%以上。森林树木成层现象明显，上层优势树木高达25米以上，胸径粗达2—3米。我停下来做了记录样方，向导帮助我辨认优势树种和建群树种。因为我曾在海南岛和云南热带森林实地考察过，一些树种我认识，如桑科榕属、木棉等，不认识的向导告诉我当地土名，我记载下来，以后待查。见到一种大树下部盘根错节，树干很像榕树，有许多支柱根，但看树叶不像，向导爬树替我采集了树叶和果实标本，有待以后去植物标本馆鉴定[1]。爬树是吕西安的绝活，他像猴子似的蹭蹭就上去了。上层树种的板根现象很普遍，但不如低海拔雨林所见那么巨大；此外诸如老茎生花、寄生、附生、共生等热带森林的特征随处可见。森林中层为小乔木，10—15米高，

---

[1] 后来经喀麦隆植物标本馆鉴定为五加科（Araliaceae）*Schefflera barteri*。

下层为灌木丛，最下为草本植物。因为森林郁闭度大，林中阳光不足，中下层乔木、灌木和草本植物并不茂密，通行没有困难。林下堆积了厚厚的枯枝落叶层，走在上面松软有弹性，十分惬意。森林中木质藤本植物茂盛，碗口粗的木质藤条缠绕在林间，有些地段粗藤密集缠绕，影响通行，有时向导要用砍刀开路。藤本植物属于层间植物，也是热带雨林的特征之一。吕西安说森林地带其实比较安全，林下灌木草本不茂盛，一般很少猛兽和毒蛇，再向上到了矮林灌丛地带就得小心一些了。林中很凉爽，时而可闻鸟儿在枝头鸣叫，这是一段最富有诗意的行程。

喀麦隆火山热带雨林的林内景观

沿着林中小径继续向上攀登，林木逐渐稀疏，林中有阳光射入，林下灌丛草本茂密起来，行进反而不太通畅。下午1时我们到达第一个休息避难所，一间木板铝皮顶的简陋小屋。这里海拔高度为1830米，距布埃亚9公里。我们进屋稍事休息，我以为在这里能追上那3位法国旅伴，因为他们见我在林中考察和采集标本，就不等我们，说到避难所再见。可能我们在林中逗留时间太久，人家早已上山无影无踪了。休息时我同吕西安聊天，他告诉我，他是山麓布埃亚一所高中的学生，他向往高中毕业后去法国上大学，在管理局勤工俭学当导游，积攒赴法留学的经费。他很羡慕我能在法国攻读博士学位，说很乐意陪我一边登山一边考察，学到不少植物考

175

察方法，比单纯为旅游者或登山者带路有意思。我对他为我背行装、标本夹，爬树采集标本表示感谢，辛苦他了！

我们简单吃了午餐，三明治和矿泉水，补充了能量，继续登山。在后一段森林考察中，明显感到随着海拔上升，气温下降，因为平均每上升100米，气温就下降0.6℃。林中虽然有阳光照射，却反而比前一段密林中更冷些。森林结构简单些了，树木种类区系成分也有所变化，在这一段山地疏林带我们逗留了一个多小时，认真做了考察记载。不久，我们走出了森林地带，我原来想象植物群落依次应该演替为矮林灌丛带，可是眼前却是一片草地。森林与草地界限很分明，难道这就是喀麦隆火山的森林上限，海拔大约2200米？吕西安告诉我，这是过去刀耕火种造成的结果，不是真正的森林上限，向上攀登还能见到杜鹃、苔藓、矮林灌丛带。进入草地，先是一段缓坡，草丛茂密，覆盖度很大。时令干季，草地一片金黄色，黑色的玄武岩不时从草丛中露出来。尔后一道大陡坡耸立在面前，坡度达40°以上，怪石嶙峋，草丛稀疏，奇形怪状的玄武岩巨石、熔岩流、大浮石使小径行走艰难，碎石硌脚，幸亏在杜办借了一双翻毛皮鞋。走了将近两个小时，终于征服了这漫长的一段陡坡，于下午4时45分到达第二避难所，海拔高度2780米。这段陡

攀登喀麦隆火山，在海拔2780米高度的登顶避难所度过了一个不眠之夜

坡攀登很费劲，每向上爬十几步就得停下喘口气，体力消耗很大，两脚都有点抽筋了。吕西安说我们沿途考察、记载、采集标本和摄影用了不少时间，今天不可能按原计划登上最高的第三避难所过夜了，只能在这里过夜。这样有利有弊，利是不太冷，野兽少，比较安全；弊是明天登顶再下山，时间比较紧。第二避难所海拔高度2780米，高处不胜寒，入夜寒风凛冽，可不是吕西安说的不太冷。我心里想，最高的那处避难所不知道该有多冷呀！吕西安很敬业，他让我进屋休息，出去在周围捡拾枯枝柴火，生起了篝火，屋子里暖和起来了。

　　第二避难所也是简陋的木板铝皮屋顶，有三间房间，设有木架通铺供登顶者过夜。我们正准备吃晚餐时，听到门外有人说话的声音，原来是出发时遇到的三位法国旅伴已经顺利登顶下来此处过夜。简陋的屋子里顿时热闹起来了，大家围着篝火共进晚餐。晚餐十分丰盛，有我带的中国鱼、肉罐头，法国的肉酱、奶酪，主食有面包、方便面条，餐后烧山泉水沏咖啡和红茶。三位法国旅伴中，一位中年女士是登山运动员，巴黎人，有丰富的登山经验。她告诉我们登山时不要直上直下，否则膝盖受不了，应该走"之"字形。我想她要是早点传授经验，我刚才爬陡坡就不至于那么吃力。另两位是一对夫妇，男士是波尔多人，听说我从波尔多来，显得格外亲切；女士原籍美国，她体力较差，没能登顶，很勉强登上第三避难所，就独自留在那里等候同伴登顶后一块下山。闲聊中我有点纳闷地问他们："你们登顶怎么没有向导？"他们诡谲地一笑，说了一句西方成语"条条道路通罗马"。我顿时明白了，他们是喀麦隆火山登山常客，熟门熟路，根本不需要向导，绕过管理局自行登山。偌大的喀麦隆火山，登山途径多着呢，管理局也管不过来。原来如此，这正是"道高一尺，魔高一丈"，法国登顶者比管理局主任更精明啊！只有我这个华夏子孙老实诚信，循规蹈矩！不过话又说回来，我只身登山，人生地不熟，不雇向导是不可能的，热带山地雨林带根本没有路，就算进得去也肯定出不来。由此我也不必为此耿耿于怀，吕西安勤工俭学也不容易，如此敬业为我服务，我能给他一点帮助也感到欣慰。

天黑前，又来了三位法国年轻人，他们进山较晚，打算明晨同我们结伴登顶。从第二避难所可以远眺大西洋几内亚海湾，淡蓝色的大海、深黛色的海岸令人心旷神怡！

入夜，可以见到近处山麓的布埃亚、迪柯和维多利亚等城镇，以及远处大城市杜阿拉的灯光。高山夜宿，不胜寒冷，和衣而睡，加上烟熏火燎，极度疲劳，难以入睡，只能闭目迷糊而已。向导吕西安很负责，他在屋外也笼了一小堆火，说是为了吓退山上的野兽。屋里屋外两堆火，他根本就不敢睡觉，坐待天明，其敬业精神令人敬佩。

4月23日　星期五　阴转热带暴雨　征服喀麦隆火山顶峰

迷糊了一夜，凌晨4时30分起床，喝了点红茶，吃了些饼干。5时15分天刚蒙蒙亮，就踏上了征服喀麦隆火山主峰的征途。向导带领我先沿山脊攀登，不久进入一片茂密的杜鹃苔藓矮林。杜鹃树（*Agauria salicifolia* Ericaceae）处于高山寒冷大风环境下，生长得矮小粗壮，树干扭曲，随盛行风向歪斜，树干上挂满了苔藓随风飘动。杜鹃树几乎是纯林，未见其他杂树，树高平均10米左右，测量了胸径为25厘米。目前正是结果期，我做了记载样方并采集了枝叶和果实标本。我认为这才是山地森林的上限。

走出这片杜鹃苔藓矮林，又遇到一道陡坡，怪石嶙峋，山路崎岖，吕西安鼓励我加油，说这是登顶最后一道难关。海拔已超过3500米了，风大寒冷刺骨，这一段植物稀少，只有从岩缝中长出的小草丛，地面覆盖度仅10%左右。花了一个半小时终于翻过了这道陡坡，然后山路便变得平缓起来，此时连小草丛也消失了，遍地是岩石、熔岩流和火山灰。岩石上长着苔藓和地衣，偶见一些菊科小草。

上午9时30分，我们到达最高的第三避难所，海拔高度3950米，是建在岩沟避风处的一间小屋，比下面两处避难所小得多，因为登顶者毕竟是极少数。四周景色奇异，岩石上覆盖着淡绿色的地衣，犹如绿色的水晶宫。山顶地带云雾弥漫，能见度差，我抓住云雾消散的瞬间抢拍一些景观照片。

喘息片刻，我就开始突击主峰了。顶峰地带地势反而变得平缓，但路程漫长，时而穿沟谷，时而绕山嘴，时而翻越岩墙，更多时间是行走在火山灰上，

喀麦隆火山顶部景观——火山灰和苔藓地衣

仿佛在沙漠中行走，软绵绵的不得劲，很费力。山顶风大雾浓，阵风袭来，我不能直腰行走，只能斜着身子，借助风力吹着前行。浓雾弥漫使人不能望远，偶尔雾散，眼前出现一座山峰，我很兴奋，以为顶峰在望。不料峰回路转，前方从云雾中又隐现一座更高的山峰。喀麦隆火山顶有众多山峰，在吕西安带领下我们奔主峰前进。上午10时30分，我们终于登上了真正的主峰，海拔4070米。主峰是一座很狭窄的山头，方圆只有百来平方米，由红色玄武岩熔岩构成。主峰上立有水泥标桩和木质标志架。我极其兴奋，忘却了疲劳，拿出相机摄影留念。顶峰云缠雾绕，雾气太大，几秒钟照相机镜头就凝满水汽，不知摄影是否成功，哪怕留个影子也是难

忘的纪念！顶峰风大寒冷，雾中还飘着雪花呢。山麓地处赤道热带高温，山顶却雪花片片，真正体验到山地气候十里不同天。如此大风寒冷，没带手套，冻得难忍，我们只逗留了不到十分钟，便原路下山。下山虽然不再气喘吁吁，但因为体力消耗很大，感到挺累，一个人走在后面，同吕西安拉下一段距离，他时不时停下来等我。中午12时，我们返回到第二避难所。休息一个小时吃午餐、饮水，没有再生火沏茶，恢复了体力，继续下山。本来我以为下山应该很快很顺利，只需要做一些补充观察和拍照，不料，天气突然变得阴暗起来。途中下陡坡过草地时已开始掉雨点了，进入山地森林带后雷雨交加，昏天黑地，热带暴雨滂沱而下，全身淋湿透了。深山老林，阴暗路滑，连滚带爬地紧跟吕西安向山下赶路。吕西安年轻力壮，下山一路小跑，我很吃力地紧跟，不能掉队！经过第一避难所时，吕西安不让进去躲雨休息，他说天黑前必须走出林带，否则容易迷路走不出林子，那就太危险了。继续下山，一路上我滑倒两三跤，全身是泥，翻毛皮鞋也灌满了水，吱吱作响。又累又怕，感到腿部不时抽筋，不听使唤，但心里仍在坚持。吕西安很尽职，他在前面小跑带动我，不时大喊叫我跟上，我也呼

攀登喀麦隆火山，与当地向导合影

喊相应。每隔一段他就停下来等我，如果我掉队迷路就不堪

设想了。就这样我们跌跌爬爬，终于在天黑前走出了森林，到了安全地带。我同吕西安告别，谢谢他两天登山一路上对我的帮助和关照，给了他一些小费，祝福他早日实现留法深造的梦想。然后，我雇了一辆出租车，回到学校驻地。巴雷尔、梅勒和喀麦隆大学的学生见我一身湿透泥泞地安全归来都欢呼起来。原来，他们见到倾盆暴雨突如其来，一直在为我担心，为我祈祷。热水洗个澡，美美吃了顿晚餐，躺在床上休息，回味这两天的登山探险，感到真是辛苦，但苦中有乐！人生能有几回搏？这算是我的一搏，难以忘怀的一搏！

4月24日　星期六　晴　布埃亚—杜阿拉—雅温得

结束了一周的喀麦隆西部地理考察，满载攀登喀麦隆火山[1]的硕果踏上归程返回首都雅温得。

上午7时30分驱车离开贝埃亚，8时就到了杜阿拉，停车休息两小时。巴雷尔、梅勒教授要去向杜阿拉学界朋友告别，感谢他们热情和悉心的接待安排。我也去杜阿拉办事处，向戴玉昆主任等话别。碰巧杜办有车去港口，戴主任告诉我香港海轮江业号抵港，邀请我同他一块去港口迎接。机会太好了，时间也来得及，于是我随杜办的车子前往港口，

---

[1] 西非最高峰喀麦隆火山是一座复式活火山，从喀麦隆西南部几内亚湾沿岸高高拔起，海拔4070米。在当地古代传说中被誉为"神之战车"和"伟大的山"（Mongo ma Ndemi）。20世纪以来先后喷发4次，每次喷发后往往间歇较长一段时间。在本人登山后半年，1982年10月最后一次喷发，虽然规模不大，但喷出的气雾有毒，幸亏及早疏散了周边居民，未造成人员伤亡。当时，我已经回到了波尔多，正在潜心撰写博士论文。我庆幸赶在这次喷发毒气之前登山，想想也后怕，真是感谢幸运之神的眷顾！此外，山麓小城布埃亚平均年雨量10000毫米，是世界之最。由此可见，我在林中受到热带暴雨袭击并非偶然遭遇。

登上了万吨巨轮"江业号",受到了船长和大副的热情接待,我还是第一次登船参观巨轮呢。在"江业号"的高台甲板上,我拍摄了杜阿拉港的全景照片,这是很难得的机会,事后我才知道杜阿拉港是禁止拍照的。"江业号"主要是运载国货,销往西非国家。

上午10时集合后继续上路,正午又在埃迪亚那家饭店用餐,简单吃了三明治快餐,喝了饮料。返程开车很快,停车观察也不多,所以晚餐前已经回到了雅温得,大家分手各自回自己的住所。适逢周末,赶上使馆放电影《小花》和《月亮湾的笑声》。一周的考察马不停蹄,加上冒险只身登山,热带山地雨林中遭遇热带雷暴的洗礼,一旦休息放松,反而感到极度疲劳,需要好好休息几天。

喀麦隆 港口城市杜阿拉

4月25日　星期日　晴　雅温得

星期天是休息日。连日旅途奔波，登山劳累，两腿感到酸痛，尤其上下楼梯甚为困难。今天好好休整休整。

使馆经济参赞处周日吃两顿，大家轮流做饭，让厨师小赵休息一天。小赵是广东肇庆人，擅长广味粤菜。上午大家包饺子，边包边说说笑笑，挺热闹的，有水饺和锅贴任选。下午米饭、炒菜、冷盘，伙食办得不错。

上午，办公室一秘冯老师和张其尧先生来看我，我向他们汇报了一周考察的情况、收获和存在的问题。

晚饭后，经参处小郝开车带我游览市容，兜了一大圈，对首都雅温得有了个初步印象。雅温得位于高原地带，所以虽处热带却比较凉爽，不像沿海的杜阿拉那样闷热难耐。城市呈阶梯状起伏，其周边分布着一些小丘和岛山，相对高度不超过100米。中国援建的人民宫耸立在一座丘陵上，居高临下，十分醒目，成为雅温得地标性大建筑之一。能同人民宫比美的是法国人援建的新总统府，外观也很气派，与人民宫遥遥相望，耸立在另一座高丘上。因为人民宫的建造，中国在喀麦隆人的心目中赢得了崇高的形象，我们走在大街上，大人小孩都认得出中国人，伸出大拇指友好地招呼"中国人"或"毛，中国"。城里还有一些很有非洲特色的大建筑，散布在市内各处，相对集中在市中心区，如形状像帆船的新邮电大楼、现代派的共同体大厦、国会大厦、大银行等。市区有一个小湖，但未见到公园。整个城市因地势起伏，显得有点散乱。红土灰尘飞扬，给建筑物都蒙上一层红尘，成为城市的基本色调。除上述豪华建筑外，绝大多数房屋都是铝皮平顶的平房和两层小楼，很凌乱不集中，未形成有规则的街道网。中央商业区也不如杜阿拉繁华，难怪我刚来时觉得不太像首都城市。交通秩序较乱，全城只有十几处十字路口有红绿灯，偶尔见到几个警察指挥疏解交通。看来非洲城市设施差，老百姓生活水平低，仍然贫穷落后。杂乱的自由市场、众多无业游民、四处兜售小商品的小贩……组成了一支喧嚣嘈杂的非洲城市"交响乐"。

晚上，使馆放映美国电影《侦探》，法语片。看电影时遇见苗玖锐大使，他同我打招呼，很平易近人。一天没有做业务工作，可说是充分休息了。

4月26日 星期一 晴 雅温得

经过一天的休整，体力得到了恢复，不过两腿仍有些酸痛，上下楼尤甚。这很正常，平常很少剧烈运动，猛然连续攀登高山，就会出现这种情况，再缓两天自然会好的。

早餐后，经参处小郝送我去莫林先生家，不巧他已离家去喀麦隆大学上课了。尔后，搭使馆会计的便车去市中心一家银行换钱。不知什么原因，在杜阿拉的波士顿银行用美元旅行支票换钱不收手续费，而这家银行我换了1000法郎的旅行支票，却收了200多西非法郎（合4法郎）的手续费。法国法郎与西非法郎固定汇率不变，为1：50。西非法郎是西非五国通用货币，我所见到纸币面值最大的是10 000法郎，最小的是500法郎，500法郎以下为硬币。换钱后去市中心邮局，人很多，匆匆买了些邮票和喀麦隆风光明信片。上午便在宿舍里给家人、朋友和同事写信汇报喀麦隆西部考察见闻。

午餐后，我再去莫林先生家，巴雷尔教授也来了，然后大家一块去喀麦隆大学地理系。不巧地理系主任栋格莫（Dongmo）不在，他是我导师拉塞尔教授的博士生，论辈分应是我的师兄。我还带着一封导师给他的私人介绍信，托付他多多关照我。旋即去人文研究院拜会院长，非洲人，名字我没记住。

同莫林先生分手后，我自行去会见德若莫（Djomo）先生，他是喀麦隆全国运输工会主席，其子女在波尔多上学，因其子曾转租过我的房子，其女常来街区教堂，经常见面便认识了。他们知道我要去喀麦隆，就托我给他们家捎点东西，故介绍我去见他们父亲。德若莫是运输行业的头头，颇有权势。他很自豪地自我介绍是喀麦隆西部巴米累克人，居住于喀国经济比较发达的省份，家里有四个妻子，其中一个是他的秘书。他答谢我替他捎东西，送我一件非洲木雕工艺品——椰子树下一位非洲妇女身穿非洲长裙，头顶水罐，很有非洲特色，我很喜欢。他还慷慨许诺我免费搭便车去喀国中部高原恩岗德雷考察热带稀树草原。后来莫林先生告诫我，同这类社会人物交往要多加小心，避免上当受骗，别中了黑社会人物的圈套，非洲社会情况很复杂。我感谢了莫林的忠告，不过我认为德若莫先生不至于是那样的人，不能总戴着墨镜看非洲人吧。

今天天气有点闷热，但比杜阿拉热浪滚滚，浑身黏湿，坐着都淌汗还是好得多。入夜很凉爽，夜里要盖毛巾被呢。

4月27日　星期二　晴　雅温得——萨纳加河"童年桥"

11时30分，我赶到莫林先生家集中，午饭也来不及吃，等到巴雷尔教授到即驱车外出考察。同行四人，由莫林的非洲同事开车，一辆苏制吉普车。从雅温得东北方向出城，向北行驶，公路前一段还可以，后一段变得坑坑洼洼。非洲人习惯开快车，十分颠簸，令人有点提心吊胆呢。

一路上见到一片片次生林，受人为垦荒活动影响，树木成分变得很复杂。公路两旁散居着农户，住房都是清一色的铝皮屋顶，黏土夹木板干打垒的墙壁，外观很简陋，却非常结实，像非洲常见的铁壳土那般坚硬，所夹的木板是拉菲棕（Raphia）树干。房前屋旁种有作物，花生、薯蓣和玉米之类，屋后油棕、芒果和椰树羽叶翻飞，掩映着泥土民居，构成一幅热带非洲乡村风情美景！次生林人为干扰严重，夹杂着一些半落叶树种，棕榈树和油棕树有的是种植后撂荒的，也有自然野生的。棕榈树和太阳树一样，都是次生林的先锋树种。此外，这一带次生林中一个突出的特征是木棉树很多，甚至成为群落的优势树种。目前正值结果期，树叶落光了，树上挂满团团"白球"，耸立在浓密的绿树丛中，十分悦目。天空中棉絮飞扬，公路边上也满地棉絮，随着车过卷起飘舞。

木棉树很高大，可达30米，胸径粗的有1米左右，树木基部有巨大的板根，幼树下部有皮刺。木棉树性喜干旱，说明这一带比较干热，而雅温得—杜阿拉一线则比较湿润，未见木棉这类树种，诚然这与人为垦荒活动造成森林严重降级也不无关系。高大的木棉树和纷纷扬扬的棉絮，不禁勾起我的思乡之情。我是在中国广州长大的，木棉是广州的市花，每年早春开大红花，被誉为"英雄花"。木棉树果期棉絮飞扬时，我和弟妹就忙着捡拾，给妈妈用来做枕芯。

沿途经过几个小镇，有的未停车，在萨阿（Saa）停车修扎破了的轮胎。天气很热，在一家小店饮汽水。芒果很便宜，10法郎买了20个，其味又香又甜，但不宜贪食。食用香蕉当地名叫普拉丹（plantain）。木瓜也很便宜，热带水果种类丰富，可以大快朵颐！

巴雷尔、莫林都是地貌和土壤专家，沿路他们多次停车观察土壤剖面。修建公路削出了非常清楚的土壤剖面，红土风化壳极深厚，路边所见就有3—4米厚，剖面中常见有碎石夹层，是经历过一个干旱期产生的崩积物，亦有大块铁结核物。令人惊奇的是，土壤剖面中有许多白蚁孔道，可达3米之深。

最后停车点是萨纳加河（Sanaga）的"童年桥"（Pont d'enfance），目的是考察沿河走廊林。沿河一带水分条件较好，走廊林树木很茂密，过河向北便过渡为林缘萨瓦纳地带了。禾本科高草达2米多高，土壤铁壳化严重，坚硬结实，土壤剖面含有许多铁结核颗粒。这里已来到了阿达马瓦

（Adamaoua）高原南缘，属于森林——萨瓦纳交错镶嵌地带。

下午5时驱车返城，到达雅温得时已7时多了，雅温得已经灯火辉煌了，夜景美极了！

4月28日　星期三　大雨转晴　雅温得

拂晓时，天下起倾盆大雨，一直下到9时多。热带暴雨一下，天气就凉快多了，人们穿上夹衣了。

上午，同莫林先生一块去喀麦隆大学，大学城位于城西南部，校园范围不小，一栋栋两层小楼，错落散布在两座小丘陵上。布局甚为别致，建筑也很有地方特色。这是喀麦隆最高学府，唯一的综合性大学。诚然，其师资、设备和教学条件，远远不如法国波尔多大学。地理系的主要课程均由法籍教师担任，因而专业设置、教学大纲、实验室设备以及野外实习方法等，几乎全照搬波尔多第三大学地理系。前面提到的帮助我的巴雷尔、梅勒、莫林等都是来自波尔多第三大学，或兼职或全职。由此可见，喀麦隆的高等教育受法国的影响很深。

首先，我拜会了系主任栋格莫教授，他是早期波尔多第三大学地理系博士毕业生，与我同为一个导师拉塞尔，所以按辈分应是我的大师兄。早在波尔多我们已经相识，这次在雅温得重逢显得格外亲切。我把拉塞尔教授的私人介绍信给他，并简单说明了喀麦隆地理考察的计划。栋格莫主任热情邀请我做两次讲座，时间安排在下星期。讲学内容他建议一次介绍"中国地理学教学与研究"，另一次为专题讲座"中国自然地理特征与农业地理区划"，我欣然接受了。为配合讲学，我同大使馆一秘老冯和张其尧联系，得到他们的大力协助，可以借用一些新闻照片和音像资料。

尔后到理学院生物系拜访了几位植物地理学家。生物系主任瓦莱（Vallet）教授也是法国人，他今天有课，约我明天再详谈。似乎他们的教学研究与我的考察内容很对口。在回经参处住所的路上，莫林给我介绍了一家图书馆（法国海外科技局原址）和国家地理中心，建议我抽时间去收集文献资料。前者收藏了不少科技书刊，后者是地图和航空照片中心。

下午未外出，在住所整理考察记录和植物标本。晚上，使馆放映电影《乡情》，颇有乡土风情。使馆人员个个笑逐颜开，欢欣雀跃，原来今晚外交信使到达雅温得，将带来大批公函私信。使馆朋友介绍说信使每月来一次，使馆人员的信件一般都通过信使捎来捎去。这是使馆工作人员最盼望的日子，信使带来国内亲人的深情祝福，捎去远离家乡的游子的平安信息。信使是大家最最欢迎的使者！据说，明天使馆各部门都暂停一般办公，让大家赶紧写信，明天交给信使带走。我也利用这个机会给家人报平安，给地理所领导和同事汇报考察工作情况。

4月29日　星期四　晴而热　雅温得

我应莫林先生之约，上午10时30分到喀麦隆大学地理系会面，一块同栋格莫主任商定讲学的时间和内容。5月3日一次，介绍"中国地理学教学与研究"；5月5日一次，进行专题讲座"中国自然地理特征与农业地理区划"。配合讲学要求，地理系提供放映地理影片的设施。中午莫林请巴雷尔教授吃饭，邀请本人作陪。

下午，莫林先生陪我访问了几个科研单位。国家地理中心（Centre de Géographie Nationale），从名称看我以为是地理学研究机构，但实际上是测绘总局，管理、收藏和出售各种地图和航空照片，包括1/50 000大比例尺地图，不像我国属于保密地图，这里不保密，可随便选购。我选购了一些与撰写博士论文有关的地图和航空照片。中心副主任很热情，他同莫林很熟悉，请我们在一家酒吧饮啤酒，聊了一个多小时。尔后又驱车去热带农艺研究所，在远郊，离雅温得市17公里的一处小山麓。可惜去晚了，波尔多热带地理研究中心同事夏特林（Chatelin）临行前给我介绍的两位植物和土壤学家都下班走了。最后去法国海外科技局（ORSTOM），不算太远，是一座小楼。年轻的代主任库尔努（Cournu）接待我们，很客气，介绍了机构的性质和研究方向，重点是自然环境、资源和社会经济发展。法国海外科技局历史悠久，在前法属国家都设有机构，历史上曾为殖民统治和掠夺服务，殖民地独立后，为改变形象，宣传为援助非洲国家社会经济发展服务。法国海外科技局编著出版了许多非洲地理环境著作和地图，有不少地理学者在该机构任职。库尔努先生答应以后如有外出考察活动会通知我，欢迎我参加。

上午在会见栋格莫主任之前，我还去理学院生物系拜会了系主任，也是一位法国教授，名字我没记下来。他向我简单介绍了生物系的教学和研究，领我去参观了他们的植物标本馆，植物标本非常齐全，该标本馆是法国著名的植物学家勒杜泽（Letouzey）创建的。他告诉我，勒杜泽教授对喀麦隆植被了如指掌，目前在巴黎自然博物馆任研究员，建议我有机会去向他求教。主任许诺帮助我鉴定考察中所采集的植物标本。他说遗憾的是，近期植物标本采集人员没有出差任务，不然我随他们一块出差，一定能学到很多采集、制作标本的方法，并能实地识别植物种类。真是太遗憾了！不过，回想这些日子得到喀麦隆大学的老师和使馆官员的大力帮助，也应该知足了，不能样样好事都占尽吧。

总之，今天感谢莫林先生带我访问了好些单位，广泛结交了学术界老师和朋友，得益匪浅，收获颇丰，为下一步地理考察创造了良好的前景！

4月30日 星期五 阴 雅温得

今天，巴雷尔教授结束了今年在喀麦隆大学的教学任务返回波尔多，中午莫林先生设家宴为他饯行，请我和两位喀麦隆大学地理系教师作陪。我赠送莫林一个广东石湾陶瓷工艺品金色如来佛，莫林先生很胖，我戏称他很像如来佛，逗得大家哈哈大笑；送莫林夫人一方真丝头巾，她很喜欢。莫林先生来喀麦隆任教已5年了，他说两个月后将回波尔多，应聘到波尔多第三大学地理系任教。天长日久，一旦离去还真有点依依不舍呢。他的住所在一幢公寓的四楼，他有两个活泼可爱的女儿，都在这里上中学。喀麦隆大学地理系法籍教师不少，其他系也一样，看来喀麦隆大学同法国的大学关系很密切，连校舍教学楼都是法国人设计建造的。不过，喀麦隆实行国有化，大学院系第一把手职位基本都任命本国人担任。法国大学毕业生就业比较困难，不少年轻毕业生选择先到非洲原法属国家大学或中学任教，努力奋斗几年取得一定的资历，再回法国大学应聘。梅勒和莫林都属于这种情况。梅勒先生夫妇旅喀任教时间更长达11年了，他夫人在雅温得一所中学任教，也有两个宝贝女儿。

下午，我去使馆挑选音像资料，照片、画册各种资料不少，如珠峰考察、沙漠治理、江河大坝水利工程、三北防护林、各类自然保护区等，英文版和法文版的中国国土整治与环境保护的书籍画册都有。这些中国建设成就的宣传材料，使馆不便随意广泛赠送，积压很多，所以，很乐意我以民间学术交流形式对外宣传。使馆官员大力支持我应邀在喀麦隆大学讲学，这些宣传材料正好派上用场。没想到我这次还能起到民间外交宣传作用呢。

明天是"五一"劳动节，晚上在雅温得体育场有庆祝节日的歌舞晚会。我同经参处小郝等结伴前往观赏。体育场离使馆不远，步行不到十分钟。圆形体育场规模不小，可容上万观众，以总统的名字命名为"阿希乔体育场"。运动场绿草茵茵，十分悦目。据说，在喀麦隆足球是人们最喜爱的体育运动，青少年更是为之疯狂。喀麦隆足球队一直是非洲足球劲旅之一，有"非洲雄狮"的美誉。今年喀麦隆足球队闯入世界杯决赛，喀麦隆人为之骄傲自豪！

我们到得太早，足足等了快两个小时，晚会才开始。先是一段脱口秀，相当于我们的单口相声吧，然后是音乐歌舞表演。这里的歌舞晚会形式同西欧差不多，演员不拘形式，潇洒自如地手执话筒，边唱边舞，伴奏的吉他手也是在台上手舞足蹈。演出精彩时，台上台下互动，欢呼雷动，观众随着音乐节奏翩翩起舞。音乐节奏感极强，音响尖锐高亢。我们都不太习惯这种狂热节奏，感到似乎是乱唱乱跳，其实是不懂得非洲人的音乐语言吧。场内秩序不太好，人太多空气也不好，我们感受了非洲人的节日热闹，便没有久留。回到宿舍已10时了，沐浴就寝。

忘了提一下，使馆经参处的节日晚餐非常丰盛，是来自广东肇庆的年轻厨师小赵的手艺。菜式有香酥鸡、香菇熘肉片、五香牛肉干、松花蛋等等，大家畅饮绍兴加饭黄酒和丹麦啤酒。这里供应的国内食品大都是从香港运来的。这一段时间住在使馆经参处，对驻外使馆人员的生活有了一些了解。他们的工作很紧张，外交无小事，责任很重，生活很舒适，但活动范围和文化生活有限。他们常看电影，长期远离祖国和亲人，难免流露思乡之情。

5月1日　星期六　阴　雅温得

今天"五一"国际劳动节，在喀麦隆也是法定假日。

中国大使馆组织庆祝活动。上午举行乒乓球和克郎球友谊赛，使馆代表队对人民宫代表队。人民宫是我国援喀的一项重大工程，历时4年了，现已竣工，将于5月20日喀麦隆20周年国庆纪念日举行隆重的竣工仪式。届时将有中国政府代表团前来剪彩，铁路杂技团随团访喀演出，一定热闹非凡。人民宫选址非常好，位于雅温得城区外缘一座丘陵上，原来是一座水塔所在地。乳白色的大厦巍然屹立，居高临下，俯瞰城市，从城区各处都能仰望其倩影。文化宫外观雄伟典雅，东方华夏风貌，两座长方形大楼相连，主楼高九层。据说内部相当华丽，还没有对外开放参观。人民宫遥遥相对的另一座丘陵上，正在施工的一座新总统府，由法国援建，规模也蔚为壮观。两大现代建筑，竞相比美，此乃雅温得市民为之欢欣鼓舞的幸事。兴建人民宫高潮时期，来自中国的工程技术人员和工人达到400余人，在雅温得乃至喀麦隆全国都产生很大的影响。我们走在街上，大人小孩主动向我们致意问好，很多人会用汉语说："您好！"我们深深地感受到喀麦隆人民对中国和中国人的友好。

节日按惯例，经参处开两顿饭。晚餐后天还没黑，我步行去看望莫林先生。他被自家的爱犬无意中咬伤，打了狂犬疫苗，手缠着绷带。晚上大使馆有文娱活动，下象棋、打麻将、打扑克，备有茶点和冰激凌招待。电影厅放电影，不知为什么又放映《乡情》，也许"每逢佳节倍思亲"吧！

喀麦隆雅温得 中国援建的议会大厦——人民宫

5月2日　星期日　阴转晴　雅温得

星期天假日，上午经参商务处几位同志相约驱车外出游览照相，盛情邀我参加，有徐参赞、老孙、老郭和司机等人。老郭是新到任的最积极，小厨师小赵闻讯也欣然同往。使馆免费给工作人员每人7个黑白胶卷助兴。

这次乘车自由观光，进一步加深了我对雅温得市的印象。城市位处海拔800—1000米高的一座高原上，周围分布着7座山峰，茂林叠翠。人口不多，30万人左右，比海港城市杜阿拉少。然而，城市范围却非常宽广，以至于从高坡上俯瞰城市，只见那一片片长方形的平房星罗棋布，撒满在一个个红土丘陵之上，漫无边际。红土灰尘给所有的大大小小建筑物都染上一层淡淡的红色，构成了雅温得城市的基本色调。在成群低矮铝皮顶平房中，鹤立鸡群般地耸立起一些现代高楼大厦。有的建筑很有特色，如邮电大楼状如帆船，寓意迎风远航万里；共同体大厦状如大面包；市政府大厦、银行大厦等也很壮观。当然最为雄伟悦目的大型建筑，非山丘上的人民宫和新总统府莫属。

雅温得有一个小湖，虽然不大，但湖畔风光宁静优美。离中国大使馆

喀麦隆首都雅温得城市风光

不远的阿希乔体育场也是城市大型现代建筑之一。最后我们转到一座山上坡下。使馆同志说，山丘上是阿希乔总统现官

193

邸，新总统府尚未竣工。附近另一个山丘上有座豪华旅馆，旁边一泓清池，游泳者均为欧美游客。这一带还有国际中、小学校，法国等欧美国家在雅温得工作生活的人不少。我们也在商业街区巡礼一番，见到日用工业品、高档化妆品、时尚服装奢侈品大都来自法国。由此可见，国家独立已近20年，但经济上对原宗主国法兰西的依赖仍然很大。

令我感到惊奇的是，目前喀麦隆是一个罕见的、没有电视的国家。据说，阿希乔总统对推广电视转播没有兴趣。主要还是为了抵制外国文化渗透的影响。

晚上，使馆照例又放电影，一部法国喜剧片。我这才明白为什么使馆经常放电影，原来这里没有电视可看，下班后和周末文化生活比较贫乏。

5月3日　星期一　雨转阴　雅温得

今天，我应邀在喀麦隆大学地理系讲学。

上午，经参处司机小孙开车送我到喀麦隆大学。中午系主任栋格莫教授请吃便饭。栋格莫教授在波尔多曾见过，按辈分他是我同门导师指导的师兄。他是个中年人，是那种白化病患者，皮肤不是黑色的而是白色的，毛发均为白色，而其夫人和子女均为黑人。他同时请了一位法籍教师作陪，布列塔尼人，教授人文地理课程。栋格莫先生家住市区一条小巷里，一栋小平房，住房条件比法国教授的差得远，与中国教授差不多。没有什么高档家具摆设，生活比较简朴。据说他的月薪为8000法郎，只及法国教授的一半，但比国内教授多得多。当然这里的物价也比国内贵得多。栋格莫先生家二子一女，其中一个还是婴孩。午餐主食有米饭、食用香蕉和用芭蕉叶包裹蒸熟的木薯糕，菜肴有花生酱焖鸡和西红柿酱牛肉。我很有兴趣品尝非洲风味饮食，第一次吃食用芭蕉，与香蕉完全不一样，富含淀粉，味略甜，有点像土豆的味道,木薯糕也挺好吃的。栋格莫先生笑称这不算真正的非洲餐,而是非洲餐与西餐的混合餐,很新奇,也很美味。

下午3时开始讲课,听课的是高年级学生,有20—30人。栋格莫主任亲自主持,报告题目为《中国地理学教学和研究,以及有关地理学一些理论问题的探讨》。我讲了一个半小时,回答了半个多小时的提问。讲课效果还好,学生很认真听讲并做笔记。他们最关注的问题是地理系大学生毕业后的就业出路和待遇。也有几个学生

喀麦隆宗教多元化:雅温得的基督教教堂

提出非洲面临的人口、资源、环境和经济发展的问题,希望学习中国的发展经验。整个讲学在友好的气氛中进行。非洲大学生似乎没有法国大学生那么关注国际政治问题,所以没有学生提出任何敏感的政治问题,尽管我已做好了回答的准备。

5月4日　星期二　清晨大雨　雅温得

连续两天,天亮前下倾盆大雨,哗哗雨声宣示着热带暴雨之威力,但白天却蓝天白云,阳光灿烂。雅温得市地处北纬4°,距赤道不远,因其高原地势,海拔760米,大大消减

195

了日照热量，并不像人们想象的那般炎热。年平均温度23.5℃，最热月为3月，月平均温度也只有30.8℃；最凉月为10月，月平均温度18.6℃，年雨量1566毫米。

这里天一晴即热，尤其是正午和午后，骄阳当空，热浪灼人，但一雨便成秋，十分凉爽，像今天早上就穿上夹衣了。

今天没有外出，在宿舍准备明天讲学的讲稿。

5月5日　星期三　晴　雅温得

在莫林先生家用早膳，8时即赶到喀麦隆大学。今天我的讲座安排在第一节课，即8时—9时30分，讲座的题目为："中国自然地理特征和农业与乡村地理"。听课的是高年级硕士生，约50人，由栋格莫和莫林两位教授共同主持。硕士生专业知识水平比较高，对中国地理有一定的基础知识，对我的讲课表现出很大的兴趣，特别是对中国自然环境的地域差异和因地制宜的农业区划，以及农村水利工程效益等提出了许多问题。喀麦隆中部和北部热带稀树草原和热带草原非常缺水，大片土地撂荒。中国援喀重点工程拉格多水电

在野外考察时，同喀麦隆大学地理系学生的合影

站目前正在施工中，学生们都期待水电站能尽早发挥发电和灌溉等综合效益。讲课一个半小时，期间与学生互动讨论很热烈，栋格莫主任说效果比前天讲课更好。可惜因为时间到点要腾出教室，来不及回答更多的提问。有硕士生表示希望能去中国留学，继续攻读博士学位，问学中文难不难，对中文有点望而生畏。

课后，我随栋格莫主任去拜访文学院院长，此人架子不小，反正只是礼节性拜访，没必要多聊，我便早早告辞了。同法国学科分类系统一样，喀麦隆大学地理系属于文学院系统，教学和研究偏重于人文地理学。不像我们中国综合性大学，地理系大都划归理学院，教学和研究比较重视自然地理学。

上午10时30分，莫林结束了教课，驱车带我前往郊区17公里远处的一个小山麓，访问热带农艺研究中心，会见了三位法国土壤研究学者蓬塔尼埃·塞伊（Pontanier Say）等。五一节前曾来过一次，来晚了一些他们下班了，这次终于见到了。他们获悉是他们的朋友，波尔多热带地理研究中心夏特林研究员介绍我来访问的，非常热情，表示愿意帮助我解决考察中的交通困难，并告知我，在北方马鲁阿（Maroua）城有一位法国地理学家，对喀麦隆北部地理环境非常熟悉，建议我赴北部考察时去找他帮助。此外，他们热带农艺研究中心土壤研究室5月中旬将赴西部实地考察，届时将带帐篷在野外宿营，如果我感兴趣和能接受野外露营的话，欢迎我参加。我表示作为地理学家，野外露营是基本的素养，于是先初步挂上钩，到时再看时间安排吧。

中午，我在莫林先生家用便餐，送他一册《中国沙漠治理图册》。下午没有外出，在宿舍阅读莫林借给我关于喀麦隆地理环境的专著和地图集。

晚上，我去使馆看电影《他们在相爱》，这段时间在这里看电影的次数比我在波尔多一年还多。为庆祝人民宫竣工剪彩，中国铁路杂技团今晚抵达雅温得，这几天使馆人员忙

197

于组织接待活动。

5月6日　星期四　晴　雅温得

上午，我应经参处徐参赞的邀请前往参观人民宫，同行的还有拉格多水电站大坝工程处的徐工程师，他是专程来雅温得迎接铁路杂技团赴大坝工地慰问演出的。人民宫巍峨壮丽的外景，早已远近仰望过，今天可以进去参观华丽的内景，不亦乐乎！

人民宫是目前雅温得市最雄伟的地标性建筑之一，高耸在城西北一座丘陵上，居高临下俯视着首都全城。乳白绿色的大厦由一座方形的会议厅和一座九层办公大楼组成。人民宫前大广场装饰着富有中华特色的白玉兰灯柱，华美而典雅。步入议会大厅，七盏水晶吊灯绚丽辉煌，脚下是紫红色的大理石地面。我们先后参观了国际会议厅，可容纳400人；小会议厅，也可容纳百余人，装饰着富有中华民族特色的家具摆设、中国画和落地窗帘。大家都感叹如此华丽的宫殿式现代建筑在国内也不多见啊！人民宫建设工程历时4年多，是我国援喀项目中仅次于拉格多水电站的第二项大工程。

中午，我应邀在梅勒教授家用便餐，会见了法国植物学家福尔（Fort）先生。他告诉我将于6月初陪同法国著名的植物学家勒杜泽一起前往克里比（Kribi）地区实地考察。我表示如有可能，届时我希望能随同前往，向两位植物地理学权威学者请教。福尔先生目前正在撰写一部专著《喀麦隆的树木与森林》，我很希望从他那里获得一些喀麦隆植物地理资料。

午后，梅勒先生开车送我到市中心，我独自在肯尼迪大街和阿希乔大街两条主要商业街转了转。雅温得城市布局很分散，市中心商业也不算繁华，现代时尚高档商店不多。有一个中央商场颇有特色，一座旋梯形多层建筑，排列着一个个小店铺，商品琳琅满目，日用百货、布匹服装、五金电器和各种食品应有尽有。店铺依次旋转而上，顾客一边观赏商品，一边不知不觉就从底层转上了三层，既不用爬楼梯，也不需要滚梯，设计很巧妙。商品丰富集中，有很大的选择余地，颇受普通市民欢迎，购销两旺，比商业街热闹多了。中国货物不少，以日用百货小商品和服装纺织品为主，还比较便宜，受普通市民欢迎。我顺着旋道转了一圈，只买了一副防紫外线的太阳镜，600西非法郎，合12法郎。小贩起初喊价1800西非法郎，三倍价格。怪不得使馆人员多次嘱咐我，在这里购物还得学会砍价。

晚上，使馆又有电影，放映影片《剑魂》和《梅花巾》，后一部影片还不错。在使馆获悉铁路杂技团明天将乘军用专机赴拉格多水电站工地慰问演出。拉格多位于喀麦隆北部热带稀树草原地带，正是本人考察计划范围，机会难得，感谢使馆领导的理解和支持，破例同意我明天搭乘飞机北上。于是，我连夜收拾行装，准备明天出发。我很幸运，正好圆满完成了喀麦隆大学讲学任务，正在策划下一步赴北部热带稀树草原和热带草原荒漠地带考察，为交通问题犯愁，此乃天赐良机，不可错过！

5月7日 星期五 晴，炎热 雅温得—加鲁阿—拉格多

喀麦隆南部热带山地雨林地带的考察基本结束，我已经取得了喀麦隆火山植被景观垂直带谱的第一手资料，剩下的工作是选择一些典型的平原或高原的热带雨林作补点考察，以及整理鉴定收集的植物标本。下一步工作重点转为从南向北路线考察，研究纬度地带性，以及从热带雨林——热带稀树草原——热带草原自然景观的演替。

天从人愿，巧遇良机，我可以搭乘铁路杂技团赴拉格多

水电站工地慰问演出的军用专机，这样不必自行购买火车票北上，不但可以省去一笔可观的交通费，而且节约不少时间，喀麦隆单轨火车以速度特慢闻名西非。不过，返程还是需要乘一趟这特慢火车，沿途认真仔细观察自然植被的南北纬度地带性演替。

早餐后，我于9时30分离开经参处，乘车到雅温得机场候机。机场很小，比杜阿拉现代化机场简陋多了。主楼是才两层的小楼。贵宾候机室也很简朴。杂技团演员早就到了，同他们见面就聊开了。杂技演员都是年轻健美的帅男靓妹，大多是第一次出国演出，对所见所闻都非常新鲜，提出许多问题，我据所知一一解说。候机一个多小时后开始登机，这是一种老式螺旋桨式小型运输机，机身很大，像大肚子肥佬。机舱内没有一排排座位，中间是货舱，靠两侧有用尼龙绳编织的两排座位。圆形窗户虽然不大，但观景和摄影反而比大客机方便，我选择了一处靠窗的座位。

飞机11时起飞，12时30分便抵达加鲁阿（Garoua）机场，飞行一个半小时。凭窗俯视，雅温得市全景鸟瞰、茫茫林海，尽都摄入镜头。接下来我很想仔细观察热带森林向热带稀树草原演替是突然变化，是渐次过渡，还是存在一个交错带。不料军用飞机向上一拉就穿入云层，一片白茫茫的云海如浪涛汹涌，完全遮蔽了大地，什么也看不见了，云层之上是湛蓝的天空。飞机轰鸣声很大，有些颠簸，不少女演员晕机，似乎很难受，也有几个男演员晕机。我感觉良好，我有点纳闷，这些身强体壮的少男少女怎么反而会晕机？直到12时多，飞机开始缓缓盘旋下降，穿出云层又重见大地，景色大变。首先映入眼帘的是阿达马瓦（Adamaoua）高原的北缘悬崖，高原上一片淡绿色的草原，完全告别了南方常见的茂密林海，只是沿着山谷可见条带状林带，因为山谷里水分条件比较好。越过悬崖向北，便是一望无际的热带草原，广袤无垠的大地一片枯黄，根本见不到成片的森林，只是在大草原背景下，星星点点地散布着一些耐旱树木，不连成片。

沿着一些河流两岸,偶见走廊林,勾画出河道的走向。居民房屋的形状也不同,一座座圆形的土坯屋聚集组成一个个小村庄,见不到南方常见的那种长方形铝皮顶的木板屋了。抓紧飞机徐徐降落的好机会,抢拍了七八张照片。

抵达加鲁阿机场后,喀麦隆北方省官员和拉格多水电站建设工地领导前来迎接,友好合影后,我们即驱车驶往拉格多。拉格多位于加鲁阿以东百余公里,大轿车行驶了一个半小时。沿途一派热带草原景色,星散分布着一些小树木。豆科树木居多,我能辨认的有相思树,羽状复叶,高度只有10米左右,胸径估计不超过20厘米。沿途经过一些村庄,都是圆形土坯房屋,茅草屋顶,比南方乡村民居简陋多了。村庄附近的树木要高大一些,我很注意观察,但没有见到热带稀树草原的标志性树木——波巴布树,因其果实富含淀粉,是猴子喜爱的食物,故俗称"猴子面包树"。公路边见到许多隆起的土堆,有1米多高,拉格多水电站的徐工程师告诉大家这是白蚁冢。我在非洲地理文献中早已读过有关白蚁冢的描述,这还是第一次亲眼所见。一切都十分新奇,但乘车一闪而过,算是对热带稀树草原景观的初步印象吧。

拉格多以前只是一个不起眼的小村庄,自从水电站开工以来就成为道道地地的"中国工人村",先后有600多中国工程技术人员和工人在这里艰苦奋战了六七年。一排排宿舍十分整齐清洁,他们栽种的树木已经成荫了。我和徐参赞、新华社一位记者入住一间大房子。中午用便餐,晚上工地设酒宴欢迎铁路杂技团不远万里前来慰问演出。

是夜,工地露天电影场放映了两部香港功夫片《36号少林寺房间》和《功夫英雄》。新华社记者说,中国的功夫片特别令非洲的青少年着迷。这里天气极为炎热,室外白天在40℃以上,晚上不开冷风机[1]就闷热难耐,难以入睡;整晚开冷风机又怕感冒。

---

[1] 当时还没有空调这个词汇,那时管叫冷风机。

5月8日　星期六　阴转晴，炎热稍缓和
拉格多水电站工地

　　昨夜，我第一次领教了热带稀树草原地带的闷热难耐，因为防疟疾必须挂蚊帐，蚊帐里面如同蒸笼，难以入眠。非洲是疟疾肆虐之地，不可不防啊！幸好半夜下了一场雷阵雨才凉快些。热带雷暴雨哗哗打在铝皮屋顶上，叮叮咚咚如同催眠曲伴我入眠。这里属于热带半干旱气候，终年没有春夏秋冬之分，一年分雨季和干季两个季节。降雨集中在雨季两三个月，年中漫长的干季草木枯黄，河湖干涸。目前正值雨季初期，原野上树木换上新叶，有的树木枯叶未落尽，却抽出半树嫩枝叶，显得很有特色。草被仍以枯黄为基本色调，枯茎有1—2米高。

　　上午，我参观贝努埃河上的拉格多水电站工地。水坝选址在拉格多峡谷，在两座花岗岩小山头之间，真是一处极佳的坝址。宽度只有300多米，充分利用峡谷两岸花岗岩山头的自然对峙，截断河流，堆石填土筑坝。主坝长308.5米，坝高40米，坝顶宽9米，中部填筑黏土防渗漏，两侧堆大块石头，名曰"黏土心墙堆石坝"。除主坝外还有东西两垭口副坝，此外还有引水渠、溢洪道和水电站等设施。水电站装机容量72 000千瓦，多年平均年发电量3.22亿度，大坝上游形成水库总库容76亿至98亿立方米，淹没农地583公顷。拉格多水电站具有发电、灌溉和调节洪水多种综合功能。目前，大坝建设已接近尾声，只差8米高度就可封顶，引水渠已建成，电站在安装闸门。在水电站大坝工地工作的中国工程人员最多时达600人，拉格多已成为名副其实的"中国工人村"。我一边认真听着水电站总工程师的讲解，一边做记录，还见缝插针地拍摄了大坝和花岗岩地形的照片。

　　午餐后，工地有午休习惯，天气非常闷热，气温在40℃以上，床垫烫背，辗转反侧。我为600多名中国工程技术人员援外献身精神深深感动。他们长年离开家庭亲人，不远万

里来到异国他乡，在如此严酷的干热的气候条件下，日夜奋战，为非洲兄弟造福。骄阳高照，大地灼热，40多摄氏度的高温，不动还一身汗，更何况在缺乏树荫的烈日下从事各种体力劳动。诚然，一些重体力劳动主要是雇用当地的黑人劳工，为地方提供了一些就业和创收机会。拉格多水电站工程是由云南省水电勘察设计院承建的，中国工程技术人员大都来自云南各地。他们都很乐观健谈，说时间长了一切都习惯了，工地伙食不错，宿舍都安装了冷风机，就是业余生活比较贫乏，抱怨总统不喜欢电视导致全国老百姓都看不上电视！工地晚上常放映电影，夜里比较凉爽的，一边乘凉一边看电影挺惬意的。周末假日挺想家的，一封家信邮路单程就要将近一个月，时间太长了，真是家书值万金啊！早就传言国内派杂技团来工地慰问演出，大家都望穿双眼了！经参处徐参赞告诉大家，铁路杂技团今晚在加鲁阿体育场演出，后天就来拉格多工地慰问演出，引起大家一阵欢呼，终于盼到了。

加鲁阿是北方省省府，也是喀麦隆北部最大的城市。那里是穆斯林居住区，大多数居民信奉伊斯兰教，市内散布着一些清真寺，男性居民多穿白色长袍，许多人不会说法语，通行当地的方言。今晚铁路杂技团在加鲁阿体育场举行了首场演出，观众近万人，精彩的

喀麦隆拉格多水电站

演出令观众如痴如醉，演出非常成功，气氛热烈友好。

5月9日　晴，炎热　拉格多

　　感谢经参处徐参赞将我介绍给水电站几位老总，说明我是来自北京中国科学院的学者，目前在法国攻读博士学位，只身来喀麦隆实地考察，需要在拉格多逗留一些日子，希望能给予食宿、交通方面的关照。几位老总满口答应："学者同胞，欢迎欢迎，没有问题，有什么要求尽管提出来。"

　　今天星期日，工地休息。华总华代清很热情地为我找了一位业余司机，开了一辆北京吉普车，陪我外出考察热带稀树草原，前往寻找我早已慕名，却无缘亲眼看见的波巴布树（Baobab，学名：*Adansonia digitala*）。波巴布树是热带半干旱地带典型的标志性树木，木棉科大型落叶乔木。树木高度不太高，在10—20米之间，而树冠冠幅很大，树干粗得出奇，胸径可超过10米，树干木质多孔，没有作建材的价值，但能贮存大量水分，对于在此干热环境中的旅行者是救命之水，因而被称为"生命树"。树叶富含维生素和钙质，树皮、树叶和果实都可入药。在赴非考察之前，我早已听闻过这种神奇的树木，今天能亲眼看见，颇为激动。

　　驱车从工地大坝下穿过已截流的贝努埃河床，向河右岸驶去，不到半小时，就见到广阔的原野上散布着粗壮的波巴布树。树干的确很粗，尽管这里并不是波巴布树的最佳分布地域，我测量了几棵树，最粗的一棵的胸径达3米以上，一般也有2米多。树木高度不高，不到15米，树冠冠幅很大，枝叶茂盛状如华盖。树上的果实形状像椭圆形面包，也像大柚子，带长柄吊挂在树上，满树果实累累十分悦目。果壳很坚硬，剖开后见果肉已干化，白色，富含淀粉，尝了一口，其味酸甜。据说，饥荒时果实可充作村民的食粮，更是猴子喜爱的食物，俗称"猴子面包树"。据新华社记者欧阳的说法，他在扎伊尔见到的波巴布树果实还带着一条尾巴，挂在树上活像小猴子，故名"猢狲木"。

波巴布树多见于村庄周围，在粗壮的大树浓荫华盖下，一座座圆形泥土墙，圆锥状茅草屋顶的房舍，相映成趣，构成一幅幅极富热带非洲色彩的风情图画。我拍了一些照片，心想有机会我就用这些照片自己制作明信片馈赠亲友。司机告诉我，这种村舍当地叫"沙莱"（Saré），传统形状为圆形，就地取材用红色黏土筑墙，直径只有2—3米，只有门，没有窗户，圆锥状茅草屋顶上立有一根尖木棍装饰。茅屋内极为简陋，一般没有床桌等家具。

波巴布树果实——俗称"猴子面包果"

在一个小村庄，司机替我找了个小黑孩，他灵巧地像小猴子一样爬上树摘了五六个果实和一些枝叶作标本，我送了一些小礼品答谢他。沿途还就近观察了白蚁冢，高度大约2米，状如尖坟堆，一堆堆散布在道路和村庄旁，有的还挺立在废弃的公路当中。我们试着挖开一座白蚁冢，表面胶结非常紧实，挖起来还挺费劲的，挖开见到里面白蚁孔道纵横。

一路向北行驶了一个半小时，深入热带稀树草原腹地。离村庄居民点越远，自然景观越原生态。村庄附近见到有农作物和刀耕火种迹地，撂荒地率先长出棕榈树，次生先锋树种是一种下部分叉的棕榈树。离村庄越远，火焚垦荒越少，出现一丛丛灌木丛，再向北便是一片稀树草原，在禾本科高草的背景上，稀疏地散布着一些乔木和灌木丛。天色近晚，我采集了不少标本，便调转车头驶向回程。途中经过贝努埃河畔的水文站，见到干旱的沙地上生长着许多仙人掌科的肉质植物，可见此地确实是半干旱地带。趁天还未黑，我独自攀登工地附近的一座花岗岩山丘。山丘与水坝的相对高度70—80米，得以居高临下拍摄水电站大坝工地全景和贝努埃谷河走廊林，十分得意。晚上，中国铁路杂技团在加鲁阿加演一场，可见多么受欢迎，工地有不少人开车前去观看。我在野外跑了一天感到疲累，没有随同前往。工地放映电影，印度的爱情悲剧片，放映期间下了一场阵雨，持续半个多小时。我很庆幸白天在野外考察没有遭遇暴雨袭击。

喀麦隆北方村庄沙莱茅屋

后来，我回国时带了几个波巴布树果实，送给植物标本室珍藏，自己留下两个作纪念。当时，海关对携带植物标本没有什么严格管制，并不违法。

5月10日　星期一　晴而炎热　拉格多

中国铁路杂技团今晚在拉格多水电站工地慰问演出，这是轰动工地和周边地区的一件大事。600多名中国工程技术人员长期生活在异国他乡，气候酷热，平日生活很单调，缺乏文化娱乐活动，节假日更是倍感寂寞思乡，平时唯一的文化生活是看电影。工地每周三放映国产片，周六和周日放映外国片。祖国没有忘记他们，不远万里派杂技团前来慰问同胞，大家无不欢欣雀跃，奔走相告。

为了迎接杂技团的演出，工地专门搭建了大舞台。天还没黑，早早就有人摆凳子占位子，黑人劳工和周边村民也闻讯结伴涌来。来晚了的就站在附近土丘上，岩坡和树上都挤满了人，估计不下3000名观众，真是盛况空前。因为等候北方省省长莅临主持和致欢迎辞，演出推迟到晚上9时才开始。演员不负众望，十分卖劲，表演了全部节目，演出持续3个多小时。诸如顶碗、水流星、柔术、抖空竹、车技和魔术等我们在国内习以为常的节目，都赢得阵阵掌声和喝彩声。最受欢迎的是武术，非洲青少年爱看中国内地和香港的功夫电影，现在眼前看到真人表演功夫，长矛大刀，空翻筋斗，更是如醉如痴，台上台下互动达到高潮。还有一个节目很有特色，我以前也没见过，舞台中间一张直径不足两米的圆桌，两位妙龄女郎穿着旱冰鞋不停地转圈，伴随着美妙的乐曲，变换着各种婀娜多姿的艺术体操造型，令人赞叹不已！

我和杂技团演员一同乘军用飞机来加鲁阿，一回生二回熟了。他们抓差请我上台帮他们拍录像，我坐在台边观看，非常真切，连魔术的奥秘都看穿了，惊叹原来如此啊！有一小段时间杂技团随团翻译临时缺席，我还客串了一阵现场翻译。

演出至夜深方散，观众久久不愿离去，等着演员下台，就近欣赏帅哥靓妹的风采。工地上一位非洲高管不无感叹地说："我们工地的中国员工清一色是男性，原来你们中国姑娘这么漂亮，身材如此美妙，一个个如同仙女下凡啊！"

5月11日　星期二　晴而酷热　拉格多—加鲁阿

中国铁路杂技团圆满结束了拉格多水电站工地的慰问演出，今日满载友谊返回雅温得。工地派车送行到加鲁阿机场，我也随车前往送别杂技团，顺便观光加鲁阿这座喀麦隆北方城市。

加鲁阿市是一座小城市，人口只有35 000人左右，因为是现任总统阿希乔的故乡，所以建设得很不错，取代了位于更北的马鲁阿市，成为北方省省府所在地。喀麦隆北部属于穆斯林文化地区，居民信奉伊斯兰教。城里有两座建筑精美的清真寺，其中一座是由沙特阿拉伯援建的。这是一座豪华的阿拉伯风格的建筑，外观呈奶黄色，入内迎面是很大的庭院和华丽的祈祷大厅。清真寺的尖塔高达20来米，顺旋转楼梯登顶，整座加鲁阿全城一览无遗。清真寺内大厅小厅都是阿拉伯图案装饰，但吊灯却很现代化。这座清真寺还没有完全竣工对外开放，为了入内参观，工地的郭司机和吴翻译花了五盒万金油，行个方便。万金油和风油精风靡非洲，有时成为办事或付小费的必需品，常常随身携带。

尔后，我在市中心市场转了转，见到有些进口商品比雅温得和杜阿拉更便宜。据说此地离尼日利亚边境很近，边境线绵延很长，走私活动盛行，屡禁不止，许多入境的走私品价格很便宜，如胶卷、磁带和化妆品之类。特别是在贝努埃河涨水季节，沿河走私活动更加活跃。

5月12日　星期三　晴，热　拉格多

华代清是一位学者型的总工程师，他对我只身赴非考察，为攻博收集第一手资料的举动十分赞赏，多次表示将尽力给予帮助和支持。这些日子我们相处得很友好，空闲时，他常来同我聊天。20世纪70年代我曾出差云南多次；1976

年，曾承担编写国家地图集云南省文字说明书，同中国科学院地理研究所同事好友汤建中在昆明居留了一个月；1979年，我参加了云南高黎贡山地区植被考察和国内首次腾冲航空遥感试验，后来又在云南工作了半年时间。这样，我与华总有很多关于云南的共同话题。他认为云南水电资源极其丰富，但高山深谷开发难度很大，而且需要考虑生态环境保护的因素很多。他表示，拉格多水电站工程竣工后，希望能参加家乡云南的水电资源的开发。他详细询问了我的考察计划，我告诉他，法国导师要求我跑两个剖面，喀麦隆火山植被垂直带谱剖面考察已经顺利完成，现在重点进行喀麦隆植被纬度地带性演替剖面考察。喀麦隆南北狭长达1000多公里，地跨热带雨林、热带稀树草原、热带草原几个自然地带。我希望能从加鲁阿开始，向北经马鲁阿，一直到北部边境跑一个路线考察剖面，穿越热带稀树草原、热带草原和荒漠几个自然地带。华总问我："你说的热带稀树草原和热带草原是不是非洲人说的'萨瓦纳'和'萨赫勒'？"我回答说正是，热带稀树草原、热带

喀麦隆北部稀树草原，此为雨季期间的景观

草原和荒漠是中国地理学家的意译名，便于公众理解，国际上通用的名称分别是音译"萨瓦纳"（Savane）和"萨赫勒"（Sahel）。萨瓦纳原词Savanna源于地理大发现时期西班牙探险家对南美洲热带草原的描述，按照当地印第安人语

209

言，就是"树木稀少，草很茂盛长得很高"的意思，后来这个音译名称广泛应用于非洲热带半干旱地区。实际上萨瓦纳包含多种类型，植物地理学家依照热带草原上树木的多寡细分为多树萨瓦纳（或称疏林）、稀树萨瓦纳、灌木萨瓦纳等多种群落类型，不仅仅限于热带稀树草原。从科学严谨角度看，采用音译萨瓦纳名称更恰当，否则遇到多树萨瓦纳类型，意译为"多树的热带稀树草原"岂不自相矛盾了吗？

这几天，我耐心地等着华总帮我解决继续向北方进行路线考察的交通问题。

5月13日　星期四　晴，灼热　拉格多—马鲁阿

华总做事雷厉风行，他热情介绍水电站工地的喀方代表布巴巴里（Boubabali）驱车陪我向北前往马鲁阿和瓦扎等地。布巴巴里的家在马鲁阿，他正好要回家一趟。

天赐良机，早就盼望这一天了！早上7时30分出发，从拉格多向西北行驶一小时后，就到达了加鲁阿市。这段路线我已经往返跑了多次，属于比较典型的萨瓦纳景观，草原背景上小乔木还比较多。沿途见到拉格多水电站工人正在骄阳下架设电线，水电站竣工发电指日可待了！600多中国工程技术人员在炎炎烈日下奋斗6年，也将胜利回家了！

在加鲁阿稍事休息后，我便折向北方沿着笔直的柏油马路行驶，这段路路况相当好，车速可达100公里/小时左右。出加鲁阿城奔北不多远，景观明显变化，植被显著变得稀疏，尤其是木本植物。村庄附近的波巴布树干粗叶少，小乔木虽然散布在原野上，但很稀疏，呈星星点点状，远望树冠未能连成片。原野基本色调是枯草的黄色，越向北行，这种变化越明显，反映了生态环境越来越干旱。

地貌形态基本上是平原，驶出加鲁阿不久，见到一些顶部平坦的台地，高出平原的相对高度百来米。布巴巴里告诉

我，阿希乔总统出生地就在这一带。我心想这段公路如此之好，可能也沾了总统家乡的光吧！再向北行除偶见一些花岗岩或石灰岩小丘外，便是一马平川、无边无际的大平原。平原上分布着一些干河谷，只有河谷和桥梁，却干涸得滴水无存，气候确实非常干旱。可是干涸的河床上架有桥梁，说明雨季时，偶然也有暴雨径流和洪水泛滥，此乃热带半干旱地区气候特征之一。

快到马鲁阿城数十公里处尤为干旱，有的地段连木本植物都不复看见，一片热带草原（萨赫勒）景观。不过我认为，从加鲁阿到马鲁阿只有211公里，从萨瓦纳到萨赫勒应该是渐次过渡的，不会是这样突然变化的。布巴巴里是马鲁阿人，通过同他的交谈，我的疑惑得到了解答。他说过去这一带植被还不错，原野上散布着小乔木和灌木丛，后来由于反复纵火烧荒，刀耕火种，造成植被严重退化，难以恢复。在一些干谷河畔见到有退洪作物田地，主要是高粱地和玉米地，还见到有棉田。村民赶在雨季洪水来临之前，烧荒抢种上一季作物，利用洪水漫溢河漫滩来自然灌溉，雨季后收获，广种薄收，产量很有限，能收获多少算多少。目前正值干季末期，自然见不到作物，只见到一些高粱玉米秸秆和细小的棉花枯秆。沿途还见到放牧的非洲瘤牛群。非洲瘤牛像我国的黄牛，肩背部长着一个突起的瘤子。村庄附近见到放牧的绵羊，体型瘦小。

快到马鲁阿城之前，布巴巴里说先回他的村庄，视察他家正在施工中的"别墅"。在一个大院子里，一栋钢筋水泥的平房正在施工中，有十多间房间。布巴巴里很自豪地炫耀着他的"别墅"。我心想，他担任水电站工地的喀方代表，可是个肥差，发大财了吧！这个村子是马鲁阿城近郊村，民居有了变化，南方铝皮屋顶的长方形房屋逐渐取代了传统的圆形沙莱。即使如此，布巴巴里的"别墅"在村庄里也显得鹤立鸡群。

马鲁阿城不大，比加鲁阿小。人口估计万余（加鲁阿人口35 000）。城市还算清洁安静，树木成荫，过去一直是北方省省府所在地，后来被加鲁阿所取代。中午在基督教教会吃午餐，教堂没有客房，那位热带农艺中心研究员介绍的法国地理教授也未找到，只好住旅馆。旅馆建在一条干河畔，房子建成圆形沙莱传统风格，富有地方色彩，室内冷风机和盥洗设备齐全，很清洁，周围环境也比较安静。

喀麦隆是个语言、文化、宗教多元化国家，官方语言为法语和英语，系双语国家，各地还有不同的部族方言。宗教南部受欧洲影响，以基督教为主；北部受北非、西北非、阿拉伯穆斯林影响，以伊斯兰教为主。此外还有当地的非洲土著宗教。马鲁阿属于伊斯兰教地区，但同样有基督教教堂。

通过一天的交往，布巴巴里的热情、豪爽、干练，给我留下深刻印象。感谢他沿途不胜其烦地随时停车让我摄影，帮我采集植物和岩石标本，回答我的各种问题。他也对我提出许多关于中国、北京和法国的问题。他说，他同水电站工地的中国工程技术人员友好相处了多年，建立了深厚的友谊，梦想今后有机会去中国旅游。我祝愿他早日圆梦。

5月14日　星期五　晴，热　马鲁阿—瓦扎
瓦扎国家动物公园参观记

今天，我度过了非常美妙愉快的一天，参观喀麦隆首屈一指的风景名胜瓦扎国家动物公园。非洲的野生动物公园闻名遐迩，脍炙人口，早就从游记、散文中读过，甚至自己也写过此类的科普文章。可是亲临其境的参观还从未有过机会，今天能如愿以偿，没有白跑非洲一趟啊！

从马鲁阿到瓦扎（Waza）路况不如加鲁阿到马鲁阿，为了赶路，清晨5时30分就起身，匆匆吃过早餐后6时30分就从马鲁阿出发，早上行驶还比较凉爽。一路北上，原野景色有明显的变化，稀树萨瓦纳逐渐为灌木萨瓦纳或高草萨瓦

纳所取代。这一带已到了喀麦隆最北部，人口和村庄稀少，人为刀耕火种，纵火烧荒现象只是偶有所见，并不严重。显然植被景观的变化应属于自然演替，主要是由于气候条件越向北越干旱。树木很稀少，零星地散布在田野上，由于气候干旱，长势很差，树高一般不到10米，扭曲细小，以耐旱的相思树为主。原野一片枯黄色，有些地段是光秃秃的草地，连一棵树都没有。经过几个小村子，见到几棵波巴布树，树干很粗，叶子极少极小，形成一种奇特的天然"盆景"。村庄的房子沙莱形状与加鲁阿、马鲁阿一带所见有所不同，更为简陋。在圆锥状屋顶上，很简单地铺上茅草，没有尖杆状的装饰物。政府帮助村民挖水井抗旱，沿途见到有村民围着水井汲水，妇女将水桶或水罐顶在头顶上行走自如，她们是天生的杂技演员！我觉得十分有趣，便拿出相机要摄影，一位村妇见状大声嚷嚷，前来索取小费，我给了她一盒万金油。布巴巴里担心其他村妇蜂拥而来，喊我快上车，一踩油门驱车离去。一路上布巴巴里很关照我，这两天在一起同行，他很聪明，知道我的关注点，一看到植被景观有所变化，便主动停车问我要不要照相，要不要采集植物标本。

行驶了两个来小时，上午8时30分到达瓦扎国家动物公园入口。我不说是大门而说入口，因为根本没有什么大门，只有左右一对泥土砌成的蜂窝状小屋，作为公园入口的标志，颇富非洲风情特色。我向公园管理处出示了事先办好的考察证，获得许可免费入园，但需交付1500西非法郎，雇请一位向导上车带路。向导很熟悉各种野生动物栖息和活动的场所。瓦扎国家动物公园位于一望无际的热带大草原上，东部水源条件较好，草地上稀疏地散布着矮小耐旱的树林和灌丛，参观小径穿行其中。汽车沿着向导指定的路径，缓缓行驶了近半个小时，只见到树荫下有两只小鹿，别的什么动物都没有见到。于是，向导引导我们向大草原驶去，茫茫草原一片枯黄，一棵树都没有。隔很远才见到几丛绿荫，向导说那里是水源点，动物多群集在水源点附近。果然，我们在一丛树下，见到几头长颈鹿，正伸着长脖子吃树叶呢。它们发现我们车子开过来，立即撒开大长腿，一蹦一跳逃遁了，我都来不及摄影。接着又转了几处水源点，竟一头动物也没见到，感到有点乏味。向导开玩笑地说："不要着急，这里是野生动物公园，不是城里的动物园，动物等着你来看它。"我们驱车向大草原深处驶行，来到一处较大的水源点——一泓清澈的池塘。一大群羚羊和野鹿在池边饮水和在草地上吃草，汽车驶近也不惊慌。我赶紧下车摄影抢镜头，估计光野鹿就有20多头，羚羊有10多头。尔后汽车转到一处长有树木的小山丘，向导眼尖，发现树荫下有四头狮子：一棵树下有三头狮子，一头母狮，两头小狮子；另一头公狮子趴在树丛边缘，也许是放哨吧。向导说这是狮子一家。起先我们怕汽车驶近惊跑狮群，只远远地拍照，车子一点点往前蹭，20米，10米，5米，狮群身子纹丝不动，只是瞪大眼睛注视着不速之客。真不愧是草原上的百兽之王，一点也不怕人，也不在乎汽车的嗡嗡声，也许他们对游人早已习以为常了。于是我们得以从车窗向外，从不同的角度拍摄美妙的镜头。看见狮群似乎很温顺，我们的胆子也大起来了，干脆打开车窗，探出半个身子就近拍照。凶猛的狮群近在咫尺，也就5米左右，它们是自由的，而我们却被

喀麦隆北部 瓦扎国家公园的热带稀树草原景观

关在汽车"笼子"里！此时，布巴巴里竟异想天开，他将汽车横过来，试图用汽车作掩护，迅速下车，请向导以狮群为背景，替他拍摄与狮群的合影留念。向导准备下车帮他抢拍这惊险镜头，我想阻止他们冒险也拉不住。不料两头大狮子一见有人下车，身子立即挪动一下，怒目瞪视，吓得我赶紧将他们拉进车里。布巴巴里也老实了，我们只好待在车里尽情地观察和摄影，再也不敢越雷池一步。离开狮群后，沿途又遇见不少羚羊和野鹿，不知为什么这两种动物常常群聚一处。当车子转到一片小树林中，发现一群长颈鹿，有10多只，身上的花斑十分悦目，亭亭玉立于树下，有4—5米高，小长颈鹿也有2—3米高。有的仰着长脖子啃树叶，有的低头嬉戏。长颈鹿十分温驯，不怎么怕人。毕竟在大自然中它们属于弱者，胆子较小，警惕性很高，向导嘱咐不要太接近，否则它们就会一溜烟逃遁。我想如果将狮子比作剽悍的小伙子，那长颈鹿就是羞涩的少女了。时近正午，阳光灼热，又闷又热，坐在没有空调的汽车里像蒸笼一般，汗流浃背。我们在大草原中又转了一个多小时，始终没有遇到大象。向导说，大象是瓦扎国家动物公园的"招牌"动物，可惜我们来得不是季节，此时大象迫于干旱，往东迁徙追逐水源去了，再晚一些雨季来临，象群就会回来的。向导问我们要不要驱车东去追逐象群，可能要花很长时间才能找到。于是就此作罢，留点遗憾，以后有机会再来。我们掉转车头，驶出瓦扎国家野生动物公园，给了向导一些小费，然后到瓦扎的一家沙莱旅馆，喝了些饮料解渴便开车回程。从瓦扎经马鲁阿、加鲁阿到拉格多全程共400多公里，其中马鲁阿到加鲁阿这段公路质量非常好，是意大利人新建的笔直的柏油路。布巴巴里开得飞快，时速将近120公里。我为之提心吊胆，赶紧系上安全带。非洲黑人喜欢飙车是出了名的，回程的路上，我们就遇见一处两车迎面相撞的大车祸，死亡9人。遇难者包括马鲁阿电影院老板，是黎巴嫩人，一家6口死了非命。布巴巴里认识这位不幸遇难的老板，他征得我同意，到马鲁阿时，领我一起去这个黎巴嫩人家庭表示慰问哀悼。布巴巴里告诉我，黎巴嫩人在喀麦隆北方经商者不少，还有希腊和法国大商人，华侨商人很少。因为在马鲁阿耽搁了一些时间，布巴巴里加速飙车。在驶往加鲁阿的路段，我们还遇到一阵大风沙挟带雷暴雨，甚为可怖。直到7时多天快黑了，我们才安抵拉格多水电站工地。

5月15日　星期六　晴而炎热　拉格多

以城乡建设环保部副部长戴念慈为首的中国政府代表团应邀来喀麦隆访问，昨天抵达拉格多工地慰问中国工程技术人员。今天晚上，代表团向工地员工做国内外形势报告，报告后，放映了一部印度电影。

上午，我向华总汇报了这两天在喀麦隆北部路线考察的情况，此行收获很大，基本上观察到从稀树萨瓦纳—灌木萨瓦纳—高草萨瓦纳的自然演替的地带性变化规律，收集了许多第一手资料，包括照片和采集标本。衷心感谢华总和布巴巴里的热情帮助。华总约请了彭家振、路士彬等几位工程师一块同我座谈。他们对自然地理和生态环境问题很感兴趣，说从我的介绍中获益良多，对水电工程如坝址的选择、筑坝截流后对周边生态环境的影响，过去不够重视，今后应该加以重视。地理学与水电建设虽然不同行，但有许多相通之处，互相交流大有裨益。座谈会后，大家合影留念，几天相处交上朋友了，大有相见恨晚之感。会后华总还给我一个惊喜，说："你刚去瓦扎公园看了陆地上的野生动物，明天星期天假日，我带你去看水中的野生动物河马。"虽然野生动物并非我这次考察的对象，但我仍然是喜出望外！

下午，我去布巴巴里在工地的住所访问，送了些中国工艺礼品给他和夫人表示感谢，同他一家合影留念。

5月16日　星期日　晴，热　贝努埃河大坝水库

早几天就听说拉格多水电站大坝上游水库中有一群河马，据说这群河马是不久前才从上游顺流而下的。由于水坝截流，上游形成水库，水位增高，非常适宜两栖的河马生存。河马喜水，但水又不能太深，河马须在水面上呼吸，并时而上岸觅食和休息。

华代清总工热情地为我组织了这次有趣的假日活动。下午3时30分，华、彭、路三位，还专门请了一位水文工程师驾驶汽艇，连我一行5人先乘汽车到了水坝，从乱石堆坝下到河边，登上一条汽艇。这条汽艇是供水文测流使用的，那位水文工程师兼任水文气象观测员。他驾艇向上游行驶，贝努埃河两岸一派好风光展现眼前，右岸是花岗岩山丘，沿河走廊林稀稀疏疏，岩石山丘上也有一些小乔木，从岩缝中顽强地伸出来，树干弯弯曲曲；左岸是平缓的河漫滩，沿岸为水草地，有一些渔民的沙莱小屋。水流清清，微波涟漪，河上有三两条用整棵树干挖成的独木舟。黑人渔民正在撒网捕鱼，我们的汽艇几次差点挂上了渔网。

大约行驶了半小时，我们来到上游一处水深较浅的河段，远望河心有一小洲，青草萋萋。小洲前的水面出现五六个小黑点，水文工程师告诉大家那就是一群河马。于是汽艇减速，降低马达声，轻轻地滑行过去，20米，15米，10米，我赶紧举起相机，将头露水面的河马群摄入镜头。真有巧事，我担心河马见汽艇滑行逼近会惧怕潜水逃遁，岂料它们反而抬起头来，张开血盆大口以示警告，我正好抢拍到一个好镜头。待汽艇驶近，河马纷纷向岸边浅水区落荒而逃，半截身躯露出水面，正好送我们一个美妙的半身倩影。河马是水陆两栖大型野生动物，头的形状酷似马，但面目狰狞可怖，皮肤极厚，却光滑无毛，呈红褐色，眼睛很小，善于潜水，不时露出水面呼吸，并喷出水柱，十分有趣。河马食草，所以虽然庞大吓人，但一般不会主动攻击伤人。我们亲

眼见到，几个渔民安详地坐在独木舟上钓鱼，河马就在不远处，双方相安无事，习以为常。我真担心那可怜的、只有几尺宽的独木小舟，万一被硕大的河马掀翻，就不堪设想了！河马虽然一般不会主动攻击人，但不能挑衅激怒它们，否则会遭到极为凶暴的报复。水文工程师告诉我们，大坝水库中也曾发生过河马伤人的事故。有一位黑人渔民无意中网中了一头河马，被激怒的河马顶翻了独木舟，在落水渔民大腿上咬了一大口，咬断了股动脉。渔民被送到水坝工地医务所急救，后紧急转送至加鲁阿医院，最后还是不幸身亡。

非常感谢华总等工程师为我安排的这次大坝水库观河马的假日活动，感谢水文工程师亲自驾驶汽艇，一边行驶一边讲解贝努埃河的水文状况和大坝水电站建设的发电、灌溉和调洪的综合效益。昨天，我刚参观了陆地上的野生动物公园，今天又如此近距离地观赏了水上的巨无霸河马，多达七八头，美得我晚上做梦都流连在动物世界里了！

5月17日　星期一　晴　拉格多—恩冈代雷

10天的喀麦隆北方之旅顺利结束了，今日满载收获和友谊告别拉格多，前往中部阿达马瓦高原（Plateau Adamawa）的城市恩冈代雷（Ngaoundéré）。这段行程是掉头向南，正好填补了我从雅温得乘军用飞机去加鲁阿和拉格多这一段从空中掠过，未能实地考察的空白。

早餐后，华代清、彭家振、路士彬三位老总前来送行。我再次感谢他们和工地的朋友们的热情接待和帮助，相约来日方长，回国在昆明或北京重逢。他们替我安排乘工地运货的大卡车出发，因为若等工地的小车南行还得三四天。所乘的是法国制造的14轮大货车，很长，司机是工地雇佣的黑人，驾驶室很宽敞，虽不如小车舒适，但也不难受，行驶也平稳。华总一再嘱咐司机不要开快车，注意行车安全。

离开拉格多，沿公路折向南行，一路行驶在萨瓦纳大地上。一望无际的草黄色背景上，稀稀落落地分布着一些小乔木、大灌丛，因为雨季来临，有的地段草地开始返青，草原上的树木或稀或密。通常越近村庄，有沙莱村寨的地方，木本植被越稀，火焚垦荒现象明显可见，种植木薯和玉米等作物。相反，远离村寨的地方植被比较茂盛，有的地段形成植被连续覆盖。途径贝努埃河谷国家动物公园时，林木受到保护，植被恢复得很好，有的地段呈现出所谓"公园萨瓦纳"（Savane-Parc）景观。更有些地段基本上恢复成林，大树高达15—20米。由此可见萨瓦纳景观的形成，在北部是干旱炎热因素起着主导作用，可认为是地带性原生植被类型；而在南部水热条件较好的情况下，萨瓦纳的出现，我认为主要是人为活动，特别是火焚烧荒所致，属于一种次生萨瓦纳植被类型，一旦终止人为活动的干预，是有可能恢复成林的。

途中司机抄近路穿入贝努埃国家公园，沿公园主干道行驶了一个多小时。在经过公园接待旅游者参观的宿营地时，我们在沙莱式风情旅馆稍事休息用午餐。这里汽车来来往往，早把动物惊吓跑了，沿途只见到几只灰色的长尾巴狒狒在树上跳来跳去。司机说这个动物公园深处有大象、长颈鹿、斑马和野牛等动物，但必须向公园管理处交费，租专用吉普车和雇请向导，外来车辆一律禁止驶入。这里树多草长，动物比瓦扎公园更分散难寻，要耐心花很多时间在园内转悠。我们的大卡车只是抄近路从公园边缘穿过而已，并没有入园参观的想法。

午后，我完全穿过了贝努埃河谷平原，来到阿达马瓦高原北缘悬崖脚下，高原高出谷底相对高度数百米，如同一道屏障屹立面前。汽车沿着盘山公路蛇行登上高原，原野景色大变，不再是近十来天每天见到的枯黄荒凉色调，而是满目绿草茵茵，其上点缀着稀疏的树木。树木不高，但很粗壮，长势良好，一派典型的稀树萨瓦纳景观。高原面从大地形看很平缓，小地形呈微波起伏状。另一个明显变化是感觉十分凉爽。阿达马瓦高原素以气候温和、雨量丰沛、畜牧业繁荣著称。

下午2时30分安抵恩冈代雷市，夜宿拉格多水电站工地设在此地的转运站，位于火车站对面的小丘上。转运站目前只有孙翻译和董司机两人，受到他们的热情接待。夜间大雨滂沱，挺凉的，要盖毛毯。真是与拉格多的闷热难耐水火两重天！

5月18日　星期二　晴而凉爽　恩冈代雷

恩冈代雷是一个高原重镇，这里是喀麦隆唯一的一条铁路的终点，是南北货物集散和转运中心。拉格多水电站工地的建材物资均由杜阿拉港经铁路运到此地，然后再转装上大卡车运往工地，就是我刚刚乘坐的14轮大卡车。为此，拉格多工程指挥部在此设立一个转运站，这两天我就住转运站。小山丘上一排平房，种了一些树，人不多，自己起伙，我也参加炊事劳动。高原气候凉爽宜人，与拉格多的干旱酷热真是天壤之别。

上午，司机小董开车送我到瓦克瓦（Wakwa）牧草站，昨天傍晚曾来联系过，约好今天上午来参观。站长是一位瑞士人，恰好另有一位瑞士人和一位法国人前来参观，便一块接待了。这个牧草站有80多人，包括3个方面的研究——牧草饲料研究、牲畜良种选择研究和天然牧场改造管理研究，既有分工又密切协作。

首先，我们参观了畜牧良种场，一个个用铁丝网栅栏分隔的牧地饲养着各种品种的奶牛，有荷兰种、美国种和当地的瓦克瓦种，奶牛毛色有黑白相间的和棕色的，不同品种奶牛互相交配选育杂交良种。站长向我们介绍了各种良种牛的牧地，牧草品种不一样；带我们去参观饲料工厂和牲畜洗浴消毒池。

然后,站长带我们去饲草站,那里有许多饲草试验地,分别试种各种饲草,共有 40 多种,通过对比选择优良品种。试验饲草品种来自非洲和南美热带地区,以非洲各地的品种为主。不同来源的饲草生长状况有明显的差异,有的牧草长势良好,草叶茂盛,产叶量和产籽量高,收获种子可继续繁殖,属于最受欢迎的良种。有的牧草长势很差,自然属于淘汰的品种。有一块牧地各种不同品种的牧草与含羞草混播,观察饲草抵抗杂草入侵的能力。对比观察也是一目了然,有的地段含羞草已覆盖满地面,有的地段饲草占据优势。此外,还有专门对比各种饲草对抗火焚烧荒能力的试验地,分早期火焚、晚期火焚和干季盛期火焚三类试验,从而观察火焚烧荒对牧草生长的影响。这项试验过去闻所未闻,但对于非洲仍普遍存在的火焚烧荒垦殖现象很有现实意义。

　　整个牧草站虽然只有 80 个员工,但科研项目丰富多样,富有创新性和前瞻性,管理得井井有条,全站占地面积××公顷(没记下来),拥有奶牛数百头。牧草站的牧场与周围自然牧场对比鲜明,前者草地茵茵,很少有灌木和杂草侵入,人工种植的桉树组成一条条防护林带;后者可明显看到大量灌木、杂草,土壤侵蚀露出红色的心土,有的地段灌木已开始占据优势,甚至乔木树种也出现了。不过总的来说,阿达马瓦高原原野仍然芳草萋萋,真是很好的天然牧场。

　　瓦克瓦牧草站站名很简朴不起眼,名气也不大,可是该站的科研工作和员工的敬业精神令人赞叹!参观后的座谈会上,我向站长和研究人员表达了我的敬意。我提出了一个在心中思考良久的问题,向牧草站专家请教:"你们认为,萨瓦纳植被是属于原生植被类型还是属于次生植被类型?"站长微笑着回答:"你的这个问题提得很好,在学术界一直有争论。我认为不能一概而论。喀麦隆北部,加鲁阿以北,特别是马鲁阿到瓦扎一带,地处副热带半干旱地带,干旱炎热,那里萨瓦纳应该属于气候顶极群落,即使中止火焚垦荒等人为活动干扰,也不可能恢复成林。然而我们这里阿达马瓦高原气候条件比较温和湿润，只要排除人为活动干扰，特别是火焚垦荒，完全有可能逐渐恢复成林的。在这里人们可以见到稀树萨瓦纳、多树萨瓦纳和疏林等多种景观，属于不同阶段的次生植被类型。"站长的一席话使我顿开茅塞，这正是我这半个月考察所见的情景。这样，我心中已可以初步勾画出喀麦隆从南到北植被地带性演替的图谱了，对博士论文撰写充满了信心。

午后回城途中，我顺便游览了著名的迪松（Tison）火口湖，400米乘400米大小，湖水碧绿，景色极美。下午，我到恩冈代雷市城里转了转，小

喀麦隆宗教多元化：恩冈代雷的清真寺

城市风貌，宗教多元化，既有清真寺，也有基督教教堂。城市还比较清洁，也有一个平民小市场，熙熙攘攘很热闹。

5月19日　星期三　晴　恩冈代雷—雅温得

在喀麦隆1个月的考察期间，飞机、小轿车、大卡车等多种交通工具我都尝试过了，今天有机会要乘坐火车了！非洲国家拥有铁路交通的国家很少，喀麦隆只有一条铁路线，从港口城市杜阿拉经首都雅温得向北到达喀麦隆中部重镇恩冈代雷；另有一条支线，从杜阿拉到孔巴（Kumba）和恩康桑巴（Nkonsamba）。其中雅温得—恩冈代雷段长600公里，命名为"纵贯铁路"（Transcameronais），名副其实南北纵贯国境，穿越整个阿达马瓦高原。

早上7时，我购买了一等车厢车票登车，票价10345西非法郎，约合206法郎，挺贵的。这是条窄轨，即米轨铁路，是殖民时期法国人修建的，像法国人过去修建的滇越铁路那样的标准。车厢比普通准轨铁路的要窄一些，像公共汽车双排座位，各坐两人。一等车厢人很少，空空荡荡，比较安静和干净。普通车厢人很多，上上下下，十分杂乱。旅客背着大包小包行李，甚至牵着小牲畜上车也没人管，很不卫生。

喀麦隆火车以特慢车闻名，旅客要有耐心才行。这段600公里的火车，足足走了15个小时，令人难以想象，也难以忍耐！到晚上快10时才磨磨蹭蹭驶抵雅温得。由此可见这个国家铁路交通多么不便，可是在大多数非洲国家都没有铁路，喀麦隆人还对此引以为豪呢。由此联想到我国倾尽国力援建坦赞铁路在非洲具有多么巨大的影响！

从恩冈代雷回雅温得的飞机票价比火车票价（一等车厢）贵不了多少，为什么我宁可选择乘火车呢？因为这一段路上次乘军用飞机去拉格多只从空中掠过，云团滚滚覆盖大地，什么也看不见，所以现在乘坐白天的火车补看这一段路途。火车缓慢行驶穿过整个阿达马瓦高原，得以沿途仔细观察和摄影，正是地理路线考察的好机会。因为是单轨铁路，只有火车站才有会车轨道，所以列车经常走走停停，几乎每站都停。等候对面来车的时间短的也要15分钟，最长的一次竟等候了2个多小时。乘这样的特慢列车旅行的确很烦心累人，不过对我来说有充裕的时间，可以下车观察沿途不同类型萨瓦纳景观的地带性演替。为了采集植物标本和拍摄理想的景观照片，离车站走远一些时间也来得及，虽然很疲劳，但收获不小，不虚此行。

南北纵穿喀麦隆中部,得到了阿达马瓦高原一个完整的印象。高原地势较高,气候比较温和湿润,原始植被应为森林覆盖,由于历史上长期人为作用的干预,特别是火焚垦殖和粗放畜牧,目前呈现的是多种类型的萨瓦纳景观:从稀树萨瓦纳到多树萨瓦纳到疏林。原野上丘陵起伏,无边无际的青绿草地,其上树木星罗棋布。根据乔木和灌木植被恢复情况的不同阶段,可区分出多种不同类型的萨瓦纳,即各种不同的次生类型。例如在恩冈代雷以南乔木稀疏,呈现为灌木萨瓦纳,只在一些丘谷中能见到林木成丛。再向南行到了德吉南河(Djeren)谷地,进入了高原纵深地带,水分条件较好。

该地人口稀少,乔木恢复很快,属于多树萨瓦纳,在绿油油的草地背景上分布着成片成片的树林。更向南行列车驶入萨纳加河(Sanaga)谷地,景色大变,沿河茂密的走廊林已形成连续覆盖,大树高达20米以上。特别是在贝拉波(Belabo)一带林木尤为茂盛。过了贝拉波车站,铁路折向东南。进入森林与萨瓦纳镶嵌交错地带,时而出现茂密的连片林地,时而又呈现稀树萨瓦纳景观,萨纳加河走廊林穿插其间,景色变幻,十分悦目,镶嵌交错,没有明显的界线。

列车本应傍晚7时左右到达雅温得,因为在姆班焦克(Mbondjok)和奥巴拉(Obala)两个车站等候会车耽误了两个半小时,故快10时才到达雅温得。据说这还算运气好的,晚点时间不算长,喀麦隆人都已习以为常,都说这里的火车时刻表只有出发的时间,没有到达的时间。沿途每站都停,站台有当地村民卖水果,如香蕉、橘子、橙子和鳄梨等,也有熟食卖,如鸡蛋、炸糕、木薯之类。我怕不卫生,只买水果,不敢买熟食。全天吃面包、饼干,喝茶和咖啡,一等车厢有食品和饮料出售。一等车厢票价不菲,旅客很少,从恩冈代雷出发时有五个旅伴,后来陆续中途下车了。后半段只剩下我和一位非洲姑娘,她穿着很时尚,皮肤不太黑,可能是黑白混血儿。旅途漫长烦闷,我们很自然攀谈起来,她自称是几内亚商人,来喀麦隆做生意。我几年前曾经翻译过一本法国地理学家的专著《几内亚共和国》,对几内亚地理有所了解,于是,几内亚便成了我们共同的话题,谈得还挺投机,得以消除旅途的枯燥。不过,后来这位黑姑娘不正经了,诸多挑逗,问我到雅温得在哪儿下榻,竟然提出下车同她一起去旅馆开房,说她知道哪家旅馆好,价格优惠,把我吓了一跳。我只好冷淡不理睬她,让她自讨没趣。

5月20日 星期四 晴 雅温得

今天是喀麦隆国庆节和东、西喀麦隆联合10周年纪念日。首都雅温得市内张灯结彩,街上挂满了三色黄星国旗,电线杆上装饰着棕榈树叶。喀麦隆国旗红绿黄三色,正中一颗黄五星,红色代表红土地,绿色代表森林,黄色代表沙土地,黄星是太阳的象征。

上午的国庆庆典有阅兵活动,很早主要街道就戒严了,总统阿希乔要检阅三军和群众游行队伍。城乡建设环保部副部长戴念慈率领的中国政府代表团应邀参加了庆典活动。本人没有观礼证,又不愿站在街边久等,未能一睹阅兵和游行盛况。

阿希乔总统执政近20年,东、西喀麦隆联合也有10年了,是非洲少有的几个政局稳定的国家之一,总统在国内威望很高。

为庆祝国庆节,喀麦隆文化宣传部组织大型文化周活动,中国援建的文化宫适时竣工,前天由阿希乔总统亲自剪彩,并当即改名为"会议大厦"(Palais des Congrès)。国庆期间,每晚在这里演出各种节目。入夜,议会大厦灯火辉煌,彩灯勾画出大厦的雄伟轮廓,在夜空中熠熠闪光。彩色喷泉水柱伴随音乐起舞,金光、红光闪烁,更衬托得大厦巍峨壮观。前来观赏议会大厦夜景的市民络绎不绝,有人一见到我们中国人就伸出大拇指，说："中国人，好！"我心中自豪感油然而生。

晚会推迟到 9 时 30 分才开场，人们很耐心地等待着。今晚的节目是刚从法国进修归来的歌舞团的汇报演出。西方式的音乐舞蹈，加上非洲的元素，由国家乐团伴奏，应该是国家级水平了。遗憾的是，缺乏具有非洲民族色彩的歌舞节目供我摄影作为民俗资料。

雅温得　独立团结纪念碑

5月21日　星期五　晴　雅温得

今天休整。

上午，我去大使馆理发。身体有些不适，拉肚子很厉害，可能与饮食不洁或旅途劳顿疲乏有关，也受了点凉吧。在喀麦隆1个月马不停蹄地奔波，身体一直很好，这两天歇下来，一放松反而生病了。考察任务尚未完成，同志仍须努力啊！

热烈欢送中国政府代表团和中国铁路杂技团离雅温得赴杜阿拉登机回国。

5月22日　星期六　晴　雅温得

今天是喀麦隆的国庆假日，无法外出联系工作。

上午，去使馆理发，因昨天没见到理发员小董，他本职工作是司机，兼任门卫、工务员和理发员。小董待人很热情，很直爽，我们谈了一些使馆生活方方面面的情况。

下午，参加经参处的周六帮厨劳动，很轻松，拣米，米粒中有稗子和沙粒。

晚上在使馆看电影，京剧戏剧片《尤三姐》。

5月23日　星期日　晴　雅温得

上午去喀麦隆大学，莫林、梅勒和瓦莱（Valet）等老师都没见到，一位非洲助教送我去梅勒教授家，亦未遇见，福尔（Faure）教授也不在家。后来却在路上遇见梅勒教授，他很高兴我圆满完成了从雅温得到瓦扎的南北纵贯喀麦隆的地理考察。他同我约定明天中午与福尔教授约会，洽谈下一步考察计划。

尔后，去银行兑换了1000法郎的旅行支票，雅温得每个银行兑换旅行支票收费标准不统一。上次同样兑换1000法郎，收手续费200西非法郎，这次却收了350西非法郎，而杜阿拉的波士顿银行不收费。我想可能波士顿银行是美国银行，我兑换的是美国旅行支票吧。

下午未外出，在住所阅读《喀麦隆大百科全书》，重点看植被部分，对照我这个月的实地考察做读书笔记。

晚饭后，散步走到莫林先生家，10多天分别，见面分外亲切，他同我拥抱。我向他汇报了喀麦隆北方之行的收获和感悟，他建议我抽空收集和阅读一些有关喀麦隆的地理学书籍和论文，将考察获得的感性认识与理性认识结合起来。我回答说，我正在阅读《喀麦隆大百科全书》。他说很好，借给我一本喀麦隆地图集，自然地理方面有地形图、气候图、水文图、植被图等，人文地理方面有人口分布、经济社会、工农业生产等，每幅图都附有说明书，对于全面认识喀麦隆这个国家很有意义。我先借他的这本地图集阅读，想办法去书店买一本，莫林说书店有出售。莫林先生明天出差去西部邦布托（Bamboutos）山区，带学生野外实习。

5月24日　星期一　阴　雅温得

十分荣幸，今天上午苗玖锐大使在百忙中接见了我。我向苗大使介绍了我来喀麦隆地理考察的目的，汇报了近一个月来在喀麦隆各地实地考察的路线和收获，并对大使馆和经参处以及中国援喀工程技术人员对我的热情接待、无微不至的关怀和帮助，提供了良好的交通和生活条件，使我得以克服种种困难，安全顺利完成了预期的考察计划，表示了衷心的感谢，深深地感受到祖国的温暖。使馆人员和援喀工程技术人员远离祖国和亲人，兢兢业业为增进中非和中喀友谊无私奉献。特别是拉格多水电站工地的工程技术人员，在干旱酷热的条件下，战天斗地，奋斗六年时间，令我深受感动和敬佩，我受到了一次很好的国际主义和爱国主义的教育。苗大使认真地听取了我的汇报，他说："当我收到了中国驻法大使馆的公函后，当即照会有关部门，指出这是首次国家公派博士生来喀实地考察，而且是只身前来，使馆应尽力给予支持、关怀和帮助。从你的汇报中，我很赞赏你对科学的敬业精神，我听说你只身成功地登上喀麦隆火山顶峰，非常高兴，你很有献身精神啊。喀麦隆火山是喀麦隆人心中的圣山，有'神的战车'美誉。使馆也有年轻同志一直跃跃欲试想登顶喀麦隆火山，不过考虑到使馆工作人员的特殊身份，我只同意他们国庆节假日去那里爬爬山，到一定的高度就适可而止。"接见结束时，苗大使握着我的手，亲切地对我说:"我相信你一定能以出色的论文通过答辩,预祝你早日获得法国大学博士学位!你还有什么困难需要使馆帮助解决的,请尽管提出来。希望你在野外考察时多多注意安全,保护好自己,谨防野兽、毒蛇、毒蜂、毒蝇的攻击。特别是草原地带的萃萃蝇,一旦不慎被其叮咬,就会传染上昏睡病,很难医治,死亡率极高。"苗大使亲人般的叮咛嘱咐使我感到一股热流温暖全身。

中午,在梅勒教授家共进午餐。梅勒先生一家四口人,夫人尼古拉(Nicole)也是地理学教师,在雅温得一所师范学校任教,两个可爱的女儿在中学读书,小女儿给我表演了手风琴,琴声悠扬,十分动听。梅勒教授在喀麦隆任教已经11年了,他告诉我,他夫人同我的博士论文导师拉塞尔教授是多尔多涅地区(Dordogne)同乡,感谢拉塞尔教授的推荐,他最近得以受聘波尔多第三大学任教授,目前正准备放完暑假就结束在喀麦隆的工作举家返法,定于7月初回波尔多。一位法国教师,不远千里带着全家来到这个欠发达的热带国家,在这片红土地上一扎就是11年,确实很不容易,如今即将衣锦荣归,可喜可贺!莫林先生在喀麦隆任教也有四五年时间了。在喀麦隆工作的法国人相当多,几乎主要的教育和科研机构都有法国学者。虽然主要职务、第一把手须由喀麦隆本国人担任,但实际上,教育和科研方向是由法国学者所指导。此外,每年还定期聘请法国著名学者来讲学,主持学术论坛和博士论文答辩等。午餐后,边饮咖啡边闲聊,我问梅勒先生当初他是怎么选择来喀麦隆工作的。他笑了笑说:"那时还很年轻,大学毕业不久,就业竞争很激烈,大学和科研机构门槛比较高,又不甘心做一般的行政辅助工作,出于无奈,许多博士、硕士毕业生选择到国外任教,先干几年取得一定的工作经验和资历,再回法国任职。不过我来喀麦隆时间长了,也爱上这个国家,熟悉了这里的工作和生活环境,交了不少喀麦隆朋友。不想一晃就11年了,这下要回法国了,既高兴也舍不得啊!"梅勒先生坦诚的一席话，令我非常感慨，生活不易啊！年轻人要努力奋斗，才有光明的前景啊！

下午，梅勒先生陪我去会见了福尔先生，林学家，在热带农艺学校任教。他告诉我，他们学校组织学生的森林野外实习计划时间有所推迟，这样我可能参加不上了。不过，欢迎我参加热带农艺中心的野外考察，约我后天去商谈。他还答应借些喀麦隆森林调查资料给我，我后天到热带农艺学校去取。

5月26日 星期三 晴 恩科尔比松

上午，使馆派车送我到热带农艺中心和热带农艺学校，这两个单位在远郊恩科尔比松镇（N'Kolbisson），在去杜阿拉的途中，一座小山丘下。树木成荫，有一个小湖，湖水碧绿清澈，环境十分幽静。

我先到热带农艺中心，会见庞塔尼埃（Pentanier）和塞约（Sayole）等法国学者，商谈下一步野外考察计划。塞约先生将于6月2日出发，赴西北省巴富萨姆（Bafonssam）、巴门达（Bamenda）和邦布托（Bamboutos）山区考察，主要任务是收集土壤剖面描述资料，为期15—20天。考察期间要自带卧具和炊具，过简单的野营生活，因而，我这些天要做好准备，下星期一集中行李装车，6月2日出发考察。

然后，去热带农艺学校，同热带农艺中心在一个大院内。我会见了福尔教授，他借给我一些喀麦隆森林普查资料，对我下一步撰写论文很有参考价值。

5月28日 星期五 晴 雅温得

上午去喀麦隆大学，替使馆经参处购买该校出版的地理杂志，办理了订购手续。然后到植物标本馆，但没见到负责人，只领取了我送交的标本鉴定结果，我提出了索取制作好的标本，尚待批复。乘出租车到西班牙驻喀麦隆大使馆，终于查到了波尔多大学法语班同学德卓妮奥女士（Mme Dzonio）的地址，但没有找到人。她是西班牙人，她的丈夫是喀麦隆人，她很热情，给我来过信，欢迎我去她家做客。可是赴喀麦隆时匆匆忙忙，忘了带她家在雅温得的地址，因此来到雅温得都一个月了，也无法联系上。给西班牙驻喀麦隆大使馆打了几次电话求助，也没有结果，只好今天抽空来跑一趟。

雅温得偌大的首都城市，数万居民，却没有邮递系统，没有街道门牌号码，也没有邮递员，只有信箱号码。全城居民需要邮件来往者，都集中到中央邮局办理信箱号码登记手续，即可自带钥匙取信。像我们这种短期逗留的外国人真不知道怎么办！订阅报刊则要自己去报社取，对于没有私家车的人真是很不方便啊！邮局倒省事了，不必上门投递信件报刊。寄信也不方便，街上没有邮筒可投递信件，必须亲自到中央邮局去投递才行。即使知道朋友的信箱号码，也找不到住家地址。无可奈何，我只好给德卓妮奥写了封信，到中央邮局投递，也不知道她何时能收到，如此邮政，真是令人无奈！

5月29日至6月1日　星期六至星期二　雅温得

周末两天我没有外出办事访友，在经参处住所潜心阅读借来的各种资料，如《喀麦隆大百科全书》《喀麦隆地图集》《喀麦隆森林普查资料》等，整理标本鉴定资料等，同时，准备第三次野外考察的行装和有关资料。我这次是随热带农艺中心的研究人员一起考察，不像上两次独自一人单枪匹马。这是一次向资深学者学习的好机会，也是赴喀最后一次野外考察，一定要好好珍惜这个机会。

5月31日上午,我到热带农艺中心,提前交了行李以便统一装车。抽空给驻法使馆教育处岳光鑫老师写了一封汇报信。

这几天晚上,使馆放映了几次电影,先后看了影片《刑场上的婚礼》《巴山夜雨》《花开花落》和香港片《唐山五兄弟》。

6月2日　星期三　晴　伊德(Yde)—巴菲亚(Bafia)—丰博特(Founbot)

西喀麦隆地理考察今天开始,西喀麦隆属英语区,10年前喀麦隆同邻国尼日利亚签署协定交换领土,将北部一块领土划归尼日利亚,而换得原属尼日利亚的西喀麦隆这块领土。

上午8时,库奥(Kuoh)先生开车来大使馆经参处接我到热带农艺中心集合。9时30分驱车出发,法国研究员塞约开车,是一辆日本丰田(Toyota)吉普车。驾驶室坐3人,后面塞满了行李、野外考察设备和食物饮水等。驾驶室座位有点挤,尤其是我坐中间位置,原意是照顾我比较安全,挤就挤一点吧,还好天气不算太热。驶出雅温得后,向西北方向行驶,因萨纳加河上桥梁不多,需绕路经桑(San)从童年桥过河。这座桥记得早先我们曾经到过,可是我们却迷了路,吉普车穿行在半落叶次生林的小径中,迷失了方向。这种次生林以常绿乔木为主,也有一些落叶树夹杂其中,以木棉树最明显,目前正值落花抽叶期,呈现为半树白花,半树绿叶。非洲木棉树开白花,不像广州木棉开大红"英雄花"。在离村庄较远处,林木茂盛,下面树木很密,树间有草质藤本植物缠绕。一般树高20余米,树种很多。沿途村庄零散,沿公路散布,村庄附近林木被砍伐,火焚烧荒种植木薯、薯蓣和玉米等农作物,弃耕地次生出大量野油棕林,沿道路两侧都能见到，越近村庄，野油棕林越密。因为迷路，转了3个小时才找到萨纳加河大桥，不过有失亦有得，穿行小道使我就近观察到半落叶次生林的内部结构，亦有收获。过桥后不久，又乘渡船渡过一条支流，沿河走廊林很茂密。汽车过渡等候良久，大家在车上吃三明治当午餐。此时正值午后2时，又热又晒。我认为这一带应为森林与萨瓦纳的交错地带，森林与萨瓦纳犬牙交错，十分明显。

然后道路向西缓缓登上高原，越向西行，居民点越密集，森林退化降级很明显，高原上许多山丘已降级为稀树萨瓦纳或灌木萨瓦纳。高原上的河谷地带则林木茂密，似乎不见落叶树种。在道路两旁，我见到很多野生油棕和太阳树等次生林先锋树种。此外，还见到另一种棕榈树"罗尼埃"（rônier），叶子很像葵树叶，易于辨认。村民农作活动增多，有的山坡顺坡种植玉米直到丘顶，还有些山丘半边山坡为森林，半边山坡林木被砍光，开辟为草地牧场。人为活动对自然植被的作用显而易见，亦可观察到弃耕后重新恢复成林的现象。

吉普车在上坡时出了故障，是供油系统不畅通，爬坡很缓慢，晚上6时多我们才到达一个有修车铺的大村庄，简单修理排除故障并加了油。此时天已黑下来了，为了按原计划赶到目的地丰博特，只好赶夜路，取一条小道捷径，穿过一处居民点极少、很荒凉的萨瓦纳地带，幸好全是下坡路，夜间行车，小径坑坑注注，真有点提心吊胆。多亏塞约先生车技高超，开车又快又稳，终于在晚上8时30分到达丰博特城郊营地——热带农艺中心的试验站。这里有空房间供研究人员过往住宿，床铺、蚊帐、炊具、冰箱等一应俱全，有煤气和电灯，生活很方便。唯一的欠缺是暂时没有水，水塔正在修理中，只能用少量水洗洗脸、擦擦身，一盆水变成红色了。

简单的晚餐，熟鸡肉、速食汤、食用芭蕉加面包，累了饿了，大家都吃得很香啊！是夜11时30分就寝，整天旅途颠簸劳顿，十分疲乏。塞约先生开了一天车，想必更加疲累，絮叨絮叨着很快便呼呼入睡了。

6月3日　星期四　阴，多云间晴　马卢法高原

昨晚天黑才赶到农艺中心试验站，周边环境什么也没有看清楚。早晨起来，我才发现我们的宿营地农艺中心试验站位于丰博特城郊的一个小山丘上。沿山坡种植着咖啡和玉米等作物，向远处放眼望去是一片青绿的灌木萨瓦纳群落。

简单用过早餐后，7时多我们便驱车出发开始一天的考察。从农艺试验站到丰博特城以及城郊区一带，是集约化农作物种植区，几乎所有的山坡都顺坡向种植农作物，以玉米居多。坡下的平坦土地上分布着大型种植园，那里的黑色火山灰土壤很肥沃，沿路两侧都是一个接一个的咖啡种植园。咖啡树喜阳却怕晒，咖啡树要种在一种遮阴树下才生长良好。这种遮阴树属豆科，细小的羽状复叶，树影稀疏，既遮蔽阳光直晒，又通风透光。遮阴树生长很慢，13年树龄的树木才10米左右高，非常适宜选作咖啡的遮阴树。沿途所见的咖啡种植园都选用这种豆科遮阴树。其他土壤肥力较差的地方，以种植玉米为主。

驶离丰博特城后，进入一个高原地带，海拔在1000—2000米之间。这是一个顶部平坦的桌状高原，为玄武岩所覆盖，个别地段出露了下覆的花岗岩和片麻岩。土壤为发育在玄武岩上的红土。塞约和库奥先生驾车穿行在高原坡上坡下，目的在于观察不同地貌形态下的土壤类型，采集土壤剖面标本。土壤虽然不是我研究的主要对象，但与植被的关系密切，这是向专家学习土壤实地考察的方法的好机会。同时，我也得以全面观察这一地区的植被，总的印象是由于人为活动的影响，这一带原生森林早已不复存在，已退化为灌

木草原，即灌木萨瓦纳，其上稀疏分布一些小乔木，只有7—8米高，树干扭曲，长势不良。树种有相思树、卡里特油果等。卡里特油果的果实如柑橘般大小，呈圆形，果中有一大核，果核含油量很高。塞约先生说，卡里特果油是高档化妆品的原料，在非洲有野生采集的，也有人工种植的。在非洲文献中，我多次阅读到卡里特油果，今天亲眼见到，很有兴趣，采集了叶和果实标本。我现场解剖了一个果实，有乳汁流出。这一带丘坡上都是灌木草地，见到放牧瘤牛群。灌木生长得也较矮小。在一些山谷中有潺潺流水，树木茂盛，往往形成小片林地。由此可见，这一地带属于热带森林与萨瓦纳镶嵌交错的过渡带。在山坡上和河谷地散布着村庄，都是铝皮屋顶泥砖墙、带小走廊的西喀麦隆巴米累克（Bamiléké）人的典型房屋。村庄附近明显特征是油棕树环绕，因而，在此地油棕树林可作为有村庄存在的标志。村庄之间有小道相通，汽车行驶不太困难。村庄附近也常见玉米、木薯、旺祖豆和花生的种植地。

今天的考察工作进展较顺利，中午在一座小山头上野餐，吃面包夹肉肠。下午3时多便返回农艺试验站，途中，曾在一座基督教教堂休息，塞约先生向教堂牧师购买了20斤生咖啡豆。这个教堂有法国籍牧师，教堂拥有自己的咖啡种植园。回农艺试验站之前，先进丰博特城，到塞约先生的一位朋友处修汽车，这位朋友也是法国人，在城里开了一家汽车修理行，也拥有咖啡种植园。由此可见，在喀麦隆工作和生活的法国人真不少，似乎到处都有。我寻思他们也许有些是殖民历史上的冒险家的后裔吧？汽车供油系统问题较大，直到晚上7时还没有修好。汽车行老板很热情，亲自开车将我们送回农艺试验站住所，我们的吉普车留在汽车修理行继续修理。回到住所已经挺晚了，只能草草吃晚餐，罐头意大利饺子、食用芭蕉、面包就稀汤，基本上都是半成品食物加加热。此时我不由自主地怀念起我们的方便面，那味道好多了。10时入睡。

6月4日　星期五　阴，多云间阵雨　巴富萨姆

早晨6时30分起床，早餐后，等候城里修车行老板送车过来。我利用这空闲时间，整理这两天来收集的资料和标本。站在试验站丘坡高处，放眼望去，近处坡下是一个小盆地，有试验站的咖啡园和玉米地，也有附近村民的小片玉米地块。远处丘坡低处开垦为农地，主要种玉米，玉米是村民的主粮之一；高处为灌木草地牧场。据库奥先生介绍，此地粮食作物由妇女耕作和出售，完全靠手工劳作；男人或种植咖啡，或到城里打工，不从事粮食作物生产和销售，这正是为什么在市镇集市上看见出售农产品的都是妇女。

汽车供油系统的故障比预料的复杂，一直等到10时30分，汽车修理行老板才来到农艺试验站，他告知我们，汽车还未完全修好，需要更换重要零件油泵。于是全体出动，乘老板的小车驶向距离15公里远的大城市巴富萨姆买油泵。巴富萨姆是西部省的省府，城市规模不小，很像一个小雅温得，有不少三四层高的现代化楼房，街道很宽阔，柏油路面，商场和集市熙熙攘攘很热闹。像雅温得一样，不太清洁，到处红土飞扬。城市人口估计有数万，路边见到许多妇女小贩，出售香蕉、芒果、鳄梨等水果以及各种蔬菜，如西红柿、沙拉生菜、洋葱、辣椒等。在巴富萨姆转了三四家汽车行都没买到适用的油泵，只好原路折回。

西喀麦隆是喀麦隆农业发达的富庶地区，这我早在文献资料中有所了解，这次得以亲眼所见。从丰博特到巴富萨姆的道路相当不错，平坦的柏油马路蜿蜒在低丘和盆地之间。沿途农业活动集约化，大片的机耕玉米地，长势良好，玉米已有一人半高。这里是喀麦隆重要的粮食作物产地，以玉米

生产为大宗。高粱和小米比较耐旱，主要种植在我刚刚去过的北部地区，属于非集约化的粗放农业。在巴富萨姆，我见到一种牌坊式的建筑，常作为市镇的入口或重要机构的大门装饰。传统的牌楼为茅草尖顶，以前曾在非洲文献中看见过，很有地域特色，现在改为铝皮尖顶，洋气一些了，我拍了一些照片。

回到丰博特汽车修理行，车行招牌醒目"黑土地汽车修理行"（Garage des Terres Noires），取名当地遍布黑色的火山灰土壤。老板非常热情，不但帮助修车，还请吃中饭，各种饮料摆了一桌子。老板是业余摄影发烧友，给我展示了他的高级照相机和大大小小的变焦镜头，带我参观他的冲印放大暗室。饭后，他拿出他得意的摄影作品给大家欣赏，我翻看他的相册，见到一张原野烧荒的照片，其场面十分壮观，我爱不释手，但不好意思开口索求，这正是我需要的，但难得遇上机会拍摄的纵火烧荒的场景。

在丰博特集市买了一公斤牛肉，还有洋葱、土豆等蔬菜，晚餐我主持，做中式炒菜，大家都称赞美味好吃。可惜牛肉欠软嫩，原因是早上刚宰的牛，肌肉很紧，最好放几天后再炒，那就鲜嫩了，另外在这里也没有酱油和嫩肉粉啊。

明天要去西北省省府巴门达（Bamenda）购买油泵。巴门达是西喀麦隆最大的城市和经济中心，那里有日本丰田汽车专卖店。日产丰田汽车在喀麦隆价格比较便宜，到处都可见到丰田汽车，不过维修和更换零件又贵又麻烦，我们这次深有体会了！

6月5日　晴朗，多云，阵雨　巴门达

今天，首先还得为解除汽车故障而奔忙，不然没法顺利开展下一步考察工作。早餐后，即驱车前往巴门达，那里是西喀麦隆最大的城市，西北省省府，想必能买到油泵等零

件。先行驶了15—20公里，经过西部省省府巴富萨姆，然后折向北行。这一带是喀麦隆集约化农业生产基地，乃喀麦隆之"粮仓"。这个地区居民主要是巴米累克部族，因而被称为巴米累克地区。沿途土地都已农业开垦，很少见到荒地，山坡、谷地全都种了庄稼，田野景色竟有点像我国江南丘陵地区的农村风光，这在喀麦隆其他地区还很罕见。粮食作物仍以玉米为大宗，油棕种植园不多，可能因为高原地势，海拔在1200米以上，气候偏凉，油棕生长热量不足。坡地也充分开垦利用，多为顺坡种植，也见有横坡种植，相互交错，但没有整治为梯田。同一丘坡种植多种作物，很少大片的单一玉米地，玉米地中混种着花生、大豆、旺祖豆、薯蓣和食用芭蕉，甚至夹杂着蔬菜地，特别是邻近村镇处蔬菜地较多。到达巴门达之前，经过两个较大的集镇，今天周末适逢集市，人来人往，熙熙攘攘，购销两旺，十分热闹。

巴门达城位处一个山间盆地，汽车先沿盘山公路顺坡而上，登上山垭口，恰巧阳光冲出云层，照亮了这个省府都市，眼前展现出一幅极美的鸟瞰画图：好大的城市，据说有50万人口（这个数字我有点怀疑，待核实）。城市占地范围很大，非常分散，几乎望不到边际，这正是喀麦隆城市结构的特征。民居以平房为主，也有少数楼房。城市周边的山丘上基本不见树木，到处是青草茵茵的牧场。铁丝围栏将牧场分隔成一块块，见有牛群和羊群在牧地吃草。我的印象是这一带农业土地利用规划得不错，山区、丘陵发展畜牧业，低地河谷发展集约化种植业。

在巴门达城里转了好几家汽车修理行，没料到同样毫无收获，没有配到油泵等零件。后来到市场巡礼一番。这市场与其他城市的一样，也是一个方形市场。一个接一个的小商铺，出售各种日用百货，大都是舶来品，中国小百货商品不少，价廉物美很受欢迎。见到一把三色伞，红黄绿，是喀麦隆国旗的三种颜色，以为是喀麦隆的特产，不料撑开一看，竟是"中国制造"（Made in China）。这里临近尼日利亚边境，黑市走私流入的尼日利亚的商品不少，价格比较便宜。

返程途中，我们停车拍摄了不少照片，重点拍摄各种农牧业生产活动。见到一种名为拉菲棕（Raphia）的棕榈树，状似油棕，但呈丛生状。从丛中拔出的茎秆很像竹子，却是实心的，很坚硬结实，村民常用来编扎房屋墙壁。沿途见到一些拉菲棕墙壁的民居。途中在桑塔（Santa）小镇品尝了拉菲棕油，乳白色，味较淡，稍甜酸，有浓烈的发酵气味，不好闻，吃还行。村民非常爱喝拉菲棕酒。过米菲（Mifi）河时，看到著名的大瀑布，宽度15—20米，湍急的河水从玄武岩悬崖飞流直落30—35米，跌入深潭，有石梯可下到潭边，瀑布轰鸣，水雾飞溅，气势磅礴，悬崖笔立，乱石穿空，蔚为壮观。回到丰博特后，下了一场强阵雨，雨季是时候来临了。

6月6日　星期日　晴，午后阵雨　巴姆高原

今天是紧张的工作日，因为修理汽车、买油泵耽误了不少时间，所以虽然今天是星期天，又逢丰博特的大集市日，街道上非常热闹，但我们驶过集市连车都没停。我们也不再满处找汽车行买油泵了，幸好车子不是大故障，小心驾驶还不至于趴窝，再过两天去到大城市杜阿拉，应该能买到油泵，排除故障了。

今天考察地区为巴姆（Bamoun）高原，位于丰博特以东，这里是巴姆族人的居住地，高原也称为巴姆高原。我们重点考察这个高原的南部地区。沿途所见自然植被仍是由于长期人为活动，特别是纵火烧荒和过度放牧造成森林降级的灌木萨瓦纳。不过随着小地形、小气候环境以及人为活动强度的差异，植被也呈现出多样性变化。

河谷地带土壤水分条件较好，见有茂密森林，有的已连片形成沿河走廊林，树木高度可达到20米。居民点较多，村

落附近有大片人工种植的油棕林，居民属巴姆族，从事农业生产为主，主要种植咖啡和玉米，其次还有油棕、花生、旺祖豆和木薯等多种作物。居民点散布在沿河阶地或低丘上，房屋比较高大，铝皮屋顶泥砖墙壁，门外带小走廊，窗户为木质百叶窗，还比较讲究。我们参观了一个村庄，一位贵族身份的村官热情邀请我们到他家坐坐并合影。他家比较阔气，有沙发、摩托车，可见当地生活水平还不错。一般河谷地带村庄多也较大，低丘地带村庄少而小，只有三五户人家。

丘陵地带，尤其是高处和山脊，植被稀疏，以绿草地为基本色调，其上或稀或密地生长着一些大灌木和小乔木，大都未形成连续覆盖。这里属于波罗罗（Bororo）族牧民的活动范围，他们的房屋是圆形茅草屋顶的沙莱，比较简陋，村庄也比较小，见到牛群和羊群在山坡上吃草。波罗罗人是当地自然植被人为演替的主要角色。

上述两种部族常常毗邻交错分布，和睦相处。我曾见到一处河谷沼泽地带，东岸为波罗罗人的牧场，牧草茂盛，高达2米多，无任何农作物；西岸为巴姆人的农田，村庄一个连一个，耕作精细，田地起垄，同一块地套种着玉米、花生和木薯，其上还种着卡里特油果树。两个部族生产、生活方式和水平形成鲜明对照，引人注目，饶有兴趣。

在一处河谷的巴姆人村庄，我们巧遇结婚仪式。村民身穿民族盛装，男子穿白色长袍，女子穿五彩鲜艳的连衣裙，纵情欢歌舞蹈。持枪舞刀的猎人舞彪悍奔放，朝天鸣枪驱魔。妇女围成圆圈，又唱又跳并转圈。据说要欢闹到深夜。在我们的要求下，村民欢迎我们拍照，我们留下了精彩的镜头。

一天紧张工作，塞约和库奥先生忙于不同地段土壤剖面的观察和取样，我则观察记录自然和人文景观的地域差异，以及人为活动对植被群落演替的重要影响。我们各得其所，十分满意，补偿了前两天修车耽误的时间。大家忙得不亦乐乎，连中饭都顾不上吃，十分疲劳，却很有乐趣。

今天，我们还考察了一处火山岩采石场，见到巨大的圆形火山弹，直径有半米。我从未见过这么大的火山弹呢！

6月7日　星期一　晴而热　富班

今天的行程是向北，前往西部省著名旅游城市富班（Foumban），考察地点在该城南面的巴姆高原北部。

自然条件总的来说同高原中部和南部差不多，植被类型仍然是灌木萨瓦纳，土壤为发育在玄武岩上或基岩上的红壤。基岩是花岗岩和花岗片麻岩，大部分地区基岩均为玄武岩所覆盖，有一些地点可见到基岩出露。土壤铁壳化现象到处可见，尤其是在丘脊地段，水土流失，失去表土，使铁壳化心土出露。

本地区邻近富班城，人口比较稠密，村庄也较多，人为活动的影响致使自然植被退化很显著，即使河谷低地也见不到走廊林了。村庄附近油棕林不少，但其他大树就不多见了。丘陵高地也同样是当地波罗罗牧民的地盘，灌木稀疏，不如昨天在高原南部所见。考察中，我见到几处丘脊平缓地段树木较多，而丘坡上却很少，是否可以作为平缓丘脊过度放牧，造成牧场退化被放弃，逐渐自然恢复成林的证据？

因为考察点不多，结束工作后我们就驱车进城观光。富班城不算大，但比较清洁整齐，不愧为旅游城市。入城口有一个大牌楼，极富非洲地方特色。市中心有一座别墅式王宫，富班虽然不是省府，但它是巴姆族人的宗教圣地。历史上的巴姆王国首府便设在这里。巴姆王国创建于1394年，国王至今已传至第18代，或称"酋长"，是民族和宗教领袖，不是行政领袖，但权力很大。王宫是一幢二层德国式别墅，用红砖和黏土建造，目前正在修缮中，但王宫博物馆开放，陈列着王国的历史文物，如国王宝座、狮子皮地毯、长矛弓箭砍刀、非洲鼓和土著乐器、各种面具和装饰品，还有用敌人牙齿组成图案的艺术品。这些文物陈列品都非常破旧，却给参观者以非洲原始野性的震撼，别具一格。

市中心有一座建筑精美的清真寺，可见这里属于伊斯兰教地区。漫步街巷，见到一条街全是制作和出售手工艺品的小作坊，前面商店，后面作坊，主要有各种非洲木雕、铜器等，所制作出售的手工艺品风格粗犷，富有地方色彩，原汁原味，深受欧美旅游者喜爱，因而价格很贵。经过再三讨价还价，我用 6000 西非法郎买了一对红木（桃花心木）面具木雕，十分称心，作为喀麦隆之行珍贵的纪念品！

6月8日　星期二　晴　丰博特—巴富萨姆—巴峰—恩康桑巴—杜阿拉

一个星期的西喀麦隆考察结束了，今天我们离开丰博特农艺中心试验站，前往杜阿拉。塞约和库奥先生将在杜阿拉接上另两位同事，继续进行沿海一带的土壤地理考察和取样。我考虑到沿海地区我已经考察过了，路线有所重复，再说又增加两人，汽车座位也坐不下了，于是决定到杜阿拉便离队。

早上 8 时多，我收拾好行装驱车南行，经过巴富萨姆到达巴峰（Bafong）。巴峰也是西喀麦隆重要城市之一，但比省府巴富萨姆要小一些，城市建设格局差不多。这一段路程景色变化不大，高原地形，丘陵起伏。从高丘纵目远望，无边无际的农田和牧场，村庄遍布，农牧业并重。农业以种植玉米和咖啡为主，山丘发展畜牧业，主要放牧牛羊。巴峰不愧是喀麦隆的精华宝地，与喀麦隆北部人烟稀少、干旱荒芜的大地形成鲜明的对照。

从巴峰到恩康桑巴（Nkongsamba）一段路翻山越岭，景色明显不同，首先是地势增高，以山地为主，山上油棕林十分茂盛，不像前几天在高原所见仅散布于村庄附近，而是满山遍岭的野生油棕林，可见山地水热条件更适宜野生油棕林的生长。山地地带农牧业也很活跃，不过不如高原地带那样，几乎所有空间都被农牧业活动所占据。在山地深处，也见到一些无人区，那里已到了巴米累克地区的边缘，进入了马朗古巴（Manengouba）山地，平均海拔1800米左右。

翻越马朗古巴山地，驶经另一座城市，便下坡进入沿海丘陵平原地带，从民族分布来说也出了巴米累克地区了。最引人注目的是民居建筑风格的变化，沿海地区特有的木板结构的房屋取代了泥砖房屋，房舍村落的带生篱的栅栏也不复见了。此外，人口密度大大增加，公路沿线村庄房舍一个接一个，几乎没有间断。村庄的规模也大多了，据说沿海一带人口密度高达200—300人/平方公里。另一个突出的变化是这一带出现许多大型现代化的种植园。在鲁姆（Loum）以南有大片香蕉园，放眼望去，蕉叶迎风飞舞，一片蕉林海洋。香蕉种植园总是伴随着竹园，因为香蕉树需要用竹竿作支撑。大串大串的香蕉用塑料口袋保护免受病虫害。接着，我又见到大片菠萝种植园和油棕种植园。在恩让巴（Njamba）有一个热带果木研究中心，那里有成片的鳄梨、芒果等果木种植园。这个研究中心也属于雅温得热带农艺研究中心。

下午2时安抵杜阿拉，我请塞约和库奥先生到使馆驻杜阿拉办事处休息喝茶，对他们这几天给我的帮助、指导和关照，表示衷心的感谢，然后同他们告别。他们又要去找丰田汽车专修行买油泵和修理保养汽车。希望他们这次终于能修好汽车，顺利进行下一阶段考察。今天途中翻山越岭，我还提心吊胆，怕汽车半路抛锚呢，幸好好人有好运啊！

夜宿杜阿拉办事处，明天乘杜办的便车回雅温得。至此，我顺利圆满地结束了西喀麦隆地理考察。

6月10—30日　雅温得

喀麦隆地理考察野外工作基本结束，通过自然景观的水平地带性变化和山地植被垂直带谱考察，取得了丰富的感性和理性认识，收集了大量的实地考察和文献资料，为今后撰写博士论文打下了比较结实的基础。

我的喀麦隆居留签证还有20多天时间到期，我不急于回法国波尔多。我将充分利用这里的便利条件，在这段时间转入考察资料的整理、植物标本的鉴定和文献资料的收集，我的足迹将从野外丛林草原转向大学图书馆、资料室、国家标本馆、地图测绘中心和遥感图像判读和分析研究机构。任务还不轻，还不能松劲啊！昨天好好地休息了一整天，今天开始新的努力！

7月1日　星期四　晴　杜阿拉—马赛—波尔多

两个半月的喀麦隆地理考察终于顺利地结束了，今天我踏上返回法国的归程。

昨天从雅温得来到杜阿拉，在杜阿拉办事处住了一宿。今天早餐后，我告别杜办朋友们前往杜阿拉机场。杜办主任戴玉昆、王殿军和王海德热情送行到机场。顺利办好了行李托运，通过了海关检查，上午10时30分登机，仍乘UTA航空公司的波音747宽体客机。

两个多月前，我从法国飞喀麦隆时是乘夜航班机，一路上黑漆漆的什么都看不见，这次返程选择了白天的航班，终于得以补偿。飞机起飞后，掠过喀麦隆林海，即飞越云海之上。飞机上乘客不多，午餐很丰盛。花了20法郎租用一副耳机，才能听音乐和看电影，啤酒等饮料也要付费，只有汽水免费。

大约飞行两个小时后，飞临世界最大的撒哈拉大沙漠上空。从舷窗俯视，大地黄沙茫茫，竟一点绿色生命也见不到，但并不像想象中那样沙丘链如海浪起伏。从林海到云海到沙海，景色变换，令人震撼。我从舷窗向下拍了几张照片，飞行高度太高，舷窗又小，我想效果未必好，浪费了胶卷吧。

下午4时左右，我抵达马赛，飞机临降落前，窗外的景色十分美丽：蔚蓝的地中海、灰白色的石灰岩海岸与沿岸星星点点的小岛、马赛城的高楼大厦历历在目。整个航程5个小时，法国有一个小时时差，飞抵马赛时，当地时间是下午4时。

在机场顺利取了行李，遇到了黑车揽活企图骗我上车，说送我去中国领事馆，幸好我没有上当，当时在马赛根本还没有建中国领事馆。我通过问讯处，找到了机场到火车站的大巴专线坐到了火车站。一回生二回熟，这次自动存好了行李，买好了当晚11时开往波尔多的火车票，也没出火车站，在候车室安静地候车。

车上非常拥挤，刚上车连座位都没有。目前正值暑期大假旅游季节，车上人挤人，连过道都站满了人，有的年轻人干脆在过道上席地而卧。我一个人带了四件行李，一个旅行箱、一个双背肩包、一个手提包和一个植物标本夹，好不狼狈。费了好大劲，我终于找到一个座位，就这样熬了一夜。次日清晨，我安抵波尔多火车站。喀麦隆地理考察之行至此画上了圆满的句号！

7月7日　星期三　晴朗　阿卡雄—费雷角

喀麦隆地理考察归来，适逢法国大中小学放暑假，热带地理研究中心也关门了。正愁无法及时向导师汇报赴喀考察成果和请示下一步撰写论文的指示时，导师拉塞尔教授的秘书来电话，告诉我拉塞尔所长到海滨别墅度假去了，嘱咐我从喀麦隆回来后，休息好了就到他的别墅来度假，假期有时间好好聊聊。

　　导师有一栋度假别墅就在海滨旅游胜地阿卡雄潟湖外侧的一个岬角——费雷角（Cap Ferret），那里是个风景优美的旅游度假村。从波尔多到费雷角车程大约一个半小时，路上一派田野、松林风光。费雷角现在也成了旅游者的天地，树林里、道路旁到处都是年轻人宿营的帐篷。拉塞尔教授的别墅是一栋平房，房前有个大花园。高大的海岸松洒下满地松针。踩上去很松软，好一栋舒适的度假别墅！

　　往常在热带地理中心求见拉塞尔所长，先要向秘书申请，等待约会时间。在所长办公室汇报请示时，总是有电话或诸多事务打扰，中断谈话。所长公务繁杂也实属无奈，遇到这些情况，他也是无可奈何地耸耸肩。今天，在他别墅舒适而不豪华的客厅

波尔多阿卡雄在导师拉塞尔教授的海滨别墅度假

里，我有充裕的时间，带着我的考察笔记，详细地向他汇报我在喀麦隆的考察行程和成果，重点阐述我对喀麦隆纬度地带性特征和喀麦隆火山植被垂直带谱的认识。导师对于我按照他设计的两个剖面进行考察感到很满意，说这样就抓住了喀麦隆自然景观以及人为活动影响的关键。他对我根据实地考察第一手资料，提出将喀麦隆火山森林上线，从前人文献中的2300—2500米，提高到2800—3000米十分赞赏，称之为

"这次实地考察的最大收获"。他说，做学问不能人云亦云，照抄照搬前人的成果，贵在有理有据地展示自己的观点，可惜现在很多博士论文，不少是重复或论证前辈学者的论点，缺乏自己的观点和论据。他支持和鼓励我在论文撰写过程中，继续朝创新观点方向努力。

两个小时的考察工作汇报结束，导师请我喝了一杯香浓的咖啡，说我们放松放松，去享受一下这里的阳光、沙滩和海水吧。从导师别墅步行不到10分钟，就是阿卡雄潟湖中的一个小海湾，受岬角岩岸环抱，风平浪静。阳光明媚，洁白的沙滩上有许多晒日光浴和嬉水的游人。湖中有许多帆船和帆板，五颜六色，十分悦目。我们在海滩浴场畅游了将近一小时，便上岸回别墅，披着大浴巾，回家更衣太方便了。此时师母已准备好了丰盛的午餐了。

下午，拉塞尔教授驱车带我在费雷角一带游览，实地讲解阿卡雄潟湖和费雷角的地形及其成因。我们乘电梯登上了一座30来米高的海岸灯塔，居高临下，阿卡雄潟湖大势一览无遗。好大一个潟湖盆地，雄壮的岬角，茂密的海岸松林将沙丘固定了，只留下对岸一小片沙丘，就是去年我曾登上过的比拉（Pilat）沙丘。在灯塔上饱览大西洋比斯开湾海岸美景之后，我们顺旋转楼梯下了灯塔。然后，我们乘游览观光小火车去阿卡雄大浴场，只见海滩上人山人海，不少半裸女郎，司空见惯。拉塞尔教授说，这是近七八年来的时尚。大西洋海滩浴场热闹非凡，但风浪较大，是驾帆者和冲浪弄潮儿的乐园。游泳者要遵守泳场安全规范，因为常有溺水不幸事故发生。

兴尽归来，傍晚，我的另一位导师柯克林与夫人应邀前来，在花园树林下野餐畅叙，至天黑才驱车返回波尔多。导师送我到住所，已12时30分了，他再回城里家中得凌晨1时多了。

愉快的一天，既向导师汇报了考察工作，聆听了下一步撰写论文的指示，又快乐地度过了一天假日。接下来，我该安静下来，潜心投入撰写博士论文了。

博茨瓦纳副总统穆西接见中国国土规划考察团专家一行

博茨瓦纳考察散记（1990 年）

应博茨瓦纳政府的邀请，我们"国土规划可行性考察团"一行 6 人，1990 年夏天由本人率团，赴博进行了为期一个月的实地考察。从北京启程时，正值炎炎盛夏，途径埃塞俄比亚和津巴布韦稍作停留。数日后，飞抵博茨瓦纳首都哈博罗内时，却是当地全年温度最低的凉季。凉风乍起，落木萧萧，一派仲秋景象，于是大家又穿上了毛衣……博茨瓦纳位于南半球，对于这种明显的季节反向的骤然变化，我们感到特别新鲜。另一件有趣的事是，太阳总在天顶的北方，房屋大多坐南朝北，使我们一时难以适应，以致多次辨别错了方向。还有汽车从左边行驶，过马路前要向左看有没有来车……因而，我们的最初的印象，似乎一切都反转过来，为之新奇不已！

博茨瓦纳热带稀树草原考察之一

干旱缺水的内陆国家

博茨瓦纳是一个内陆国家，位于南非高原中部的卡拉哈迪盆地。地势东高西低，平均海拔1000米。全境约2/3土地为卡拉哈迪沙漠所占据，属亚热带干旱地带，因是高原地形，故不十分炎热。一年分两季，4月至9月为干季（凉季），10月至翌年3月为雨季（热季）。年平均降雨量约400毫米，大部分地区干旱缺水。国土面积58.2万平方公里，全国人口仅109万（1985年），80%以上人口集中分布在自然环境较好的东部地区。首都哈博罗内只有10万人左右。

"百闻不如一见"，通过实地考察，我们才亲身感受到这个国家自然条件的严酷性。干旱缺水问题严重地制约了农牧业的发展和居民生活水平的提高。我们的考察范围主要是东部地区，可即使在此全国的"精华"地带，沿途所见，原野上尽是无边无际的热带稀树草原，景色单调而荒凉。放眼望去，在禾本科草类和有刺灌丛的背景上，稀疏地散生着一株株树木，树种很单一，以矮小的金合欢属为主。此外还常见一种巨大的芦荟，高4—5米，具肥厚的肉质叶片。在水分条件稍好的地段，树木稠密一些，但仍谈不上成林。整个考察期间，我们连一小片自然林都没见到过。只是在城镇居民点才能见到人工种植的大树。我们几乎没有见到过任何地表径流，不要说河流，连小溪也没有见到。偶尔发现一条溪谷，十分兴奋，可是近前一看，却是无水的干谷。全国仅有的两条常年流水的河流——乔贝河和林波波河，都分布在边境地区，属于与邻国共有的界河。时令干季，原野上草原枯黄，树木落叶。加上路旁不时出现一堆堆白蚁冢，高达3—4米，更给人以干旱荒凉之感。

博茨瓦纳热带稀树草原考察之二

至于西部卡拉哈迪沙漠更是大漠茫茫，人迹罕至，呈现为半荒漠草原景观。西北部欧科范果地区为盆地最低处，欧科范果河自境外流入后，很快就消失在地下喀斯特洞穴中，地表潴水成泽，形成内陆三角洲。野生动物和鸟类资源非常丰富，是非洲著名的旅游胜地之一。

南回归线横贯国境中部,在马哈拉佩镇以南干线公路路旁,竖立有南回归线标志杆,旅游者经此都纷纷下车摄影留念。从气候资源来看,博茨瓦纳热量条件相当丰富,发展农牧业的限制性因素主要是水资源贫乏。水热配合失调使丰富的热量条件也无法充分利用。在干旱的大地下面埋藏着一定的地下水资源,但开发地下水资源费用昂贵,目前仅限于打井提供人畜饮用水,还很难做到大规模开采地下水用于发展灌溉农业。事实上,我们在博茨瓦纳各地驱车行驶,只见到牧民和牛群,很少见到大片农田。在村庄附近,偶见小块旱作农地,经营也十分粗放。

博茨瓦纳 在国土规划培训班讲课

水被博茨瓦纳人视为最宝贵的财富。在城市里,水费高于电费;在乡村哪里有水源,哪里才有居民点和农牧业。在博茨瓦纳人的语汇中,"普拉"(pula)是"雨""货币单位"和"万岁"的同义词;祝福和祝酒高呼"普拉";国徽上也镌刻有"普拉"字样。由此可见,在博茨瓦纳人的心目中,水的崇高地位,真可谓"水贵如金"。

钻石开采致富的喜和忧

博茨瓦纳独立于1966年9月30日,独立初期经济相当落后,主要依赖养牛业,人均国民收入仅35美元,被列为世界上25个最贫穷国家之一。独立后,博茨瓦纳政府执行"民主、发展、自力更生和团结"建国四原则,大力发展经济,取得了显著的成效。20多年来,国内生产总值翻了五番多,平均年增长速度达11%—14%。这一速度不但在非洲,即使在世界上也是名列前茅的。1974年,联合国宣布摘掉博茨瓦纳"最贫穷国家"的帽子。到1986年独立20周年大庆时,博茨瓦纳的人均国民收入已超过了1000美元。在我们考察期间,博方公布的财政决算,人均国民收入已达2250美元,外汇储备达35亿美元。目前,博茨瓦纳同西非科特迪瓦一起被誉为非洲经济发展的南北两个榜样,引起了世界的关注。

博茨瓦纳经济迅速而持续发展,取得的成绩是了不起的。然而单纯从统计数字看,就宣称博茨瓦纳已步入小康社会,这是论据不足的。因为在反映经济迅速增长的统计数字后面,还掩盖着该国经济发展中存在的不少问题。

首先,博茨瓦纳国民经济发展各部门比例很不平衡,过多地依赖钻石业和养牛业,特别是钻石业。博茨瓦纳的经济飞跃和致富在很大的程度上靠的是钻石开采和出口。钻石业占国内生产总值的55%,占出口总值的80%。年产钻石1260万克拉(1985年),全部供出口。目前博茨瓦纳已成为非洲和世界主要钻石生产国和出口国之一。1987年,钻石业出口收入已跃居世界第一位。由此可见,钻石业已成为博茨瓦纳国民经济的第一支柱产业。可是钻石矿不能长期开采,不是永不枯竭的。据说一座钻石矿大体上只能连续开采50年左右。于是,一个严峻的问题提出来了,倘若钻石矿开采的产量下降或枯竭,怎样再保持经济持续发展呢?因而,博茨瓦纳的钻石致富乃有喜有忧。

此外,博茨瓦纳的经济对外依赖性很大,特别是由于历史和地理上的原因，对南非共和国的经济依赖很大。钻石的开采和出口受南非垄断集团控制，其他矿山企业如铜、镍矿以及食品加工业都有类似的情况。我们原先以为来到博茨瓦纳，一定有幸参观钻石矿和见识各种钻石。实际上，参观钻石矿必须经南非公司同意，市上也见不到多少钻石制品。我们经常见到的是一种绿色的装甲军车，隆隆驶过首都街道。这种军车专门押送刚开采出来的钻石原矿到一座"钻石大厦"，这座大厦是博茨瓦纳最早建筑的现代化高楼。钻石原矿先运来这里初选加工，然后直接出口到欧洲国家进行精加工。市上出售的钻石首饰都是欧洲精加工后返销的，其价格不知道打了多少滚翻！钻石的出口受南非和国际市场价格波动等外部因素影响很大，因而在很大的程度上，制约了博茨瓦纳国民经济产值和人均收入。

博茨瓦纳　国土规划实地考察

经济上的对外依赖性还表现在博经济基础薄弱，粮食、燃料、日用百货等均需大量进口，其中60%以上从南非进口。我们巡礼首都市场，见到各种舶来品充斥货架，价格之高令人吃惊，吃穿用花销相当大。举一个例子，一双进口皮鞋售价 50 美元以上，而当地一整张牛皮仅值 1 美元！

"经济多元化"的发展战略

1988 年，博茨瓦纳政府开始执行第六个国家发展计划，明确提出了"经济多元化"的目标。强调在继续重视发展矿业的同时，大力发展农牧业、制造业和商业，以逐步改善经济结构，确保经济全面持续发展，并加强与"南部非洲协调会议国家和地区"的合作，努力减少对南非共和国的依赖。

"经济多元化"发展战略的重点是优先发展农牧业。养牛业是博茨瓦纳的传统支柱产业之一，目前全国共拥有 270 万头牛，人均拥有 2.5 头牛。80%以上的人口直接或间接地靠养牛业维生。在南部城市洛巴策建有一座非洲最大的现代化屠宰和肉类加工联合企业，是博茨瓦纳最大的民族工业企业之一。

博茨瓦纳的牧场广阔，国土 76%宜牧，不过目前畜牧业仍以游牧和半游牧为主，经营十分粗放。国家有计划增加对畜牧业的投资，引导牧民定居或半定居，改善牧场，改良牲畜品种，加强畜牧群防疫，建立示范牧场……这些措施的实施，将使博茨瓦纳的畜牧业迈向新的发展前景。

博茨瓦纳的种植业在国民经济中的地位远不如养牛业，显然这是受到水资源匮缺的制约。耕地面积只占全国土地面积的 15%，而实际种植面积仅占可耕地面积的 5%，怪不得我们考察旅途中很少见到农田。粮食作物主要有玉米、高粱、黍类和豆类，一般年景所产粮食只够全国所需粮食的 30%，其余全部依赖进口。遇上旱年，缺粮更加严重，如 1985 年博茨瓦纳就因旱灾被联合国列为"紧急救援国"之一。由此可见，粮食生产是关系到国家经济稳定和持续发展的重要问题之一。种植业发展的重点在东部水资源条件较好和人口比较集中的地区，如林波波河谷地带。北部乔贝河谷地带适宜开垦耕地种植粮食作物和棉花。西北部奥万卡戈内陆三角洲湖沼众多，有条件整治发展水稻种植。我国曾于1978年派遣农业专家来此帮助种植水稻，开辟了30公顷稻田并试种，获得成功。从今后长远来看，这一地区水稻种植业有着巨大的发展潜力。

在考察期间，我们十分荣幸地受到博茨瓦纳副总统穆西的三次接见。我们遍访了城镇乡村，同博政府官员、知识界人士、部族酋长和普通百姓进行了广泛的交流。博茨瓦纳人民衷心拥护"经济多元化"道路的明智选择，对国家经济发展的前景充满了信心，对中国人民表达了深厚的友谊。这一切都给我们留下了深刻的印象和美好的回忆。

（本文原载于《地理知识》杂志1991年第8期，做了适当的修改。）

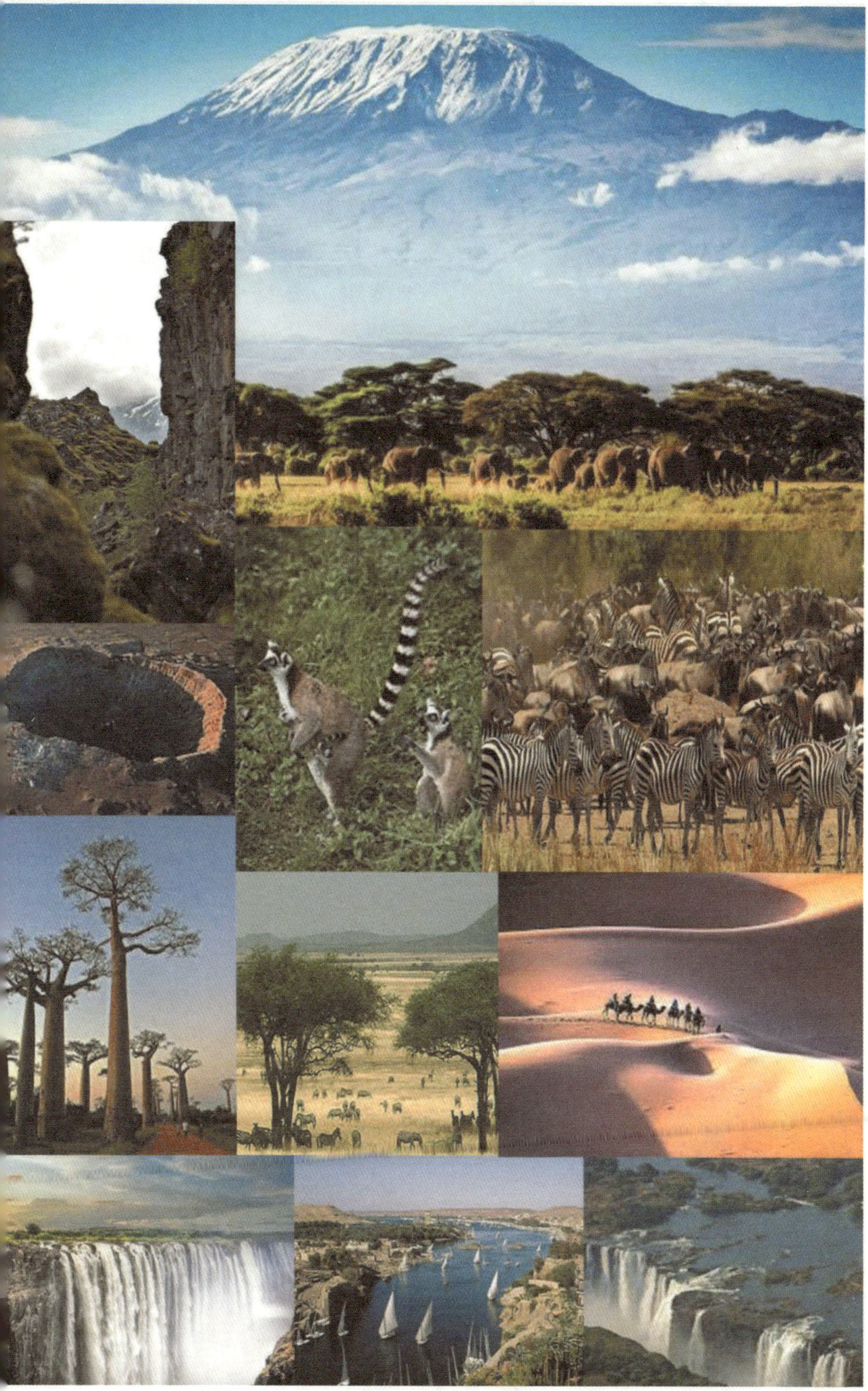

附录　走进非洲

非洲是一个很有特色的大陆,其地理特征概括如下:

(1) 高原大陆——此乃非洲地貌特征的总轮廓。平均高度较大,海拔 750 米,但绝对高度并不大,非洲最高峰乞力马扎罗山只有海拔 5895 米,由此决定了非洲这个高原大陆地势起伏相对比较平缓。

(2) 热带大陆——赤道横贯非洲大陆中部,75%土地面积位处热带和亚热带范围,被认为是典型的热带大陆,但存在湿热带和干热带的明显地域差异。

(3) 南北对称的自然地带——由于赤道横贯大陆中部,地形平缓无高大山岭屏障,因而阳光分布均匀,加上洋流干扰少,大气环境均一,这使非洲自然景观地带性规律特征得以充分展现。气候、植被、土壤等自然条件纬度地带性分布的特点十分突出,而且呈明显的南北对称分布。

(4) 资源大陆——非洲自然资源非常丰富。诸如气候资源、水资源、地质矿产资源、森林资源、生物多样性都在世界上占有重要的地位。由于社会经济发展滞后,丰富的自然资源远未得到充分利用,资源开发的潜力巨大。

(5) 贫穷落后的大陆,希望的土地——目前非洲是世界上最贫穷落后的大陆,人口增长过于迅速造成巨大压力,生态环境脆弱恶化,社会经济发展滞后,一些国家政局不稳,内战频仍……不过放眼未来,非洲人仍然充满自信和希望。正如法国热带地理权威学者皮埃尔·古鲁(Pierre Gourou)预言:"非洲——希望的土地。"(Afrique——la terre d'espérance.)。

非洲十大最美自然景观

赤道雪峰——乞力马扎罗山

一、赤道雪峰奇观：乞力马扎罗山

在火辣辣的赤道边耸立着一座神奇的山峰，山体葱绿，一片热带风光。茂密的热带森林、香蕉和咖啡种植园……山峰却高耸入云，白雪皑皑，终年冰雪覆盖。远望雪峰，在赤道骄阳照耀下，光芒四射。这就是世上难得一见的赤道雪峰奇观——乞力马扎罗山（Kilimanjaro）。乞力马扎罗山的名字源于当地斯瓦希里语，一种说法是因其雪峰熠熠生辉而赋予它"闪闪发光的山""光明的山"等美称；另一种说法是因其峰顶天寒地冻而称之为"寒冷之神居住的孤山"，亦名"寒神山"。

乞力马扎罗山位于赤道与南纬3°之间，在坦桑尼亚东北部，邻近肯尼亚边境，是非洲大陆最高的山峰，素有"非洲屋脊"或"非洲之王""火盆里的白雪公主"等头衔。该山的主体沿东西向延伸将近80公里，主要由基博（Kibo）、马温西（Mawensi）和希拉（Shira）三座休眠火山构成，面积756平方公里，其主峰乌呼鲁峰（斯瓦希里语，意为自由峰），海拔5895米，为非洲之巅。山体呈典型的火山锥型，向四周和缓地倾斜下降，山麓平原海拔900米。乞力马扎罗山从辽阔的东非热带草原上拔地而起，高耸云端，气势磅礴，是世界上最高的孤立山峰之一。当你凝神远眺这座闪光壮丽的赤道雪峰时，常常能感受到它有股内在的伟力，一种燃烧的、炽热的原始生命力。

乞力马扎罗山有非洲大陆最具代表性的地貌景观。大约3000万年前，东非地区发生了猛烈的地壳抬升与断裂，形成了著名的"东非大裂谷"，地质学家称它为"地球的伤疤"。同时，在大裂谷的两侧导致岩浆大规模喷发，从而形成了一系列火山，其中最高峻者就是乞力马扎罗山，大约形成于75万年之前，是火山活动的产物。

乞力马扎罗山目前处于休眠状态。三座主要山峰中，基博峰最为著名。基博峰山顶终年积雪，火山口在顶峰南侧，保存完好，直径2400米，深200余米。火山口内壁是晶莹的冰层，底部耸立着巨大的冰柱，从飞机上往下鸟瞰，如同一个硕大的玉盆。盆底下面还有缕缕青烟冒出,火山喷气孔还不时地释放出火山气体。火山口内常年积冰,从西侧流出一条冰川。科学家在2003年的一次考察证实,火山熔岩距离顶峰的火山口地表仅400米深,目前尚没有喷发的迹象。非洲的历史上没有乞力马扎罗火山爆发的记载,但根据研究,最近的一次大爆发可能发生在15万—20万年前。

赤道地带太阳终年直射,气候异常炎热,山峰却能终年冰雪覆盖,确实令人难以思议。难怪在公元2世纪时,希腊伟大的地理学家托勒密曾在地图上标出位于赤道附近的这一雪峰,但后人却武断地认为此乃"天方夜谭",认为在赤道边上不可能出现什么雪山,于是就把它从地图上抹掉了。直到150年前,西方人仍然否认非洲的赤道旁会有雪山存在。现代地理科学破解了赤道雪峰之谜——"高处不胜寒",这个道理诗人李白早就吟诵过了。事实上,地势每上升100米,气温平均下降0.6℃。乞力马扎罗山海拔高达5892米,山体上下温度反差巨大,山麓常年酷热异常,气温最高可达59℃,但在峰顶,气温却常在零下30℃以上,终年冰雪覆盖,远看居然成为"白头山"。

由于温度随海拔高度的变化,整个山体自然植被有着明显的垂直地带性。攀登乞力马扎罗山,不仅仅只是为了登高望远,从山麓沿坡登顶,就像是一次从热带到极地的漫游,从而感受从热带雨林气候,到寒带冰原气候的多种自然景观变化。高耸入云的乞力马扎罗山受印度洋上暖湿季风之惠,降水十分充沛。降水和气温条件相结合,使乞力马扎罗山从上到下形成几个迥然不同的山地垂直植被带。海拔1000米以下为热带雨林带，1000—2000米之间为亚热带常绿阔叶林带，2000—3000米之间为温带森林带，3000—4000米之间为高山草甸带，4000—5200米之间为高山寒漠带，只见苔藓和地衣，5200米以上为积雪冰川带。每个植被带有着不同的自然植物和野生动物种类，森林带中的动植物种类尤为丰富，其中一些属于濒危灭绝的物种。乞力马扎罗山提供了一个十分完整的山地植被垂直带谱，是世界上植被景观研究难得的"天然大课堂"。

为了保护山区自然植被，1967年，坦桑尼亚政府将乞力马扎罗山自森林线以上的全部地域，划为国家公园，即国家自然保护区，包括穿过森林带的6个走廊地带。1987年，乞力马扎罗国家公园入选联合国教科文组织的"世界自然遗产"名录。

山麓地带的自然植被大都因农牧业开发而不复存在了。展现在人们眼前的，是一片片咖啡、香蕉、剑麻等热带作物种植园和玉米、大麦、豆类、棉花、甘蔗等农作物以及天然牧场。这里水热资源丰富，发育在火山灰上的土壤又很肥沃，所以乞力马扎罗山麓地区是坦桑尼亚重要的农产品产地之一。近几十年来，乡村城市化工业化的发展也很迅速，山麓地带分布着许多中小城镇。

乞力马扎罗山的奇异景观让它闻名遐迩，已成为世界著名的旅游胜地和登山爱好者攀登的山峰。这里共有6条难度不同的路径可供选择，每条路径沿途都有一些可供住宿过夜的小屋。大多数登山者要到达火山口周围，只需借助简单的登山装备，如一根手杖和轻便而防寒的服装，加上坚定的意志和毅力。一般的健步登山爱好者，可以分两天或三天时间从容攀登，尽情欣赏和拍摄沿途不断变幻的美景。最好的登顶时间是午夜，此时融化的雪已凝固。登山者只要控制好速度，登到峰顶的时候刚好可以看到神奇的日出。训练有素的登山探险者则选择"登山运动员"线路，沿途悬崖峭壁，十分艰险，最后冲顶乌呼鲁雪峰。坦桑尼亚政府充分利用这一得天独厚的自然条件，大力发展旅游事业，带动地区经济发展。这里建有非洲风格的星级旅馆，可以让来自世界各地的游客食宿满意。乞力马扎罗国际机场，设施齐备，通信先进，可以降落波音747等大型客机，有14条国际航线通往世界各地，五大洲的游客可以乘班机直接抵达乞力马扎罗山山麓。

　　由于全球气候变暖和环境恶化，乞力马扎罗山山顶的积雪融化，冰川退缩非常严重。据有关研究报告，在过去100年间，乞力马扎罗山的冰川体积缩减了80%左右；在过去的20年间，缩减了33%。乞力马扎罗山的冰盖会不会随着全球气候变暖而消失呢？这的确是令人思考和担忧的问题。

二、风神塑造的自然景观：撒哈拉大沙漠

  我举目望去，无际的黄沙上有寂寞的大风呜咽的吹过，天，是高的，地是沉厚雄壮而安静的。正是黄昏，落日将沙漠染成鲜血的红色，凄艳恐怖。
  近乎初冬的气候，在原本期待着炎热烈日的心情下，大地化转为一片诗意的苍凉。

——摘引自三毛《撒哈拉的故事》

  如果你有机会，不妨也像三毛一样，前往撒哈拉沙漠探险旅游一番。你可以从摩洛哥或阿尔及利亚南端出发，骑骆驼穿越沙漠，创造横穿撒哈拉沙漠的传说。漫天黄沙、无边"火海"，大自然的神威令人震撼，惊叹。在浩瀚的沙漠面前，不禁感叹人是如此渺小，就像随风飘扬的一粒黄沙！夜幕降临，你可以以天为被，以沙为席，伴随着篝火入眠。

撒哈拉沙漠是世界上最大的沙漠，西至大西洋，东至红海，横贯整个北非，将非洲大陆分隔成两部分——撒哈拉沙漠以北的阿拉伯非洲与撒哈拉沙漠以南的非洲，两者的自然环境和人文景观迥然而异。撒哈拉沙漠面积900万平方公里，几乎相当于美国的领土面积。东西长度4800公里，南北宽度1300—1900公里，穿经摩洛哥、阿尔及利亚、突尼斯、利比亚、埃及、毛里塔尼亚、尼日尔、马里、乍得和苏丹等国家。

撒哈拉中的岩漠

撒哈拉得名于当地游牧部族阿拉伯图尔雷格人语言，意为"大荒漠"。这里是世界上自然环境最恶劣、最荒凉、最不宜人类生存的地区之一，可是自然景观之奇美却无与伦比。撒哈拉大沙漠并非人们想象的一成不变，尽是无边无际的沙丘起伏。其实大漠内部地区不同，景观变幻多样，主要有三种类型，各有特色。一种是岩漠，主要分布在撒哈拉中部和东部地势较高的地区。山岩裸露，植被稀少，在阳光暴晒和强烈的风沙剥蚀下，形成多姿多态的风蚀地形。另一种是砾漠，分布在地势比较平坦的地方，一望无际的大小砾石，就是人们常说的戈壁滩。生态环境很严酷，几乎寸草不生。但那些不同形状、不同颜色的石块和石粒，在阳光下是那样地五彩灿烂，呈现出大自然的另一种魅力。再一种便是真正的沙漠，沙丘起伏，连绵不断。有固定沙丘、半固定沙丘和流动沙丘等多种类型。沙漠是岩石风化的最终形态，新月形的流动沙丘可高达100米以上，随着强烈的沙漠风暴，沙丘迅速移动，改变位置，因而往往使探险者迷路而归途难寻，切不可冒险深入流动沙丘腹地，其生态环境极为险恶，水源奇缺，难以生存。非洲有一句民谚说得好："世上最难的事是在沙漠中找到出口。"正因如此，风在沙漠中吹出的灵动之美，只有深入其中才能领略。

撒哈拉大沙漠全年阳光强烈暴晒，极其炎热，可是，很多人没想到的是，沙漠中昼夜温差很大。白天气温可高达59℃，大地如同被火焰焚烧；夜晚气温常降至零下，低至-18℃。平均年降水量仅25毫米，有些地区只有5毫米，可以说基本无雨。在如此严酷的自然环境下，仍可见到一些矮小的沙生植物。它们是沙漠环境中的精灵，发达的根系吸收埋藏深处的水分，而叶面或革质，或披毛，或成针刺状，以减少水分的蒸腾。每当夜幕降临，气温稍稍凉爽些，一些沙漠动物不知从什么地方钻出来觅食，如沙漠狐、跳鼠、蝎子、蝰蛇等小动物。大动物很罕见,只有单峰骆驼,它们是图阿雷格人的伴侣,运输代步的"沙漠之舟"。

撒哈拉沙漠地区人烟稀少,平均每平方公里仅几个人,沙漠腹地更是渺无人迹。然而,撒哈拉沙漠并非不毛之地,星散分布的绿洲是沙漠中的生命和精华所在。山麓地带或河谷洼地常有地表水或地下水补给,那里枣椰树临风摇曳,一片绿洲农业风光。如埃及的尼罗河谷地的灌溉农业有着悠久的历史,阿尔及利亚、突尼斯和利比亚也有许多著名的绿洲。沙漠中蕴藏着丰富的石油、天然气、铀、铁、锰、磷酸盐等资源,有些已被开采利用。

撒哈拉沙漠美丽景色

令人迷惑不解的是:在这极端干旱缺水的荒漠中,竟然发现了3万多幅绮丽多姿的岩石壁画,其中有一半左右在阿尔及利亚南部高原的岩洞中,描绘的都是河流中的鳄鱼、河马，陆地上的大象、水牛、鸵鸟、长颈鹿等，还有居民驾着独木舟猎捕河马的场景，唯独不见"沙漠之舟"骆驼！

原来，这些岩画是远古文明的结晶。据地质地理学家考证，大约15000年前，撒哈拉地区曾经历过一个湿润时期，湖泊，池沼遍布，一片热带稀树草原风光，野生动物种类丰富，并有人类生存生活。远古岩画描述的正是撒哈拉这段黄金时期的景象。这个湿润时期大约在6000年前结束，此后，撒哈拉便进入了漫长的干旱和荒漠化进程。在强烈的蒸发下，大部分湖泊都干涸了，只有少数几个大湖。如乍得东北部的约亚湖（Lac Yoa）是尚未完全干涸的少数几个遗留湖泊之一，其含盐度5倍于海水。沧海桑田，大自然的威力与神奇超人之想，令人敬畏！

东非大裂谷景观之一

三、"地球的伤疤":东非大裂谷

东非大裂谷是世界陆地上最大的地质断裂带,素有"地球的伤疤"之称。从卫星照片上看去,这道深深的"伤疤"几乎纵贯整个东非大陆。如果乘飞机越过浩瀚的印度洋,飞临东非大裂谷上空时,从机窗向下俯视,地面上有一条硕大无比的"伤疤"映入眼帘,顿时让人产生一种神奇而震惊的感觉。东非大裂谷长度大约相当于地球周长1/6,高山深谷相间,气势宏伟,景色壮观,变幻无穷。古往今来不知迷住了多少人。

东非大裂谷谜团重重,它是怎样形成的?未来还会继续断裂吗?东非会因此从非洲大陆分裂开来,像马达加斯加岛那样吗?东非大裂谷一直以来都是中外科学家向往的神秘之地,而关于东非大裂谷的各项考察活动也成了人们关注的焦点。

东非大裂谷的形成要追溯到大约 3000 万年以前。板块构造学说认为，由于强烈的地壳断裂运动，非洲同阿拉伯古陆块分离开来，产生大陆漂移运动。非洲东部正好处于地幔物质上升流动强烈的地带，地下熔岩不断向上涌动，往两侧分流，形成高耸的熔岩高原。在上升分流作用下，产生巨大的张力，使地壳脆弱部分张裂和断陷而成为裂谷带。张裂的平均速度为每年 2—4 厘米，这一作用至今一直持续不断地进行着，裂谷带仍在不断地向两侧扩展着。抬升运动不断进行，地壳的断裂不断产生，高原上火山林立，峰峦起伏，而断裂的下陷地带则成为大裂谷的谷底。裂谷两侧悬崖绝壁宛如鬼斧神刀劈成一般。大裂谷绵延不绝，深邃莫测，在裂谷断层的深处形成众多的湖泊，裂谷两侧排列着众多的火山。沿途湖光山色交相辉映，气势磅礴，令人震撼。

东非大裂谷是地球上最长的裂谷带，跨越赤道南北，总长 7000 余公里。北起西亚的死海—约旦河谷地，出亚喀巴湾入红海，尔后由东北向西南纵贯埃塞俄比亚高原中部，抵达埃塞俄比亚南端的阿巴亚湖后，大裂谷分成东西两支继续向南延伸。东支裂谷为主裂谷，它经肯尼亚北端的图尔卡纳湖向南纵贯肯尼亚高地，过马尼亚拉湖向西南延伸至坦桑尼亚南端的马拉维湖。西支裂谷出阿巴亚湖后呈弧形弯曲，先后经蒙博托湖、爱德华湖、基伍湖、坦噶尼喀湖、鲁夸湖，汇入马拉维湖。至此，一度分开的大裂谷又重归一处，并继续向南延伸，经希雷河入赞比亚河，最后从莫桑比克的赞比西河河口入印度洋消失。

东非大裂谷又是地球上最宽的大裂谷。传统意义上，人们都以为裂谷是很狭长的峡谷，实际上非洲大裂谷是从地球的大尺度而言的，不是人们想象的那么狭窄。它的宽度从几十公里到一两百公里不等，所以它是非常大的宽谷。当驱车下到裂谷谷底的时候，根本感觉不到是在裂谷底部，反觉得是行驶在一个很开阔的平原或者高原上。这正是"不识庐山真面目，只缘身在此山中"。

东非裂谷带地形复杂，千姿百态。有时高峰矗立，层峦叠嶂；有时峡谷含幽，湖光秀美。裂谷带火山林立，多姿多彩。在众多的火山中有数百年不曾活动的死火山，也有20世纪还曾爆发过的活火山。其中最为著名的有非洲最高峰——坦桑尼亚的乞力马扎罗山和位于肯尼亚境内的肯尼亚火山。坦桑尼亚境内的梅鲁火山是一座活火山，曾于1953年爆发过。然而，最为壮观的活火山应数位于基伍湖以北的尼腊贡戈火山。这座火山海拔只有3700米，但火山上空终年笼罩着浓烟，方圆几十里都可闻到刺鼻的硫黄气味。火山口里有一个充满高温熔岩的岩浆湖，湖中岩浆红如钢水，时而热浪翻滚，火光冲天，时而轰鸣大作，响彻云霄，真可谓世上罕见的奇观。著名的伦盖火山（Ol Doinyo Lengai）高2890米，乃世界上唯一一座熔岩温度不高，并以钠和碳酸盐成分居多的火山。

东非大裂谷几乎穿越了东部非洲所有的国家，其中以北段埃塞俄比亚境内最长最为壮观。其中一些裂谷段高山深谷，高差达2000米，两侧绝壁千丈，气象万千。南端东支肯尼亚、坦桑尼亚境内火山峰峦入云，湖光山色交相辉映，谷底热带稀树草原景观也很有特色。肯尼亚的马赛—马拉国家公园和坦桑尼亚的塞伦盖蒂国家公园的野生动物奇观更是闻名遐迩。西支湖泊众多,乃著名的东非大湖区,如同东非高原上的一串弧形明珠,熠熠生辉。

东非大裂谷既然由断裂形成,那么,它的未来动向将会是怎样的呢?科学家们推测,地壳活动频繁的东非大裂谷的"伤口"将越来越大,最终将会撕裂开,同非洲大陆分道扬镳,成为世界上的第八洲——东非洲大陆。不过,这个过程还需要数百万年的时间!

东非大裂谷还有另一个令人关注的焦点:这里是人类文明最古老的发源地吗?20世纪50年代末期,在东非大裂谷东支的西侧、坦桑尼亚北部的奥杜韦谷地,发现了一具史前人特征的头骨化石,据测定分析,生存年代距今足有200万年,这具头骨化石被命名为"东非人"。1972年,在裂谷北段的图尔卡纳湖畔,发掘出一具290万年的头骨,其性状与现代人十分近似,被认为是已经完成从猿到人过渡阶段的典型的"能人"。1975年,在坦桑尼亚与肯尼亚交界处的裂谷地带,发现了距今已经有350万年的"能人"遗骨,并在硬化的火山灰烬层中发现了一段延续22米的"能人"足印。这说明,早在350万年前,大裂谷地区已经出现能够直立行走的人,他们属于人类最早的成员。根据东非大裂谷地区的一系列考古发现,世界多数学者认为人类最早起源于非洲。东非大裂谷产生后,地理环境发生了剧烈变化,从而推进了生物进化的进程,人类的出现并不奇怪。尼罗河与地中海优越的地理环境,也使古人类从非洲走向世界各地成为可能。

维多利亚瀑布

四、维多利亚瀑布/莫西奥图尼亚瀑布

遥远的非洲有一个大瀑布,传说在它的深潭下面,每天都有一群如花般美丽的姑娘,日夜不停地敲着非洲的金鼓并跳着舞。金鼓发出的咚咚声,变成了瀑布震天的轰鸣;姑娘们身上穿的五彩衣裳的光芒被瀑布反射到了天上,经太阳照射便映成了美丽的七色彩虹。姑娘们舞蹈溅起的千姿百态的水花,化为了漫天的云雾。

1855年11月,英国探险家戴维·利文斯敦(David Livingstone)来到这里时,曾这样写道:"在英国没有这样美丽的景象,没有人能够想象出它的美景。从来就没有一个欧洲人看到过它,只有天使在飞过这里时才能看到这么漂亮的景象。"他认为如此壮观的瀑布,只能以英国女皇维多利亚的名字命名才配得上。因此,这个大瀑布就被称为维多利亚瀑布。然而,当地的非洲人更乐意亲切地称它为莫西奥图尼亚瀑布。因此,该瀑布在1989年被联合国教科文组织列入"世界自然遗产"的时候,同时采用了这两个名字:"维多利亚瀑布/莫西奥图尼亚瀑布"。

维多利亚瀑布位于赞比西河中游。赞比西河发源于赞比亚西北部海拔1300米的山地,潜藏于一片茂密的山林中,流经安哥拉、纳米比亚、博茨瓦纳、津巴布韦、赞比亚和莫桑比克等国,注入印度洋莫桑比克海峡,全长2660公里。

3000万年以前,地壳运动所造成的大断裂谷正好横切赞比西河,形成一条宽度25—75米的巴托卡峡谷。当河流从源头流下1200公里左右,到达赞比亚与津巴布韦边境附近时,数万立方米的河水突然从坚硬的玄武岩陡崖飞流直泻而下,形成总宽度1700米、落差108米的大瀑布,犹如一道宏伟的水柱幕墙,展现出"飞流直下三千尺,疑是银河落九天"的壮观场景!

当万顷银涛从天而降,直落深渊时,咆哮的急流撞击突出的山岩,水流冲击谷底的岩床,发出雷鸣般的响声,激起的水花和雨雾直冲云天,可达300多米高度,如柱状烟云,远在四五十公里以外都能看见。当地人称这个瀑布为"莫西奥图尼亚",意思是"声若雷鸣的水雾"。晴天艳阳射入水雾,一弯七色彩虹便高悬瀑布上空,组成一幅美轮美奂的神奇画面。有时,在寂静的夜晚,明亮的月光也会在水雾中映出光彩夺目的月虹,真是难得一见的迷人景色!雨天则一切都笼罩在水雾之中,空空蒙蒙,缥缥缈缈,如入仙境……

维多利亚瀑布

维多利亚瀑布准确来说是一个瀑布群,宽达 2 公里的瀑布被几个岩岛分开,形成魔鬼瀑布、马蹄瀑布、彩虹瀑布及东瀑布等大瀑布群。位于最西边的魔鬼瀑布最为气势磅礴,以排山倒海之势直落深渊,轰鸣声震耳欲聋,强烈的威慑力使人不敢靠近。主瀑布在中间,主瀑布高 122 米、宽约 1800 米、落差约 93 米,流量最大,中间有一条缝隙。东侧是马蹄瀑布,它因被岩石遮挡为马蹄状而得名。再向东便是最为神奇美妙的彩虹瀑布,瀑布如水帘般腾空而泻,空气中的水点折射阳光,产生美丽的七色彩虹,彩虹瀑布因此而得名。水雾形成的彩虹在 20 公里以外都能看到,彩虹经常在飞溅的水花中闪烁,并且能上升到 305 米的高度。在月色明亮的晚上,水气有时会形成奇异的月虹。东瀑布是最东的一段,该瀑布在旱季时往往只见陡崖峭壁,只有到了雨季,才成为挂满千万条素练般的瀑布。

维多利亚瀑布年平均水流量为 935 立方米/秒，但流量季节变化很大。干季最低流量仅 333 立方米/秒，雨季最大流量可达 7500 立方米/秒，相差 15 倍多。维多利亚瀑布是维多利亚国家公园的一部分，为赞比亚和津巴布韦两国共有。国家公园中栖息着众多野生动物，包括象、非洲野牛和长颈鹿，沿河走廊林中活跃着狒狒和猴群，河中有河马和鳄鱼出没。

维多利亚瀑布上建有一座观景台，方便慕名而来的世界各地游人欣赏瀑布卷起千堆雪，万重雾，雪浪腾翻，湍流怒涌，万雷轰鸣的全景画面。除了大力开发旅游资源之外，赞比西河蕴藏的丰富的水力资源也是当地的一项宝贵财富。赞比西河干流上现有 4 座水电站，其中维多利亚瀑布水电站位于赞比亚境内，直接利用瀑布的天然水力资源发电，装机容量 10.8 万千瓦。瀑布上游和下游都有许多适宜建设水电站的坝址，水力资源的巨大潜力还远未得到充分开发利用。

刚果盆地热带雨林 航空鸟瞰照片

五、刚果盆地的热带雨林景观

如果乘飞机飞去刚果（金）和刚果（布）等非洲国家，当飞机飞临赤道地区上空时，可别忘了凭窗下望。机翼下层林叠翠，绿波涌动，大地像铺上了一块巨大的绿色地毯，其中一条白练在绿浪中摆动，世界第三大河——刚果河蜿蜒于热带雨林之中。

刚果盆地拥有仅次于亚马孙盆地的世界第二大热带雨林，有"地球第二肺"之称。刚果盆地热带雨林的面积一半以上位于刚果（金）境内，其他部分在刚果（布）、加蓬和喀麦隆（南部）等国家。刚果盆地热带雨林汇聚了极其丰富的物种，被称为地球最大的物种基因库之一，包括1万多种植物、400多种哺乳动物、1000多种鸟类、200多种爬行动物。特别是刚果（金），国土面积达230多万平方公里，森林覆盖率达54%。刚果（金）东部有三大自然保护区被列入"世界自然遗产"。

　　随同非洲向导深入刚果盆地热带雨林探秘，将是一次神奇、惊险、刺激的挑战之旅，令人终生难忘。刚一进入热带雨林，走在厚厚的枯枝落叶铺就的地面上，发出咯吱咯吱的声音，像松软的地毯一样，听着林中鸟鸣此起彼伏，感觉十分舒适惬意。此时向导会提醒你，小心跟随他的脚步前行，因为枯枝落叶层下也许掩盖了深坑陷阱。一株大树横倒地上，你可千万不要一脚踩上去，因为倒木就地腐烂，一踩会深陷下去，扭伤脚踝。眼前一支碗口粗的碧绿"青藤"挡住去路，你正想伸手拨开时，向导大声喝叫"别动"。定睛一看，竟是一条青蛇悬挂枝头，顿时被吓得魂飞魄散，刚入林中时那种轻松浪漫情趣已经荡然无存了，变得小心翼翼，步步惊心！不过，不用担心雨林中会突然蹿出狮豹猛兽，这里是猿猴类动物大猩猩和黑猩猩的家园，它们一般栖息在人迹罕至的丛林深处，一般不会主动攻击人类，一见有人群进入林中，它们早就逃之夭夭了，你想见其尊容还不易呢。狒狒和猴子却不怕人，在树梢上蹦来跳去，叽叽喳喳地叫唤，你不必太在意。真正要防备的倒是地面上和灌草丛中潜伏的巨蟒、毒蛇、巨蜥、毒蝎和毒蜂之类。尽管林中又热又闷，你还得将头和手足裹得严严实实，要带上蛇咬丸之类等急救药品。雨林深处高温高湿，瘴气逼人，更不宜久留。

　　热带雨林的特征之一是树木种类极其丰富繁杂，植物地理学者曾在这做过实地样方调查，4000平方米内，光胸径10厘米以上的乔木就多达40—100种，其他纵横交错的植物更难以统计了。然而仔细观察这些繁杂的植物在空间分布上却是各得其所。一棵棵高大的树木为了争夺阳光，都拼命向上生长，树干粗直犹如圆柱，在近树梢处才有分枝，浅色树皮薄而光滑。高大乔木的茎下部生有数片扁平三角形的板根，高3—8米，形态多样，大的有半张乒乓球台那么大。树木的叶片通常革质发亮，大多具有显著突出的尖形顶端，称为"滴水叶尖"，以适应高湿多雨的气候环境。花果普遍着生在无叶的树干或老枝上。林中繁茂的藤本植物，攀缘于树木间，被称为"层间植物"。桑科的榕属植物更是盘根错节，气根倒垂，使林间结构越发复杂。诸如板根、老茎生花、滴水叶尖、层间藤本植物以及寄生附生等现象构成了热带雨林中典型的景观特征。

刚果盆地热带雨林的林内景观

　　刚果盆地热带雨林中的动物不如植物丰富多样。生活在上层树冠的哺乳动物，如大猩猩、黑猩猩、长臂猿、狒狒和猴类等动物，它们是林中的主人，在树冠与地面间搜寻食物。大型哺乳动物并不多，只有象、犀牛和鹿等。地面以蟒、蛇、爬虫类居多。蚁类和昆虫种类繁多，为清除枯枝落叶起了很大作用。雨林中鸟类和蝙蝠不仅捕食昆虫，还与茎花传粉、附生植物传播等密切相关。河溪湖沼中有鳄鱼、河马，以及各种奇形怪状的蛙类、鱼类。有一种电鲶鱼很奇特，会放电攻击或自卫。至今仍有许多动物和植物没有被人认识，更说不上了解其特性了。热带雨林是全球生物基因最丰富的宝库，然而，已被利用的仅仅占非常微小的比例。

以雨林为家的不仅是这些生物，还有我们人类。在刚果盆地西北，喀麦隆东南部境内人迹罕至的雨林深处，生活着一群俾格米人，平均身高不到1.50米。这些俾格米人至今仍过着树栖生活，以采集野果和狩猎为生，与世隔绝，保持着原始社会的群居生活方式。喀麦隆地方政府曾替他们建村盖房，引导他们走出丛林，过现代生活。可是他们不习惯，不久他们又返回丛林，那里才是俾格米人的"天堂"。

刚果盆地热带雨林森林资源极为丰富，盛产桃花心木、奥堪米榄、乌木、灰木、花梨木、黄漆木等20多种贵重木材。而且，热带雨林也被称为"世界上最大的药房"，大量天然"成药"均能在热带雨林中找到，例如有可卡因、刺激剂、荷尔蒙避孕法和镇静剂类药物的基本成分。另外，箭毒（麻痹药的一种）和奎宁（医治疟疾的一种药物）也可在热带雨林中找到。然而，热带雨林林业资源开发最大的问题是，树种繁杂，优势种和建群种不明显。常常是为了采伐一两株名贵大树，不惜砍伐一大片林木，以便运出伐倒的原木，造成很大的浪费。

热带雨林是大自然恩赐人类的宝贵财富。它不但是生物基因宝库，而且是天然氧吧、空气污染净化剂、防风防沙的屏障，具有调节气候、涵养水源、减轻洪灾、保持水土等综合效能。特别是在目前全球气候变暖、二氧化碳排放和温室效应加剧的形势下，保护热带雨林更是刻不容缓。目前，刚果盆地热带雨林的面积在迅速缩减和退化中，已引起了人们的严重忧虑和特别关注。

非洲热带稀树草原

六、热带非洲稀树草原别样风情

"天苍苍，野茫茫，风吹草低见牛羊"——热带非洲稀树草原景观使人联想起塞外内蒙古草原，但又有别样风光。一马平川，略有低丘起伏；禾本科高草一望无际，伸向天边，草原上星散分布着一些乔木或灌丛。在有居民点的地方，村民从事着粗放的农牧业。村舍附近种植着黍类、薯类、豆类等作物；放牧着非洲瘤牛。由于非洲稀树草原地带人少地多，大片荒地没有人烟，成为野生动物的乐园。非洲荒原也常见到"白云下面马儿跑"的景象，但是原野上奔跑着的不是蒙古马，而是身上有美丽花纹的斑马和长着角的角马——既像马又像牛。不过，这里不像内蒙古草原那样抒情浪漫，到处充满了动物间的角斗厮杀。成千上万的角马和斑马迁徙时，颇有万马奔腾、惊心动魄的壮观气势。雄狮、猎豹追逐马群，撕啃猎物，极其残忍！河湖池沼等水源地是各种野生动物生存必需的饮水场所，更是处处充满杀机。水畔1—2米高的草丛里，往往潜伏着狮、豹、鬣狗等猛兽，它们突然蹿出捕食前来饮水的小羚羊之类的小动物。河岸边蛰伏着凶恶的鳄鱼，它们身子沉入水中，只露出眼睛，守株待"兔"，当猎物靠近时，瞬间将其拖入水中杀食。大象是草原上的庞然大物，象群在草原上没有天敌，大摇大摆漫步，无所畏惧，却也很少欺凌弱小动物。水中的"大哥大"则是河马，时而潜入水下，时而露出水面，张开血盆大口，十分吓人。离河岸不远的林中，长颈鹿伸着长脖子嚼食树叶，两只小眼睛警惕地观看四方，保护着身旁的幼鹿……由于人类活动干扰较少，这里仍然保持着良好的生态平衡，成为世界上难得的天然动物园。为此，相关国家陆续建设了许多国家公园和自然保护区，对热带稀树草原地带加以保护，其中有些地带被列入联合国教科文组织"世界自然遗产"。

非洲是一个神奇大陆，赤道穿过非洲大陆的中部，从赤道向北和向南，自然景观奇妙地南北对称，依次出现热带雨林、热带稀树草原（萨瓦纳）、热带干旱草原（萨赫勒）、副热带荒漠（撒哈拉）等不同景观地带。自然景观的地带性表现得十分完美，举世无双。"热带稀树草原"是中文意译词汇，其实这个意译并不确切。国际上通用词汇为"萨瓦纳"。"萨瓦纳"（Savanna）源于航海世纪的西班牙冒险家对南美洲草原的描述，他们音译当地印第安人的语言，其意思就是"树木很少而草很高"的意思。依照草原上树木的多寡，萨瓦纳可分为多种类型，如多树萨瓦纳、稀树萨瓦纳、灌木萨瓦纳和草本萨瓦纳等。

非洲的热带稀树草原分布范围很广，几乎占了撒哈拉沙漠以南的非洲的一半面积，在南北纬5°—15°之间。北半球比南半球分布更广泛、更典型，几乎横贯整个非洲大陆。热带稀树草原与热带雨林的景观特征完全不同，热带雨林最繁茂的地方在高高的树冠上，稀树草原的地表则是其精华所在。

喀麦隆北部热带稀树草原干季景色——
波巴布树落叶，草原一片枯黄

热带稀树草原地带的气候总是与终年炎热相伴，热量资源丰富，但降水时空分配不均匀：一年有明显的干湿两季。年雨量在700—1500毫米之间，90%集中在雨季。远离赤道雨林地带，降水量逐渐递减，干季越来越漫长，乔木和灌木越来越稀疏。由此形成了以草本植物为主，雨季草类生长旺盛,旱季则凋萎枯黄的自然景观。树木分布稀疏,树木之间的距离通常是其高度的5—10倍。树木高度不大,树冠却宽大,形如伞状。为适应半干旱气候,一些树木常有储水构造,耐旱、耐火烧,其代表性树种有波巴布树(亦称"猴子面包树")、金合欢,纺锤树、瓶子树等。

非洲热带稀树草原受人类干扰较少,生活着体型大、善于奔跑的大量有蹄类食草哺乳动物,如斑马、角马、长颈鹿等。此外,大象也是这里的主人,但因无天敌而不善奔跑。同时还有一些大型食肉动物如非洲狮、猎豹等。这些野生动物与草原上的植物群落共同形成独特的热带稀树草原自然景观,引人关注。

波巴布树(雨季)

值得特别提出的是,非洲热带稀树草原另一个特点——草原烧荒的传统习俗。每当干季末期,雨季即将来临之前,村民便大规模纵火烧荒。此时，草木枯黄，点火即燃，火势迅速蔓延，席卷原野，蔚为壮观。在缺乏现代化农牧技术的非洲热带草原地带，烧荒是清理农地牧场，消灭病虫害最简便易行、最节省有效的手段，故被世代相传。经过烧荒后的农地，病虫害大大减轻，特别是蝗虫灾害，蔓延起来铺天盖地，瞬间将农作物毁尽。危害畜牧业最严重的是萃萃蝇，人畜一旦被叮咬，便会传染上昏睡病，死亡率极高。烧荒还清除掉侵入牧场的有刺灌木和杂草，雨季来临，牧草得以迅速茁壮生长。这一地带乔木、灌木稀疏，树种贫乏且多为耐干、耐烧的种类，并不是半干旱气候单一因素造成的，当地农牧民纵火烧荒的习俗也是一个重要的因素。

马达加斯加岛的波巴布树

七、神奇迷人的马达加斯加岛

在非洲东海岸以东印度洋的西南部，马达加斯加岛（以下简称"马岛"）如一艘巨舰抛锚在印度洋上，面积近60万平方公里，相当于我国台湾岛的16倍还多，仅次于格陵兰、新几内亚和加里曼丹，为世界第四大岛，也是世界上最大的以岛命名的岛国，全国人口约2000万。

这是一座充满谜团的神奇岛屿，早在1.65亿年前，曾与非洲大陆相连。之后大约3000万年以前，在地质年代渐新世期间，东非发生了剧烈的地壳运动，形成了东非大裂谷。红海将阿拉伯半岛与非洲大陆分隔开来，与此同时，马达加斯加从非洲大陆漂流出来，成为非洲第一大岛。这块从非洲大陆分离出来的陆地，在莫桑比克暖流和马达加斯加暖流的环抱下，形成了一个独立的奇妙世界，被誉为"小大陆"，就连人种也与非洲的兄弟无缘。马岛住民的先祖来自遥远的印尼婆罗洲，有人称他们为"东南亚的表亲"。隔着万里波涛的印度洋，在数千年前他们是如何远渡重洋到达此岛的？真是不可思议。马达加斯加人，占全国人口90%以上，民族语言为马达加斯加语，属马来——波利尼西亚语系。马岛拥有世界上最独特的生态系统和特有的动植物种类，有许多世界上其他地区见不到的珍稀物种，素有"动物的天堂"和"生物的王国"之称。马岛以其迷人的魅力吸引着来自世界各地、热爱自然、充满猎奇心和求知欲的科学考察人员和旅游者。

马岛的岩溶地貌——石林

马岛全岛由火山岩构成。中部为海拔800—1500米的中央高原；北部的马鲁穆库特鲁山海拔2876米，为全国最高点；东部有高峻的大断崖，海岸平直陡峭；西部为和缓倾斜的平原。东南沿海属热带雨林气候，终年湿热，季节变化不明显；中部为热带高原气候，温和凉爽；西部为热带草原气候，干湿季节交替，干旱少雨。

马岛有非同寻常的生态系统和丰富物种。这里拥有全球5%的动植物种类，其中80%为该岛独有。仅植物就有13 000余种，大部分也是特有种。全球有三分之二的变色龙在此岛发现，有一种指甲变色龙，只有人指甲那么大，可爱极了。岛上蛙类五颜六色、奇形怪状，种类多达370多种，99%为当地特有种，其中小丑曼蛙只见于中部高原，已濒临绝种。

然而，十分有趣而又令人费解的是，一方面，马岛拥有如此丰富的特有动植物物种；另一方面，隔海相望的非洲大陆那些常见的动植物物种，在岛上反而缺失了，难道一条400公里宽的莫桑比克海峡竟然成为一道不可逾越的物种隔离深渊吗？马岛上没有非洲大陆常见的斑马、角马、野牛、羚羊、长颈鹿等食草动物，也没有狮豹等食肉猛兽，更不见大象、河马这类陆地和水中的巨无霸……岛上最大的野兽是马岛獴（拉丁名 Cryptoprocta ferox；英文名 Fossa），又名"隐肛狸""隐灵猫"，是灵猫科体型最大的成员之一，但也只能算是小型食肉动物。马岛獴是一种极其罕见的哺乳动物，仅分布于马达加斯加一地。其外形活像"迷你版"的美洲狮，嘴部似狗，矮壮结实，体重5.5—8.6公斤，体长61—80厘米，尾巴非常长，可达80厘米。它们体毛比较短，泛着一种棕红色的光泽；胡须很长，触角灵敏；腿不长，但很强壮，爪子可以伸缩，跑起来很快。马岛獴为树栖性，爬树技术高超，行踪诡秘。它们主要捕食狐猴，也擅长捕捉各种小型哺乳动物，鸟类、爬行类、两栖类和昆虫都是它们的食物。尽管它们体重不轻，但是仍然能够像松鼠一样在树木间跳跃。马岛獴在1996年尚为"易危级"，而今已升为"濒危级"了。其数量减少的原因主要是生态破坏，马岛85%的森林已遭开发，目前马岛獴的总数不超过2500只。

马岛特有的动物——狐猴

马岛是个令人着迷的地方，岛上虽然没有非洲大陆常见的大猩猩、狒狒和各种猴子，却有一种十分珍稀的灵长类动物——狐猴。狐猴生活在马达加斯加东部地区，它们是拥有回声定位能力的哺乳动物。马达加斯加是狐猴最后的避难所，这种长有一双美丽大眼睛的灵长类动物已经在地球上的其他地方完全消失了。动物学家认为狐猴是最原始的猴子，它的身体形状、手脚构造虽然像猴子，而嘴脸却像狐狸和狗，耳朵像蝙蝠，行动又像猫。马岛的狐猴品种多达50余种，主要有五大珍稀种群：斑狐猴、褐狐猴、红领狐猴、节尾狐猴和红领褐狐猴。有的毛色美丽，有的体型娇小，却都长着一双闪闪发光的眼睛，显得十分可爱。观赏狐猴最佳之处是马岛东部的一处名叫"馨吉"的石林地区。这片由石灰岩形成的石林如迷宫一般，地形陡峭险峻，怪石嶙峋，溶洞遍布，栖息着大量狐猴，有11个品种。人们在亲近狐猴的同时，还可以欣赏像云南路南那样的石林景观。在马岛流传着一个美好的民间传说，所有能看到狐猴的人，都会得到一生好运。

马岛的植物家族同样五彩缤纷、丰富多样，其中最值得一提的是猴子面包树。猴子面包树是波巴布树的俗称。这是热带稀树草原地带的典型植物，在非洲大陆也有广泛分布，但是马岛的猴子面包树与非洲大陆的品种不同，其形态特征完全不一样。非洲大陆的猴子面包树高度不大，树干中等粗细，树冠呈伞状，大如华盖。马岛的猴子面包树高约20米，而胸径却可达15米以上，往往要十几个成年人手拉手才能合抱。枝叶聚生顶端，树冠直径可达50米以上。由于它看上去活像个大胖子，因此当地居民又称它为"大胖子树""树中之象"。这种奇特的长相，还有一个古老的传说：当波巴布树在非洲"安家落户"时，它不听上帝的安排，却自己选择了热带草原。上帝被激怒，便把它连根拔了起来。从此波巴布树就倒立在地上，变成了一种奇特的"倒栽树"。其实，它这种怪模样是适应该地气候的结果。热带草原气候终年炎热，有明显的干湿季节，干季时降雨很少。猴子面包树为了能够顺利度过干季，在雨季时，就拼命地吸收水分，贮藏在肥大的树干里。它的木质部像多孔的海绵，里面含有大量的水分，在干旱时，便成了人们的理想水源。它是热带草原上的救命之水，解救了因干渴而生命垂危的旅行者，因此又被称为"生命之树"。它的果实富含淀粉，为猴子喜爱的食物，因而得名。猴子面包树的树干木质没有一圈圈的年轮，所以难以确定树木的年龄。据推算，马岛现存最古老的猴子面包树至少有400年了。马岛特有的旅人蕉遍布全岛。在它的叶柄处藏有大量的清水，旅人渴了，在叶柄处穿个孔，流出的清水清凉解渴，因而得名"旅人蕉"。它那扇形的庞大叶面异常美丽。旅人蕉与猴子面包树一样，以其独特的身姿，挺立在马岛原野上，成为一道道亮丽的风景线，成为马岛的名片。

埃及 尼罗河河段景色

八、"情人之河"——青尼罗河和白尼罗河

谈到尼罗河，人们自然就联想起尼罗河畔灿烂的古埃及文明：开罗的金字塔、卢克索的神庙、纸莎草造纸、古代几何学的诞生……尼罗河谷地和三角洲是古埃及文明的摇篮，尼罗河水滋润了埃及干旱的土地，哺育了埃及古代文明和现代发展。至今仍然有90%以上的埃及人生活在尼罗河两岸及其三角洲。

尼罗河是世界上最长的河流。从东非大湖区源头起计，尼罗河的长度达6671公里。全流域面积为285万平方公里，居世界第四位，仅次于亚马孙河、刚果河和密西西比河。这是一条水量不足的大河，其年平均流量在苏丹喀土穆为2500立方米每秒，相比于世界其他大河，这个流量就微不足道了，例如，亚马孙河年平均流量为185000立方米每秒，刚果河为42 000立方米每秒；长江为35 000立方米每秒。尼罗河流域面积广大与径流缺乏形成鲜明的反差，而且越向下游，流经干旱和半干旱地带，径流越少。

尼罗河由两条性格不同的支流在苏丹喀土穆汇合而成，一条是青尼罗河，一条是白尼罗河。前者湍急奔放；后者平静婉约。人们将它们比作一对相爱的情人。尼罗河的水文状况和自然景观在不同河段各不相同，最精彩、最富有特色的河段有三处：上游的青尼罗河瀑布奔腾咆哮；中游青尼罗河和白尼罗河激情相拥汇合；下游尼罗河敞开胸怀，拥抱大地，孕育出灿烂辉煌的尼罗河三角洲文明。

埃塞俄比亚 青尼罗河瀑布

青尼罗河发源于埃塞俄比亚西北部塔纳（Tana）湖附近海拔1800米处的阿贝（Abay）河，出塔纳湖一泻千里，形成一系列急滩和瀑布，其中有非洲著名的第二大瀑布——青尼罗河瀑布，又名"梯斯塞特瀑布"。"梯斯塞特"（tissisat）

在当地语言中意为"冒烟的水"。青尼罗河瀑布是埃塞俄比亚最著名的自然景观和旅游名胜之一。瀑布从一条高达55米的悬崖裂隙中飞泻而下，撞击岩壁，雷声轰鸣，水花飞溅，雨雾弥漫，在阳光照射下，映出美丽的七色彩虹。瀑布由四股水流组成，雨季盛期，瀑布滚滚，流水连成一片，织成一幅宽达400米的水帘，如万马奔腾，飞泻坠落深谷，气势磅礴，蔚为壮观；干季时节只剩下几股银线般的涓涓细流，也别有情趣。塔纳湖中有20多座小岛，林木葱茏，风光非常秀丽。由于青尼罗河瀑布的天然屏障，塔纳湖和瀑布一带形成独特的生态环境和动植物区系，栖息着许多珍稀的野生动物和鸟类，有不少当地特有物种，区别于尼罗河流域其他地区。此外，湖区还有多处历史遗迹和文物。群山环抱着平静的湖泊，湖水碧波荡漾。青尼罗河全长约1600公里，急流滚滚，穿越崇山峻岭，奔流而下，最后折向西北流入苏丹平原，并在喀土穆与白尼罗河汇合。埃塞俄比亚高原素有"非洲的水塔"之称，降水丰沛，河流水量丰富。据专家估计，尼罗河80%—90%的水量来源于埃塞俄比亚高原，其中59%的水量来自青尼罗河。

  然而，白尼罗河却是尼罗河最长的支流，全长3700公里。尼罗河源头是卡盖拉河，它发源于东非高原之国布隆迪境内，注入东非高原大湖维多利亚湖，尔后再流经基奥加湖和阿伯特湖，最后在苏丹首都喀土穆同青尼罗河会合。

  东非高原广大湖区养育并丰盈了白尼罗河，使它水量丰富而均衡，季节变化不大。可是，当它进入苏丹南部盆地，因为地势低平，水流缓慢，河水溢出河床，向河漫滩泛滥开来，形成面积达 10 000 平方公里的宽广的沼泽地带。沼泽中长满了纸莎草等湿生植物，与同纬度的地带性植被——热带稀树草原景观迥然而异。热带半干旱区的酷暑骄阳蒸发消耗了白尼罗河 2/3 的水量。"瘦身"后的白尼罗河水流平静缓慢地继续向北流，本来清澈的河水被沼泽地里腐烂的植物染成了灰绿色。由此可见，白尼罗河贡献给尼罗河的水量无法同青尼罗河相提并论。

喧嚣的青尼罗河与恬静的白尼罗河在喀土穆交汇融合，合二为一后才称为尼罗河。人们将青白两河的汇流美妙地形容为恋人重逢，极富浪漫情趣。飞机在苏丹首都喀土穆的上空盘旋，随着高度越来越低，下面的河流清澈入目。两河汇合处乍看像是一个大写的"人"字，蜿蜒地铺在喀土穆的怀抱中。河水在交融的一刹那激情奔放，变得湍急起来，聚集成一股强大的水流，势不可挡地汹涌向北挺进埃及，在下游书写出华彩篇章。有趣的是，在斑驳的阳光下，合股后的 200 多米宽的水面上，两条河水依然保持着各自的颜色，一青一白，泾渭分明，就像两条色调鲜明的绣带平铺在一起，绵延数公里，构成绝妙的"喀土穆奇观"。夹在两河中间的喀土穆城区的狭长地带，如同大象的长鼻子一样伸进尼罗河里。在阿拉伯语中"喀土穆"的原意就是"大象鼻子"，据说喀土穆便因此而得名。

青、白尼罗河汇合后，尼罗河进入下游河段，穿过苏丹北部并进入埃及。下游河段所经过的大都是干旱的半荒漠和荒漠地带，特别是在埃及境内，河流在沙漠中穿行。下游河段在苏丹北部接纳了最后一条支流阿特拉巴河，此后再无任何支流补给水量，加上强烈的蒸发，河流的径流量越来越小了。为了保障下游河谷的农业灌溉和居民生活用水，埃及于20世纪60年代兴建了世界著名的阿斯旺高坝，此乃尼罗河流域整治的龙头工程。阿斯旺高坝的建成后几十年来，发挥的防洪、灌溉、发电、航行和旅游等巨大的综合效益，对埃及的国计民生的重大意义是显而易见、毋庸置疑的。然而，像许多国土整治大工程一样，阿斯旺高坝也备受种种非议和责难。

埃及 尼罗河河段，沙漠逼近河畔

最后，尼罗河在开罗附近分汊散开汇入地中海，以开罗为顶点，西起亚历山大港，东至塞得港，海岸线绵延230公里，形成了巨大的尼罗河三角洲，面积达24000平方公里。据历史记载，在古埃及法老时代，尼罗河在进入三角洲以后分成了7条支汊。而现在，由于河道的淤积和变迁，三角洲上的主要河汊只剩下两条了。尼罗河三角洲的形状看上去就像一枝莲花——"尼罗河之花",从尼罗河谷地伸展出来。莲花是上埃及的象征,每到秋季,河面都会被莲花映红,美轮美奂。尼罗河三角洲是地中海中最大的河流三角洲,由尼罗河的泥沙淤积、沿岸海流、潮汐流和气候变化等种种因素塑造而成。三角洲原本是一片泥沼地带,曾有过丰富的动植物区系。尼罗河三角洲是古埃及文明的发祥地,经历了5000多年的农业开发,自然景观已被人文景观所取代了。三角洲地势平坦、土地肥沃、河网纵横、渠道密布,放眼望去,一派灌溉农业田园风光,这里集中了埃及2/3的耕地,是世界上长绒棉的主要产地。

著名的"历史学之父",古希腊历史学家希罗多德(Hérodote,前约484—前425年)曾有一句名言:"埃及是尼罗河的馈赠。"事实上,尼罗河的确是埃及人赖以生存的生命线,埃及的古代文明和现代发展,无不同尼罗河息息相关。在埃及人的心目中,尼罗河是一条母亲河,埃及人对其无比眷恋,赋予其浓厚的人情味,以至长期以来,尼罗河被蒙上了一层神秘的宗教色彩,被埃及人视为"上帝"。埃及仅有沿着尼罗河两岸的一条狭长的绿色地带,其宽度在三角洲上游很少超过20公里。从全国的尺度来看,河谷地仅占国土的5%。然而,埃及所有的生命和精华都集中在尼罗河两岸。河岸以外便是一片茫茫无际的沙漠,只在远处星散分布着一些绿洲。总而言之,埃及的一切都来自尼罗河,它具有使国家团结融合的凝聚力,也是民族历史文明源远流长的象征。

然而,应该指出的是,尼罗河毕竟是非洲的一条国际河流。从发源到注入地中海,尼罗河流经的国家,从上游到下游,依次有布隆迪、卢旺达、坦桑尼亚、肯尼亚、乌干达、埃塞俄比亚、厄里特尼亚、索马里、苏丹和埃及等十个国家之多。由此可见，对于尼罗河的水资源，应当通过和平协商，兼顾上游和下游各国的权益，合理分配、调控和管理，避免产生水资源的纷争。

马赛马拉 动物大迁徙

九、壮观的动物大迁徙：肯尼亚马赛马拉国家公园

每年 6—7 月间，成千上万的角马和斑马群，还有一些瞪羚，从坦桑尼亚塞伦盖蒂大草原出发，向北越过边境，进军肯尼亚马赛马拉大草原，东非高原动物大迁徙拉开了序幕。此时塞伦盖蒂草原正值干季末期，草原一片枯黄，而马赛马拉草原雨季已经来临，新萌发的嫩草肥美爽口。为了生存，这支动物大军开始了 800 多公里、极为艰险而悲壮的迁徙。

这是一支由 130 万匹角马、20 万匹斑马和 6 万头瞪羚组成的庞大队伍，迁徙大军浩浩荡荡首尾绵延 10 多公里。沿途它们一再遭遇狮子、非洲豹和鬣狗的追杀。尽管强壮的雄性角马奋力抵抗，护卫雌性和幼驹，还是多少"损兵折将"，才算摆脱了这些陆地上的天敌，来到了离边境不远的马拉河畔。令人惊叹的是，这支千军万马的队伍，似乎没有头领和编队，却队伍整齐，"纪律"严明；没有军师参谋，却很有计谋。马拉河是迁徙大军进入马塞马拉草原必须穿越的天然障碍。此时雨季刚开始，河水上涨，但还不太深，水流也不太湍急，马群渡河并没有太大的困难。然而，似乎一声号令，马群在河畔停了下来，踌躇不前，因为它们知道水中的天敌尼罗河鳄鱼，早已在此"守河待马"，等候一年两度的美食。

马赛马拉大草原 动物大迁徙

历年渡河血的教训使马群变得聪明起来。一小群数十头角马离群奔向河流上游，三五分组强行渡河，鳄鱼群也随之赶来截杀。鳄鱼利齿咬住角马，拖入河中，血染河水，极为悲壮。此时，马群大部队乘机掉头奔向下游，迅速强渡，登上彼岸，脱离险境。先头部队声东击西自我牺牲的精神，令人感叹不已！安全进入马赛马拉草原的马群，可以一直安居到 11 月，尔后又要追逐草场，原路返回塞伦盖蒂草原，在那里产驹、繁衍，世世代代，周而复始，生生不息……几千年来，这些生灵就这样如约而至，形成了当今我们这个星球上少有的野生动物大迁徙的壮观景象。

马赛马拉国家公园位于肯尼亚西南部，实际上与坦桑尼亚塞伦盖蒂国家公园连成一片，属于同一热带稀树草原景观地带，统称为"塞伦盖蒂—马赛马拉生态系统"。马赛马拉得名于当地土著部族马赛人和马拉河。在肯尼亚众多的野生动物保护区中，马赛马拉国家公园可以称得上是"园中之冠"，面积约 1500 平方公里。这里地形平坦，略有起伏。气候属于半湿润半干旱型的热带稀树草原气候（即萨瓦纳气候）。全年阳光充沛，干湿季节交替。年中 11 月为小雨季，3—5 月为大雨季，其余为干季。12—翌年 3 月为热季，平均气温 28℃—32℃；7—9 月为凉季。地处东非高原，海拔较高，所以还不算太炎热。良好的自然条件、丰富的禾本科牧草为野生草食动物提供了理想的家园，构建了草食动物—肉食动物的食物链。

马赛马拉国家公园是非洲乃至全球最著名的动物保护区之一，拥有豪华的动物群：包括 80 多种哺乳动物和 500 多种鸟类。其中狮子、大象、犀牛、非洲野牛和非洲豹号称该公园的"五大天王"。大型草食动物种类丰富，常见有角马（亦称"牛羚"）、斑马、瞪羚、长颈鹿、非洲野牛、大象等。角马与斑马是公园的动物主体，其个体数量巨大，从几十万到几百万不等。这两种动物总是相依相伴，角马吃草，斑马啃草根。常常看到小群斑马穿插在大群角马中，斑马总是排成单行队等距离前进，而角马喜欢成群结队逐水草而居，稍有风吹草动就奋力奔跑。庞大的角马群奔跑时就如同急流澎湃，蹄声震天，是真正的万马奔腾。常见的肉食动物有狮子、非洲豹、鬣狗等，肉食动物一般全年定居不迁徙。爬行动物的种类繁多，除尼罗河鳄鱼外，常见有各种蛇类，如蟒蛇、黑颈眼镜蛇、蝰蛇等，有时还可见到豹皮龟、变色龙和蜥蜴。鸟类有硕大的鸵鸟、美丽的信使鸟（messager sagitaire）、黑胸短趾雕（circaète à poitrine noire）。当草食动物大迁徙时，常见一些猛禽在天空中相随，等待掠食狮豹啃食剩余的动物尸体，如秃鹫、白兀鹫等。由于公园内限制人类活动干扰，自然界的食物链和生态平衡得到良好的保护，马赛马拉国家公园堪称世上珍奇的"动物的天堂"和"动物博物馆"。

马赛马拉国家公园早已闻名遐迩，脍炙人口。特别是声势浩大的动物大迁徙，吸引了来自世界各地的游客、摄影师、影视拍摄者、探险猎奇者纷纷前来目睹自然界残酷的生存竞争、弱肉强食。

游客们对马赛马拉情有独钟还有一个很重要的原因，那就是想看看带有传奇和神秘色彩的当地土著部族马赛人。自古以来，马赛人一直在这片猛兽出没的大草原上狩猎、放牧，基本保持了几近原始的生活习惯。于是，身穿长袍，手持长矛、手杖，在草原上放牧的马赛人，也成了马赛马拉茫茫大草原上的一大亮点。

十、地球上最大的天外来客遗址：南非弗里德堡陨石坑

浩瀚宇宙，茫茫星空，无数天体在我们的星球周围不停地运动着。人们不免担心有一天，天外不速之客来访地球，猛烈的撞击造成巨大的灾难。事实上，自古以来，我们的星球曾接待过无数个天外来客。来者不善，在地球上留下了斑斑伤痕，其中南非弗里德堡陨石坑（Vredefort crater）是地球上已确认的最大撞击坑。它位于南非共和国自由邦省，距离南非最大城市和经济中心约翰内斯堡仅120公里，因撞击坑中心城镇弗里德堡得名。2005年，弗里德堡陨石坑因其特殊的地质景观入选联合国教科文组织"世界自然遗产"。

弗里德堡陨石坑被列入"世界自然遗产"，必然有其独特之处。它是早在20亿年前的元古代，被一颗直径5至10公里的宇宙小行星，以每小时4万至25万公里的速度撞击地球而形成的直径为250—300公里的陨石坑，是迄今为止地球上发现的面积最大、深度最深的陨石坑之一。这次事件是世界上最大的能量释放事件。据估计，这次事件的威力是现今所有国家核武器总和释放的当量的1000多倍。

十分有趣的是，弗里德堡镇地处陨石坑的中心位置，当地居民并没有生活在深坑中的感觉，而仅仅认为是处在一个盆地之中。这一方面是因为陨石坑的宽度太大；另一方面是20亿年漫长岁月的流水侵蚀、岩石风化，以及火山、地震等地质活动，将陨石坑逐渐夷平，撞击的痕迹不断被消磨。

不过，如此强烈的撞击造成地球表面的累累伤痕，是不会完全消失殆尽的。专家学者通过实地考察研究，仍然发现了不少有力的证据。最令人触目惊心的现象是，被天外星体猛

烈撞击破坏的地球表面，形成了一道道"波浪"起伏的岩体。

南非弗里德堡陨石坑之一

由此可以想象，这次撞击事件的威力是何等猛烈，对地球地质史和生物进化演变史造成了难以估量的影响。在弗里德堡地区可以见到四周山岭成弧形散布开来，岩石翻向外侧倾斜地分布，绵延几百公里，蔚为壮观，这显然是被撞击时产生的冲击波辐射掀动而造成的。猛烈地撞击产生温度极高的炙热大火，将地球岩石烧结形成特殊的球节裂瓣结构。这些撞击形成的地貌，经亿万年的风雨洗礼，塑造成如今的陨石撞击结构最具代表性的地质景观。从遥感图像可以清楚地辨认出弗里德堡陨石坑的圆形图像。弗里德堡是地球上仅存的一处具有陨石坑的完整地质结构的遗址。岩石中黑色的部分是陨石和地表撞击时燃烧后形成的新的结合体，珍贵的钻石就产生在这些结合体中，所以南非的大地上钻石矿非常多。

南非弗里德堡陨石坑之二

　　弗里德堡地区人类活动的历史悠久，南非土著的祖先在陨石上留下许多岩画，岩石上凿刻的河马等动物栩栩如生。此外，还有不少古代和近代开采钻石和金矿的遗址。

　　人们原来一直将弗里德堡陨石坑看作是古老的火山口。后来，科学家经过研究发现，这里岩石头中的矿物质成分与火山岩石不同，其成分表明它应该是地球以外的星体撞击地球后产生的，可能来源于彗星或者某个小行星。然而，造成撞击坑的陨石巨大的质量和动能足以引起区域性火山地震活动,因而,在弗里德堡陨石坑地区,火成岩分布广泛,散布着大量的金矿、钻石矿,这和20亿年前的那次撞击不无关系。至于这次陨石撞击事件对地球地质史和生物进化演变史所造成的巨大影响,尚有待于科学家们不断深入地研究,将会揭示出更多的宇宙和地球的奥秘。

引人注意的是,弗里德堡陨石坑曾一直被认为是世界上最古老和最大的陨石撞击坑。但是,据2012年6月28日媒体报道,"丹麦与格陵兰地质调查国际小组(GEUS)在西格陵兰马尼伊特索克附近发现的超过100公里宽的陨石坑,经鉴定是30亿年前一颗大质量小行星或彗星撞击地球造成的。当时一颗直径为30公里的小行星撞向了格陵兰岛,形成了一个当时有25公里深、600公里宽的撞击坑。对此发现,如被相关科学机构确认,该陨石坑将取代位于南非的弗里德堡陨石坑,成为地球上已知的最古老而且最大的陨石坑遗址"。